마약, 중독에서 회복으로

마약의 실체에 대한 올바른 이해와
중독 예방·치료·재활의 모든 것

이화학술총서

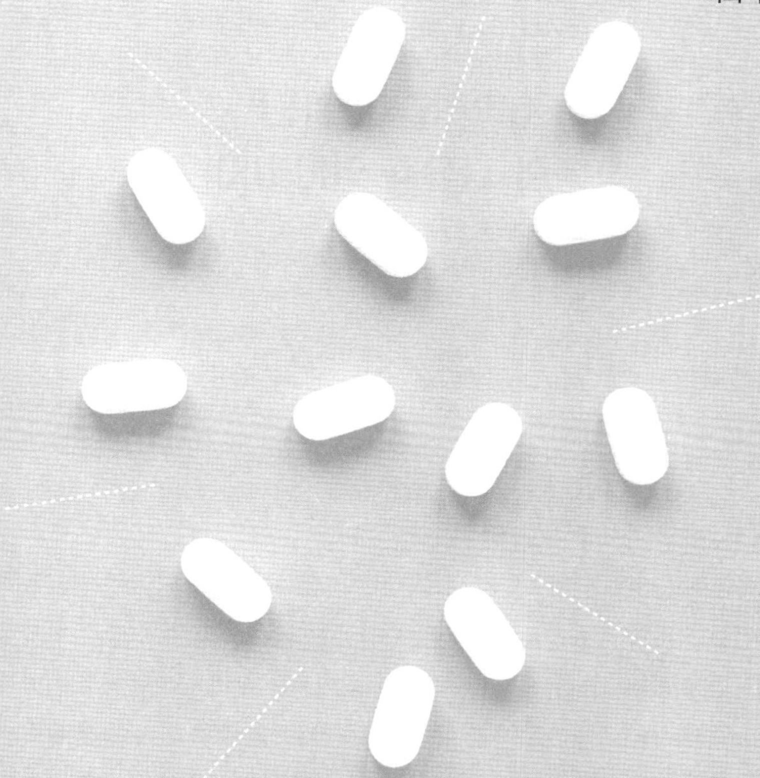

마약, 중독에서 회복으로

마약의 실체에 대한 올바른 이해와
중독 예방·치료·재활의 모든 것

전종설 지음

이화여자대학교출판문화원

머리말

마약, 끝이 아닌 회복의 시작을 위한 이야기

지금으로부터 20여 년 전 샌프란시스코의 차가운 공기 속, 거리에 쓰러져 있던 마약 중독자들의 모습과 이들을 처음 보았을 때의 충격이 아직도 선명하게 떠오른다. 또 다른 한쪽 거리에서는 삶의 끝자락에서 희미한 희망이라도 찾으려는 듯, 이른 아침 메타돈 처방을 받기 위해 길게 늘어선 줄은 절박함과 간절함이 뒤섞인 침묵의 긴 행렬이 이어졌다. 치료공동체에서 만난 이들은 저마다 깊은 상처를 안고 있었지만, 회복을 향한 뜨거운 열망만큼은 모두의 눈 속에서 빛나고 있었다. 그 곁을 지키며 회복의 여정을 돕던 전문가들과 회복상담가들, 마약 법정에서 만난 판사와 사례관리자, 그리고 절망 속에서도 한 걸음 한 걸음 앞으로 나아가던 중독 당사자들의 모습 하나하나는 내 마음속에 깊은 울림으로 남아 있다.

이러한 경험들이 결국 이 책, 『마약, 중독에서 회복으로』를 계획하고 집필하는 데 든든한 밑거름이 되었다. 그때는 상상하지 못했다. 언젠가 이곳, 한국에서 우리 사회를 위한 마약 중독에 대한 안내서를 쓰게 되리라고는 말이다. 하지만 지금, 마약과 중독의 위험은 더 이상 남의 이야기가 아닌 우리의 현실이 되어가고 있다.

한때 '마약 청정국'이라 불리던 대한민국은 급격한 변화의 소용돌이에 휩싸였다. 이제 마약 문제는 더 이상 남의 일이 아니라 우리 사회의 현실로 자리 잡았다. 2022년 국내 마약사범 수는 18,000명을 넘어 역대 최고치를 기록했으며, 이는 우리가 직면한 복합적 위기를 보여준다.

영화 「독전」(감독 이해영, 2018)은 마약 문제의 심각성을 대중에게 강렬하게 각인시켰다. 단순한 스릴러를 넘어, 이 영화는 마약이 개인과 사회에 미치는 영향을 적나라하게 보여준다. 이는 허구가 아니라 대한민국에서 실제로 벌어지고 있는 현실이며, 마약이 개인의 삶을 파괴하고 사회 전체의 안전과 질서를 위협하는 요소로 작용하고 있음을 시사한다.

디지털 기술이 발전하면서 마약 거래 방식은 더욱 교묘하고 은밀하게 변화하고 있다. SNS, 다크넷, 암호화폐를 이용한 거래 방식은 추적을 어렵게 만들며, 특히 디지털 환경에 익숙한 청소년들에게 큰 위험 요소가 되고 있다. 국내에서도 다크웹 사용자 증가와 암호화폐 기술 발전으로 인해 마약 밀매가 더욱 활발해질 가능성이 크다. 이는 기존의 단속과 예방 방식에서 벗어나 보다 정교하고 혁신적인 대응이 필요함을 의미한다.

최근 급속도로 확산되고 있는 '좀비 마약' 펜타닐은 더욱 심각한 문제를 초래하고 있다. 2023년에 발간된 대검찰청의 『마약류 범죄백서』에 따르면, 모르핀보다 100배 강력한 효과를 가진 이 약물은 극소량만으로도 치명적일 수 있다. 더욱이 의료용 진통제로 합법적으르 처방될 수 있어 오남용의 가능성이 높으며, 그 피해 역시 심각하다. 청소년 10명 중 1명이 펜타닐 패치를 사용해본 경험이 있다는 여성가족부의 보고는 마약이 특정 계층만의 문제가 아니라 사회 전반에 걸친 위협임을 보여준다.

마약이 가장 위험한 이유는 강한 중독성 때문이다. 국립정신건강센터(2022)는 마약 중독을 "약물이 신체 내 과도하게 존재하여 여러 가지 부작용을 초래하는 상태"로 정의하며, "반복적인 사용으로 인해 내성과 금단 증상이 발생하고, 단약이 어려워져 지속적인 사용이 반복되는 상태"라고 설명한다.

마약 중독은 단순히 개인 차원으로 치부할 게 아니라 사회가 함께 해결해야 하는 공중보건 문제이다. 마약 중독은 개인의 신체적·정신적 건강을 해칠 뿐만 아니라, 가족 해체와 사회경제적 비용 증가를 초래한다. 또한 마약 관련 범죄의 증가는 사회 전체의 안전을 위협하는 요소로 작용한다. 더욱이 마약 중독은 완치가 어려운 질병으로, 본인과 가족 모두가 평생 재발의 위험과 싸워야 하는 현실에 직면한다. 따라서 처벌에 중점을 두기보다는 실질적인 치료와 재활 프로그램을 마련하는 것이 시급한 과제이다.

이 책은 단순히 마약의 위험성을 경고하는 데 그치지 않는다. 우리는 마약에 대해 막연한 호기심을 품고 있지만, 정작 제대로 알지 못하는 경우가 많다. 따라서 마약의 실체를 올바르게 이해하고, 중독에서 벗어나 새로운 삶을 시작할 수 있는 회복의 방법을 제시하고자 한다. 나아가 마약 문제를 개인의 일탈이 아닌 사회적 문제로 바라보며, 이를 해결하기 위한 공동의 노력을 강조한다. 인간의 존엄성과 사회적 연대라는 가치를 중심으로, 우리는 어떻게 마약 중독자를 돕고 예방할 수 있을지를 함께 고민해야 한다. 이러한 맥락에서 이 책은 다음과 같은 내용으로 구성되었다.

1부에서는 마약에 대한 포괄적인 이해를 제공한다. 먼저 국내에 유입된 마약의 역사를 해방 전후를 기준으로 살펴보고, 현재 우리나라의 마약 사용 실태를 조명한다. 이어서 마약류의 정의와 분류를 명확히 하고, 주요 마약, 향정신성의약품, 대마의 특성과 영향에 대해 설명한다. 마지막으로 끊임없이 진화하는 신종 마약의 위험성을 다룬다. 이를 통해 독자들에게 마약의 역사, 현황, 그리고 다양한 유형과 특성에 대한 종합적인 지식을 제공한다.

2부에서는 마약 중독에 대한 포괄적인 이해를 제공한다. 먼저 마약 중독의 정의를 살펴보고, 중독이 뇌에 미치는 영향을 탐구한다. 이어서 마약 중독의 다양한 원인을 심리생물학적, 사회적, 인구학적 요인으로 나누어 분석한다. 중독의 메커니즘을 설명하는 여러 이론적 모델을 소개하고, 마약 중독이 개인, 가족 및 대인관계, 사회에 미치는 폐해를 상세히 다룬다. 또한 청소년, 여성, 북한이탈주민, 성소수자 등 특정 집단의 마약 중독 문제를 조명한다. 마지막으로 우울증, 조현병, 외상 후 스트레스 장애 등 마약 중독과 흔히 동반되는 정신질환들을 살펴봄으로써, 마약 중독의 복잡성과 다면성을 종합적으로 이해할 수 있는 기회를 제공하고자 한다.

3부에서는 마약으로부터 벗어나 회복에 이르는 과정에서 알아드어야 할 중요한 개념들을 소개하고자 한다. 마약 중독 치료의 궁극적인 목적은 중독자들의 회복이라고도 할 수 있기 때문에, 먼저 중독에서의 회복이 어떻게 정의되는지 자세히 살펴볼 필요가 있다. 이에 회복의 정의를 살펴본 후, 회복에 이르는 변화 단계에 대해 설명한다. 두 번째로는 마약 중독 치료의 핵심 과정 중 하나인 사정의 개념과 방법에 대해 설명하고, 이어서 사정 결과에 따라 치료 계획을 수립하는 방법에 대해 살펴본다. 세 번째는 치료 및 재활이다. 마약 중독자의 장기적인 회복을 도모할 수 있도록 연속적인 관점에서 치료 수준과 유형을 설명하고, 마약 중독의 주요 치료 접근법을 자세히 검토한다. 또한 첨단 기술을 활용한 개입 방법부터 신체, 예술, 영성을 포함한 다양한 전인적 개입 방법을 소개한다. 이어서 중독 치료에서 필요한 마약 중독자 사례관리의 개념과 원칙 과정을 살펴본다. 중독 치료에서 늘 재발의 위험이 존재하므로, 결코 빼놓을 수 없는 재발 및 재발 예방을 다룬다. 이와 더불어 회복으로 가는 길에서 실천가들의 역할은 너무나 중요하다. 따라서 3부의 마지막에서는 이들에게 요구되는 핵심 역량부터 다학제적 전문가의 역할, 타 분야와는 달리 강조되는 회복상담가들의 역할에 대해 소개한다.

4부에서는 마약 중독의 예방, 치료, 재활을 위한 실제적인 노력들을 살펴보고자 한다. 먼저 우리나라의 마약 중독 치료 및 재활 기관들이 제공하는 다양한 서비스를 소개하고 동시에 외국의 마약 중독 서비스 관련 주요 기관들을 살펴본다. 이를 통해 현장에서 이루어지는 구체적인 개입 방법과 그 효과를 이해할 수 있게 될 것이다. 다음으로, 효과적인 예방과 개입을 위한 정책적 전략을 탐구한다. 우리나라의 마약 관련 법과 정책을 검토하고, 이를 해외의 주요 정책 사례와 비교 분석한다. 마지막으로 이러한 분석을 바탕으로 우리나라 마약 정책의 현재 위치를 파악하고, 앞으로의 과제와 발전 방향을 제시하고자 한다. 이를 통해 마약 중독 문제에 대한 종합적인 접근 방식을 이해하고, 이 분야의 실무와 정책에 대한 통찰을 얻을 수 있을 것이다.

이 책 한 권이 세상에 나오기까지, 이화여자대학교 사회복지학과 중독연구실의 많은 석·박사 학생들의 도움이 있었다. 현재 대학원에서 함께 연구에 매진하고 있는 재학생들, 이미 졸업해 현장에서 묵묵히 자신의 소명을 다하고 있는 졸업생들, 그리고 이제는 대학에서 후학을 가르치며 이 분야 연구를 이어가는 졸업생들까지, 모두의 귀한 손길이 모여 이 책이 완성될 수 있었다. 한 사람 한 사람의 이름을 다 거론할 수는 없지만, 이 자리를 빌려 책의 시작부터 마지막 문장까지 함께 해준 모든 이들에게 깊은 감사의 마음을 전한다.

바라건대, 이 책이 누군가에게는 절망을 딛고 일어설 새로운 시작의 용기가 되고, 또 다른 누군가에게는 따뜻한 이해와 공감으로 건네는 위로가 되기를 희망한다. 중독은 한 개인의 문제가 아닌, 우리 사회 전체가 함께 보듬고 풀어가야 할 과제다. 우리 모두의 작은 관심과 노력이 모여, 상처받은 이들이 다시 일어서고 더불어 살아가는 건강하고 따뜻한 공동체를 함께 만들어나갈 수 있기를 진심으로 기원한다. 부디 이 책이 보다 많은 이들에게 마약에 대한 올바른 이해를 전하고, 어둠 속에서 길을 찾는 이들에게 치유와 회복의 길로 나아갈 수 있도록 작은 등불이 되기를 소망한다.

이제, 마약 문제가 삶의 끝이 아닌 회복의 시작이 되는 여정을 함께 떠나고자 한다. 미래 세대를 위해 그리고 더 나은 사회를 만들기 위해, 이 중요한 문제에 대해 함께 고민하고 실질적인 해결책을 모색하는 것이 우리 모두에게 지워진 책무이다.

2025년 7월

전종설

차례

3부. 마약 중독과 회복

4부. 마약 중독 치료·재활 서비스와 정책

일러두기

1. 마약류 관련 용어는 대검찰청에서 매해 발간하는 『마약류 범죄백서』를 기준으로 삼았다.
2. 인명, 지명 등 외래어 표기 시 국립국어원 외래어 표기법을 따랐으며, 관용적으로 널리 쓰이고 있는 경우에는 예외로 두었다.

1부

마약에 대한 이해

1장. 우리 역사 속의 마약

2장. 마약 사용의 현주소

3장. 마약류 유형 및 특성

1장

우리 역사 속의 마약

마약(narcotics)은 인류의 역사와 함께 오랜 시간 공존해왔다. 이 용어는 그리스어 narkō(감각을 없애는)에서 유래했으며, 그 역사적 중요성은 고대 문화부터 현대 의학에 이르기까지 광범위하게 나타난다.

고대 그리스 신화에서 농경과 풍요의 신 데메테르가 한 손에 양귀비를, 다른 한 손에 이삭을 들고 있는 모습(〈그림 1〉)은 마약의 오랜 문화적 의미

〈그림 1〉 양귀비를 들고 있는 데메테르 여신

를 상징적으로 보여준다. 더불어 그리스의 저명한 의학자 히포크라테스가 양귀비 추출물을 치료제로 권장했다는 사실은 마약의 의학적 활용이 고대부터 이루어져 왔음을 시사한다.

마약의 역사는 약 1만 년 전부터 시작되었으며, 주로 치료 목적으로 사용되었다. 현대에 이르러 정제 및 가공 기술의 발전으로 의약용으로 제조된 마약이 개발되면서 의학 분야에서 중요한 역할을 담당하게 되었다. 그러나 이와 함께 마약의 역기능적 측면도 드러나기 시작했다. 새로운 마약이 등장할 때마다 그 기능, 사용 패턴, 사용 목적 등에서 부정적인 영향이 관찰되었다.

마약의 역사는 단순히 약물의 발견과 사용에 국한되지 않는다. 그것은 한 사회의 정치, 경제, 문화적 맥락을 반영하는 거울이기도 하다. 이러한 관점에서 마약의 역사를 살펴보는 것은 해당 시대의 사회상을 이해하는 데 중요한 통찰을 제공한다. 이 장에서는 이러한 복합적인 관점을 바탕으로, 우리나라의 마약 문제가 역사적 맥락 속에서 어떻게 발전하고 심화되었는지를 탐구하고자 한다. 이를 통해 현재 우리가 직면한 마약 문제의 근원을 이해하고, 향후 대응 방안을 모색하는 데 필요한 역사적 통찰을 얻고자 한다.

1. 해방 이전의 마약

마약 사용 역사는 고대로 거슬러 올라가지만, 우리나라에서는 언제부터 사용되었는지 그 정확한 시작점은 불분명하다. 그러나 문헌 기록을 통해 마약 사용의 역사적 흐름을 추적할 수 있다. 고려 시대의 『향약구급방』과 『향약집성방』에서 대마를 약재로 사용한 기록이 발견되어, 이 시기에 이미 마약이 의료 목적으로 활용되고 있었음을 알 수 있다. 이후 조선 시대에 들어서면서 마약의 사용은 더욱 체계화되고 문서화되었다. 『세종실록』 「지리지」에는 지역별 대마와 앵속(양귀비)의 재배 및 치료 목적의 사용에 대한 기록이 있으며, 광해군 2년(1610년)에 완성된 『동의보감』에서는 아편이라는 단어가 처음으로 언급되었다(박진실, 2014; 조석연, 2021).

그러나 19세기 중반 아편전쟁 이후로 마약에 대한 인식이 급격히 변화하기 시작했다. 박진실(2014)에 따르면, 중국을 방문한 조선 사신들의 기록에서 아편의 해독성과 그 확산에 대한 우려가 나타나기 시작했다. 『헌종실록』의 헌종 6년(1840년) 3월 25일의 기사는 이러한 우려를 명확히 보여준다(〈그림 2〉).

19세기 후반에 이르러 아편 남용은 심각한 사회 문제로 대두되었다. 1901년 『황성일보』의 보도에 따르면, 한성 시내에 44곳의 아편 판대소가 있었고, 하루 아편 판매량이 3만 인분에 달했다고 한다. 이는 아편이 의료 목적을 넘어 광범위하게 오용되고 있었음을 시사한다(양성관, 2023).

〈그림 2〉『헌종실록』 속 아편(鴉片)

일제강점기는 우리나라 마약 문제의 심화기로 볼 수 있다. 1920년대에는 아편 중독자가 약 2만 명에 달했다는 기록이 있으며, 일본은 제1차 세계대전으로 인한 글로벌 아편 공급 부족을 틈타 식민지인 조선에 양귀비 재배와 아편 생산을 장려했다(김송본, 1994; 약업신문, 2023).

일제의 마약 정책은 이중적이었다. 1919년 「조선아편취체령」과 「아편단속령」을 통해 표면적으로는 마약 통제를 강화했지만, 1925년부터는 아편 수출 정책을 적극 추진하며 재배지를 확장했다. 이러한 정책의 모순은 결과적으로 국내 아편 중독자의 급증을 초래했다(박진실, 2014).

1930년대에 이르러 마약 문제는 더욱 심각한 사회적 이슈로 부상했다. '아편굴'이나 '주사옥'과 같은 불법 마약 투약 공간이 등장했고, 이에 대응해 기독교 여성들을 중심으로 '아편추방운동'이 전개되었는데, 이 운동은 일제의 아편 정책에 대한 우회적 저항이자 민족운동의 한 형태로 해석할 수 있다(김주리, 2016).

이러한 역사적 맥락은 현대 한국 사회의 마약 문제를 이해하는 데 중요한 기반을 제공한다. 마약의 의료적 사용에서 시작해 사회적 문제로 변모해온 과정은 마약 정책과 사회적 인식의 변화를 반영하며, 오늘날 우리가 직면한 마약 문제의 역사적 뿌리를 보여준다.

2. 해방 이후의 마약

1) 1945~1950년대: 국내 마약 문제의 심화와 확산

해방 이후 한국 사회는 심각한 마약 문제에 직면하게 되었다. 이는 일제강점기의 잔재와 새로운 사회적 변화가 복합적으로 작용한 결과였다. 일본 경찰이 남긴 상당량의 마약(생아편 약 11,400kg, 모르핀 약 9,980kg)이 제대로 회수되지 않았고, 중국에서 마약에 중독된 동포들이 귀환하면서 이 문제를 더욱 악화시켰다(조석연, 2012).

마약 중독자 수는 급격히 증가해 심각한 국민보건 문제로 대두되었다. 『동아일보』(1947)에서는 서울 시내에만 약 1만 명의 아편 중독자가 있다고 보도했으며, 『연합신문』(1950)에서는 전국적으로 마약 환자가 약 12만 명에 달하는 것으로 추정했다. 이러한 급격한 증가는 국가의 통제 능력을 크게 초과하는 수준이었다.

한국전쟁의 발발은 마약 문제에 새로운 차원을 더했다. 이 시기에는 아편과 모르핀 외에도 헤로인의 사용이 확산되었으며, 1954년에는 국내 마약 중독자 수가 약 6만 명에 이르는 것으로 추정되었다. 마약은 공산주의자들의 침략 도구로 인식되기 시작했고, 이는 마약에 대한 국민들의 적대감을 증폭시켰다(조석연, 2016).

2) 1960~1970년대: 새로운 마약의 등장과 사회적 파장

1960년대에 들어서면서 한국 정부는 경제 개발을 국가적 목표로 설정하고 국민의 생산성 극대화를 위해 마약을 엄격히 통제하기 시작했다. 그러나 이러한 접근은 주로 사법적 처벌에 집중되었으며, 예방적 개입이나 체계적인 통계 관리는 미흡했다(조석연, 2013, 2021).

1965년 '메사돈(메타돈) 파동'은 마약 문제의 새로운 양상을 보여주며 전환점이 되었다. 이 파동은 1960년대 중반 한국 사회를 뒤흔든 중대한 사건으로, 국내 제약산업의 윤리적 문제와 마약 통제의 허점을 동시에 드러냈다. 일부 제약회사들이 경쟁에서 우위를 점하기 위해 합성 마약인 메타돈을 일반 의약품에 불법적으로 혼합해 판매한 사실이 밝혀진 것이다. 이로 인해 일반 시민들이 자신도 모르는 사이 마약에 중독되는 심각한 사태가 발생했고, 그 피해는 전국적으로 확산되었다.

이 사건은 한국 사회에 마약 문제의 심각성을 각인시키는 계기가 되었다. 정부는 마약 단속을 대폭 강화했고, 제약 산업에 대한 규제도 더욱 엄격해졌다. 또한 이 사건은 마약 중독이 단순히 개인의 문제가 아닌 사회

구조적 문제일 수 있다는 인식을 확산시켰다(김우준, 2017; 양성관, 2023). 이로 인해 마약 중독자 수가 일시적으로 감소하는 듯했으나, 1970년대 들어 새로운 위기에 직면하게 되었다.

1970년대에는 주한 미군을 통해 유입된 대마초인 '해피스모크'가 국내 청년층 사이에서 유행하기 시작했다. 이는 마약 문제가 단순한 중독 이슈를 넘어 문화적, 세대적 갈등으로 확대되는 계기가 되었다. 특히 1975년 '대마초 파동'으로 알려진 사건이 발생하면서 마약 문제는 다시 한번 사회적 이슈의 중심에 서게 되었다. 대마초 파동은 「습관성의약품관리법」에 근거해, 다수의 연예인이 대마초 흡연 혐의로 구속되고 연예계에서 퇴출된 사건이다. 이 사건은 한국 사회에 대마초를 마약으로 인식하는 계기를 제공했다는 점에서 중요한 의미를 갖는다.

그러나 이 사건에 대한 해석은 다양하다. 한편으로는 마약에 대한 사회적 경각심을 높이는 데 기여했다는 평가가 있지만, 다른 한편으로는 정부가 이를 제도적·정치적으로 이용하기 위해 실제보다 과장되게 다루었다는 비판적 시각도 존재한다(조석연, 2021).

이러한 일련의 사건들은 1960~1970년대 한국 사회가 마약 문제에 대한 심각성을 인식하고 대응 방안을 마련하는 데 중요한 역할을 했다. 또한 이 경험은 이후 한국의 마약 정책과 대중들이 마약에 대해 갖는 태도에 지속적으로 영향을 끼쳤다. 이처럼 이 시기의 마약 문제는 단순한 보건 이슈를 넘어 정치, 경제, 사회, 문화적 측면이 복잡하게 얽힌 다면적 문제로 발전했고, 이는 향후 한국 사회의 마약 정책과 대중의 인식 형성에 중대한 영향을 미치게 되었다.

3) 1980~1990년대: 마약과 유흥, 그리고 국가의 대처

1980년대에 들어서면서 한국의 마약 문제는 새로운 국면을 맞이하게 되었다. 이 시기는 국내 마약 생산과 유통의 글로벌화, 유흥 산업의 확대, 그리고 사회경제적 변화가 복합적으로 작용해 마약 문제를 더욱 복잡하게 만들었다.

1980년대 초, 한국에서 생산된 필로폰(히로뽕), 헤로인, 코카인 등이 해외로 밀매되는 상황이 발생했다. 그러나 일본의 단속 강화로 인해 한국산 필로폰의 수출이 어려워지면서, 이 물량이 국내 시장으로 유입되어 국내 마약 문제를 악화시켰다. 이로 인해 대마초와 기타 마약류 범죄는 감소한 반면, 필로폰 관련 범죄는 급증하는 양상을 보였다(조석연, 2016, 2021).

전문가들은 1980년대 아시안 게임과 올림픽 유치를 위한 관광객 유치 정책과 국내 소비 활성화 목표가 유흥 산업의 확대를 초래했고, 이것이 마약 문제의 악화로 이어졌다고 분석한다. 특히 부산과 서울 등 대도시 유흥가에서는 술에 필로폰을 섞어 제공하는 일이 빈번했으며, 심지어 청소년들이 쉽게 접근할 수 있는 장소에서도 필로폰이 유통되는 심각한 상황이 발생했다.

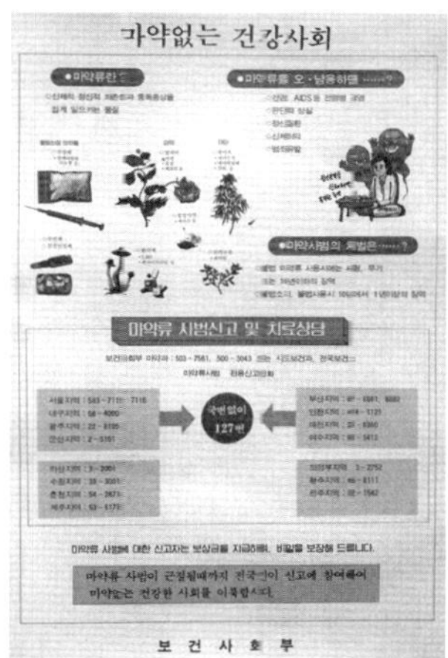

〈그림 3〉 보건사회부(현 보건복지부) 마약 관계 포스터 (출처: 한국민족문화대백과사전)

당시 마약 사용의 증가는 급격한 경제 성장과 자본주의 발달로 인한 쾌락 추구, 또는 정신적 공허함을 보상하려는 경향과 연관되어 있다. 특히 1980년대 후반 한탕주의와 향락문화의 번성은 유흥가를 중심으로 마약 중독 문제를 더욱 심화시켰다

(김송본, 1994).

1990년대에는 정부의 강력한 단속으로 일시적으로 마약 범죄가 감소했으나, 수감된 마약사범들의 출소 후 재범과 IMF 외환위기로 인한 경제적 어려움 등으로 인해 다시 증가세를 보였다. 1990년대 후반에는 인구 10만 명당 마약류 범죄로 단속된 인원을 나타내는 마약류 범죄계수가 국제적으로 공인된 임계수치인 20을 초과하는 심각한 상황에 이르렀다(김은경 외, 2005).

또한 이 시기에는 새로운 유형의 마약이 국내에 유입되기 시작했다. 1990년에는 국내에서 처음으로 코카인과 LSD 사용자가 검거되었다. 이는 마약 문제가 더욱 다양화되고 복잡해지고 있음을 보여주는 사례였다. 상황이 이렇게 되자 정부의 예방 사업과 단속 중심의 정책만으로는 마약 중독 문제를 근본적으로 해결할 수 없다는 인식이 확산되면서, 민간단체의 참여 필요성이 제기되었다. 이에 따라 대한약사회의 주도로 '한국마약퇴치운동본부'가 설립되어 마약 폐해 예방을 위한 사업을 시작했다. 이 시기의 경험은 마약 문제에 대한 종합적이고 다각적인 접근의 필요성을 보여주었으며, 이후 한국의 마약 정책 발전에 중요한 기반이 되었다.

4) 2000년대 이후: 사회 발전과 함께 확산되는 마약

한국 사회는 21세기에 접어들면서 마약 문제와 관련해 복잡하고 다면적인 변화를 겪었다. 이 시기에 한국은 국제 마약 범죄 조직들의 주목을 받아 마약 밀거래의 중요한 중개국가로 부상했고, 이는 국내 마약 유통량의 급격한 증가로 이어졌다. 특히 필로폰이 한국의 주요 마약으로 자리 잡으면서, 관련 범죄가 지속적으로 증가하는 추세다(송광섭, 2002; 이상열, 2008).

필로폰 시장의 확장은 기존 마약과의 제조 과정 차이에서 비롯된 것으로 분석된다. 아편과 헤로인은 제조 과정이 쉽게 노출될 위험이 있었던 반면, 필로폰은 제조 공간의 크기와 관계없이 화학적 공정을 통해 비교적 용이하게 생산할 수 있었다. 이러한 특성은 필로폰 시장의 급속한 성장을 촉진하는 요인으로 작용했다. 더불어 조직폭력배들이 자금 확보를 위해 마약 밀거래에 개입하는 현상이 새로운 사회적 문제로 대두되었다.

2002년 월드컵 개최를 앞두고 정부는 마약 단속을 강화하는 정책을 실시했고, 이로 인해 마약 범죄가 일시적으로 감소하는 효과를 보였다. 그러나 이러한 긍정적인 변화는 오래 지속되지 못했다. 2007년 세계 금융위기의 발생과 함께 마약 범죄는 다시 증가세로 전환되었다. 이는 경제적 불안정이 마약 문제와 밀접하게 연관되어 있음을 시사한다.

관세청(2019)에 따르면, 2010년대에 들어서면서 디지털 기술의 발달이 마약 유통 방식에 큰 변화를 가져왔다. 인터넷, 다크넷, SNS 등 새로운 플랫폼을 통한 마약 거래가 증가했고, 국제우편과 특송화물을 이용한 필로폰 밀수 사례가 급증하는 등 마약 반입 경로가 다양화되었다. 마약 투약 방식에도 주목할 만한 변화가 있었다. 과거에는 주사 투약이 일반적이어서 신체에 흔적이 남았지만, 현재는 외관상 투약 자국이 보이지 않는 연기 흡입이나 경구 투약 등의 방식이 주를 이루고 있다. 이러한 변화는 마약 사용의 은폐를 용이하게 만들어 문제의 조기 발견과 대응을 어렵게 하고 있다(이정혁, 강동욱, 2018).

또한 신종 마약의 등장은 현대 사회가 직면한 새로운 도전 과제로 부각되고 있다. 이러한 신종 마약은 일반인이 쉽게 접근할 수 있지만 그 효과를 예측하기 어려워 추가적인 범죄로 이어질 가능성이 높다. 이는 마약 문제가 단순한 중독 이상의 복합적인 사회 문제로 발전할 수 있음을 시사한다. 최근의 마약 범죄는 투약 수준을 넘어 폭력, 묻지 마 범죄, 성범죄 등 2차 범죄로 이어지는 경향을 보이고 있어, 그 심각성이 더욱 증대되고 있다.

마약 투약 후 환각 상태에서 범죄를 저지르는 '마약류 투약 가해자'의 범죄 유형에 대한 경찰청 자료를 분석한 결과는 마약 문제의 다양한 사회적 영향을 보여준다. 교통 범죄가 26%로 가장 높은 비율을 차지하고 있으며, 그 뒤를 이어 절도(19.7%), 폭행(10.3%), 강간(8.5%), 상해(5.9%), 살인 및 살인미수(1.8%) 순으로 나타났다(헬스조선, 2023). 이러한 통계는 마약 범죄가 단순히 개인의 문제를 넘어 사회 전반의 안전을 위협하는 심각한 문제로 발전하고 있음을 명확히 보여준다. 따라서 마약 문제에 대한 종합적이고 체계적인 접근이 시급히 요구되며 예방, 치료, 재활을 아우르는 다각적인 정책 수립이 필요함을 시사한다.

2장
마약 사용의 현주소

1. 마약류 사용 실태

디지털 기술의 발달, 특히 SNS와 인터넷의 보편화는 마약 유통 경로를 다양화시키며 국내 마약 시장의 급격한 확산을 초래했다. 이러한 변화는 마약 중독자 수의 증가로 이어져, 마약 공급 확대와 중독자 수 증가의 악순환을 형성하고 있다. 이러한 심각성은 대검찰청(2023)의 통계를 통해 명확히 드러난다. 2022년 압수된 전체 마약류는 804.5kg으로, 2016년 117kg이었던 데 비해 587.6%나 증가했다. 그중 향정신성의약품이 706.8kg으로 전체 마약류 압수량의 87.9%를 차지한다. 더욱이 마약류 단속사범의 증가 추이는 이 문제가 지속적으로 악화되고 있음을 보여준다. 1999년 1만 명을 넘어선 이후 2016년 14,214명, 2019년 16,044명, 2022년 18,395명으로 꾸준히 증가해 역대 최대치를 경신했다. 이러한 통계는 마약 문제가 우리 사회에서 점점 더 심각해지고 있음을 명확히 보여준다.

마약 문제의 심각성에 대한 사회적 인식도 주목할 만하다. 식품의약품안전처(2023a)에서 시행한 마약류 폐해인식 실태조사에 따르면, 성인의 3.1%, 청소년의 2.6%가 마약을 사용해본 경험이 있다고 응답했다. 더욱 우려되는 점은 성인의 92.7%와 청소년의 84.4%가 국내 마약 문제를 심각하게 인식하고 있다는 것이다. 이는 마약 문제가 우리 사회 전반에 걸쳐 중요한 이슈로 자리 잡고 있음을 시사한다.

마약 중독의 인구통계학적 특성 변화도 주목할 만하다. 국립정신건강센터(2022)의 마약류 중독자 실태조사에 따르면, 마약 중독자의 77.3%가 남성, 22.6%가 여성으로 나타났다. 특히 20대가 30.7%로 가장 높은 비율을 차지했다. 조사가 처음 수행된 2009년[1]과 비교할 때, 여성 중독자의 비율이 6.9%에서 22.6%로, 20대 중독자의 비율이 2.2%에서 30.7%로 크게 증가한 점은 마약 문제의 확산 양상이 변화하고 있음을 보여준다(〈그림 4〉).

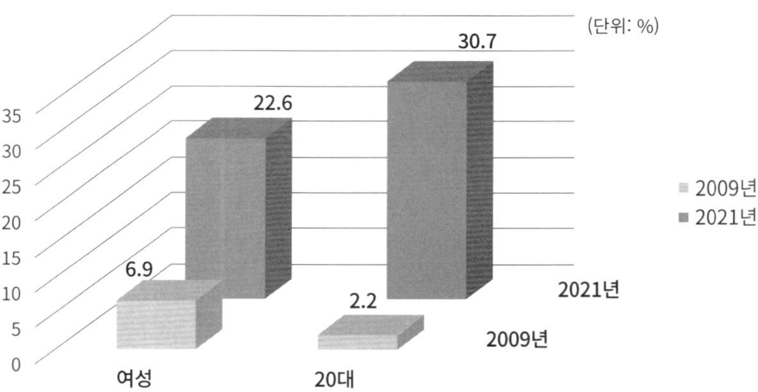

〈그림 4〉 여성 및 20대의 마약 사용률 증가
(출처: 국립정신건강센터, 2022 재구성)

1 보건복지부는 「마약류 관리에 관한 법률」 제51조의3(실태조사)에 의거 2009년부터 5년마다 실태조사를 실시해왔다. 2023년 8월의 법개정으로 인해 2024년 2월부터는 3년마다 마약류 중독자 실태조사를 실시하고 있다.

또한 마약 사용을 시작한 연령과 동기에 대한 분석은 예방 정책 수립에 중요한 시사점을 제공한다. 20세 이전에 마약을 처음 접한 중독자의 비율이 18%에 달한다는 점은 청소년 대상 마약 예방 교육의 중요성을 강조한다. 처음 마약에 손을 댄 계기로는 호기심과 타인의 권유가 각각 60% 이상을 차지해, 동료 압력과 사회적 영향력이 그 시작에 큰 역할을 함을 알 수 있다.

국립정신건강센터(2022)에 따르면, 10대에 처음 사용한 마약류는 흡입제(85%), 아편계 진통제(22.7%), 마리화나(21%) 순으로 나타났다. 이는 10대가 마약을 처음 접할 때 이러한 종류의 마약류로 시작할 가능성이 높다는 것을 시사한다.

이와 더불어 처음 마약을 구입하는 경로로는 지인을 통한 구입(76.7%)이 가장 많았고, 온라인 구입(12.2%)이 그 뒤를 이었다. 현재의 구매 경로에서는 지인(57.6%)과 온라인(28.1%)의 비중이 변화해 온라인을 통한 구매가 증가하는 추세다. 이는 디지털 플랫폼을 통한 마약 유통 문제에 대한 대책 마련이 시급함을 시사한다.

마약류 의약품의 오남용 문제도 심각하다. 특히 코로나19 상황에서 한시적으로 허용된 비대면 진료가 이 문제를 악화시켰다. 비대면 진료 시 마약성 의약품 처방이 대면 진료에 비해 1.6~1.7배 많았다는 점은 의료 시스템의 디지털화가 가져올 수 있는 부작용을 보여준다. 특히 마약성 수면제인 졸피뎀의 비대면 처방 건수가 대면 처방의 2~2.3배에 달했다는 점은 주목할 만하다(한겨레, 2021).

최근에는 10대와 20대 사이에서 신종마약류인 펜타닐의 오남용 문제가 대두되고 있다. 이와 관련해 〈표 1〉은 최근 3년간(2021~2023년) 이루어진 국내 펜타닐[2] 처방 관련 현황을 보여준다. 또한 식품의약품안전처(2022b)의 통계 결과에 따르면, 의료 현장에서 사용되는 펜타닐(주사제 외 제형)의 사

〈표 1〉 최근 3년간(2021~2023년) 국내 펜타닐 처방 관련 현황

구분	2021	2022	2023
처방기관 수(개소)	3,175	2,949	2,760
환자 수(명)	182,657	171,041	159,314
처방 건수(건)	1,488,325	1,337,987	1,262,188
처방량(개/정)	9,283,214	8,862,184	7,950,134

(출처: 식품의약품안전처, 2023b 재구성)

용 건수가 2018년 891,434건에서 2021년 1,488,325건으로 급증한 것으로 조사되어 이 문제의 심각성을 시사했다.

이러한 다양한 통계와 연구 결과는 국내 마약 문제가 단순한 범죄 문제를 넘어 복합적인 사회 문제로 발전하고 있음을 보여준다. 따라서 법적, 의료적, 교육적 접근을 포함한 종합적인 대책 마련이 시급하다. 특히 청소년과 청년층을 대상으로 한 예방 교육, 디지털 플랫폼을 통한 마약 유통 방지 대책, 그리고 의료용 마약류의 적절한 관리와 사용에 대한 정책적 고려가 필요할 것으로 보인다.

2 미국에서는 2017년 트럼프 정부가 '펜타닐과의 전쟁'을 선포했음에도 불구하고, 펜타닐 과다 복용으로 인한 사망자 수는 2017년 28,466명에서 2021년 70,601명으로 약 2.5배 증가한 것으로 나타났다(대검찰청, 2022).

마약, 당신이 궁금한 모든 것
— Q&A로 알아보는 마약 이야기 ①

Q. 마약 신고는 어디로 하면 될까?

A. 우리나라에서는 마약 관련 사안의 복잡성을 고려해 여러 관계부처가 협력하고 있으며, 마약 신고를 담당하는 기관은 경찰청, 검찰청, 관세청, 국가정보원(국가범죄정보센터)이다.

기관	전화 신고	온라인 신고
경찰청	112	▪ 웹사이트: minwon.police.go.kr (경찰민원포털) ▪ 신고 방법: 메뉴 중 국민신문고 범죄신고/지보 > 마약, 조직범죄 신고 탭에 들어가 신청서 작성해 신고할 수 있다.
검찰청	1301	-
관세청	125(국내), 82-2-3438-5199(국외)	▪ 웹사이트: www.customs.go.kr (관세청 홈페이지) ▪ 신고 방법: 메뉴 중 국민참여 > 신고마당 > 밀수신고 > 마약류 신고안내 탭에서 신청/접수 할 수 있다.
국가정보원	111	▪ 웹사이트: www.nis.go.kr (국가정보원 홈페이지) ▪ 신고 방법: 메뉴 중 참여·민원 > 민원신청하기 > 국제범죄(마약, 보이스피싱, 해외금융범죄, 밀수, 밀입국, 위폐) > 민원신청하기를 통해 신청할 수 있다.

2. 마약류 관련 범죄 현황

마약류 범죄의 다양한 양상과 그 심각성이 한국 사회에서 점차 두드러지고 있다. 대검찰청이 매년 발간하는 『마약류 범죄백서』는 이러한 범죄를 세 가지 주요 유형으로 분류하고 있다. 첫째는 마약류의 제조 및 원료물질의 밀수·밀매, 둘째는 마약류의 불법 사용(투약 또는 소지), 셋째는 마약류 취급자의 관련 법령 위반이다. 이러한 분류는 마약 관련 범죄의 복잡한 생태계를 이해하는 데 중요한 틀을 제공한다(대검찰청, 2023).

대검찰청(2024a)에 따르면, 마약류 공급 사범은 전체 마약류 사범의 44.3%를 점유할 정도로 상당한 비중을 차지하고 있다. 이들의 활동은 주로 밀조, 밀수, 밀매로 구분된다. 밀조는 허가 없이 불법적으로 제조하는 행위, 밀수는 세관을 통과하지 않고 불법적으로 수출입하는 행위, 밀매는 금지된 물품을 불법적으로 판매하는 행위를 의미한다. 1990년대 초반 검찰의 집중 단속으로 국내 밀조 사례는 크게 감소했으나, 마약 공급의 형태를 변화시켰다. 현재 국내에서 유통되는 마약의 대부분은 해외에서 밀수되고 있으며, 그 방법도 다양화되고 있다. 국제우편을 이용하거나 각설탕, 시리얼 같은 일상 물품에 은닉하는 등의 수법이 빈번히 사용되고 있다.

특히 주목할 만한 점은 일부 마약류의 급격한 증가세이다. 메스암페타민(필로폰) 밀수는 2023년 한 해 동안 270kg 이상이 적발되었고, 대마의 밀반입량은 2017년부터 2023년 사이 약 10배나 증가했다. 더욱 우려되는 것은 합성대마인 JWH 계열의 급증으로, 2017년 대비 2024년에는 약 305배나 증가했다. 또한 20대를 중심으로 한 클럽 마약과 신종마약류의 적발량도 급증하고 있다(관세청, 2023).

마약류 투약 사범은 전체 마약류 사범의 39.5%를 차지하며, 이 중 대다수가 향정신성의약품을 사용한 것으로 나타났다. 주목할 만한 점은 의료시스템을 악용한 마약 획득 사례의 증가다. 거짓 증상을 호소해 마약성 진통제를 처방받거나, 다수의 의료기관을 방문해 과다한 양의 약물을 처방받는 등의 사례가 보고되고 있다. 2023년에는 추간판탈출증 등의 질환을 빙자해 펜타닐 패치를 수천 회 처방받은 마약사범과, 10개 이상의 의료기관을 전전하며 마약 성분의 주의력결핍 과잉행동장애(Attention Deficit Hyperactivity Disorder, ADHD) 치료제를 수백 회 처방받은 마약사범이 검거되기도 했다(대검찰청, 2024a).

마지막으로 마약류 취급자의 법령 위반, 특히 불법 처방 문제가 심각한 사회적 이슈로 대두되고 있다. 2023년 대검찰청과 식품의약품안전처의 합동 조사에서는 비대면 진료를 통한 펜타닐 패치의 대량 처방 사례가 적발되었다. 법제처에서는 이러한 문제에 대응하기 위해 2024년 6월부터 '의료용 마약류 투약 내역 확인제'를 시행하고 있다. 이는 환자의 마약류 처방 이력 확인을 의무화함으로써 의료용 마약류의 오남용을 방지하고자 하는 노력의 일환이다.

마약류 범죄의 확산을 측정하는 주요 지표인 마약류 범죄계수는 최근 급격한 증가세를 보이고 있다. 이 지표는 인구 10만 명당 마약류 범죄로 단속된 인원이 20명을 초과할 경우 마약류의 급속한 확산 위험이 있는 것으로 간주된다. 대검찰청(2024a)에 따르면, 우리나라의 경우 이 수치는 2015년까지 비교적 안정적으로 25명 미만을 유지해왔다. 그러나 코로나19 팬데믹 이후 상황이 급변해, 2023년에는 마약류 단속사범이 27,611명으로 처음으로 2만 명을 초과했고, 마약류 범죄계수도 53.8로 급증했다. 이는 마약 문제가 한국 사회에서 심각한 위협으로 대두되고 있음을 시사한다.

마약류 사용의 실태를 더욱 정확히 파악하기 위해 식품의약품안전처(2024)는 '하수역학 기반 불법마약류 사용행태' 조사를 실시했다. 이 조사

〈표 2〉 2022~2023년 마약류 사범 건수 및 구속 현황

구분 (단위: 명)	건수		단속		구속	
	2022	2023	2022	2023	2022	2023
대마	3,004	3,330	3,809	4,085	234	330
마약	2,227	3,712	2,551	3,970	80	101
향정신성의약품	9,465	15,258	12,035	19,556	1,882	2,991
합계	14,696	22,300	18,395	27,611	2,196	3,422

(출처: 대검찰청, 2024b 재구성)

결과에 따르면, 2020년부터 2023년까지 전국 하수처리장에서 필로폰 등 마약류가 지속적으로 검출된 것으로 나타났다. 2023년에는 전국 34개 하수처리장에서 필로폰과 코카인이 검출되었는데, 이 결과는 대체로 검찰의 단속 실적과 일치했지만, 일부 지역에서는 차이를 보였다. 특히 창원의 경우, 마약 단속 실적은 낮았지만 하수처리장에서 높은 양의 필로폰이 검출되어 미신고된 마약 범죄(암수범죄)가 상당수 존재할 가능성을 시사한다.

마약류 관련 범죄의 증가는 수형자 통계에서도 확인된다. 법무부 교정본부(2023)에서 발표한 『2023 교정통계연보』에 따르면, 마약류로 인한 수형자 비율이 2013년 4.3%(1,380명)에서 2022년 6.3%(2,169명)로 증가했다. 마약류 사범의 검거와 관련된 수치는 〈표 2〉에서 확인할 수 있다. 대체로 2022년에 비해 2023년에 건수, 단속, 구속 수가 모두 증가했다. 향정신성의약품의 경우에는 건수, 단속, 구속 수 모두 50% 이상 증가한 것을 알 수 있다(대검찰청, 2024b).

검찰 처분 내역을 자세히 살펴보면 〈그림 5〉와 같다. 조사 기간인 5년 동안 구공판의 비율이 증가하고 있음을 확인할 수 있다. 이와 함께 기소유예의 비율도 2019년에 비해 2023년에 약 2배로 증가한 추세를 보이고

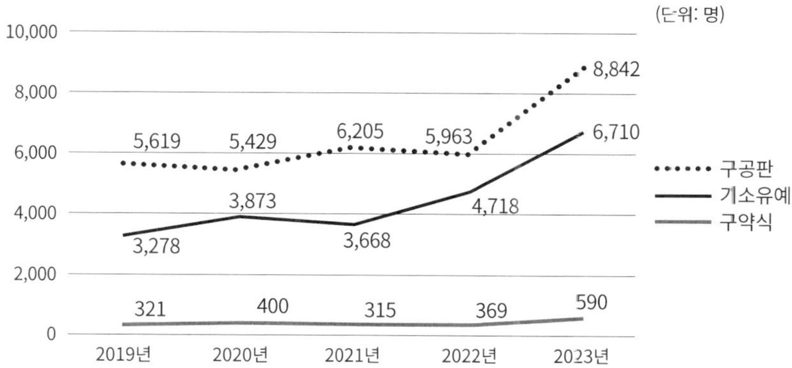

〈그림 5〉 2019~2023년(5년) 마약류 사범 검찰 처분 내역
(출처: 대검찰청, 2024a 재구성)

있다.

특히 우려되는 점은 청소년 마약사범의 급증이다. 법무부(2022)의 통계에 따르면, 2011년 105명에서 2021년 494명으로 지난 10년 동안 청소년 마약사범이 약 5배나 증가했다는 사실을 알 수 있다. 이는 마약 문제가 이미 한국 사회에 깊이 뿌리내렸음을 보여준다.

또한 국제적 요인도 한국의 마약 문제에 영향을 미치고 있다. 대검찰청(2022)에 따르면, 20대 대마 사범이 5년간 163.2% 급증한 것은 일부 국가들의 대마 합법화와 유학생 증가로 인한 글로벌 트렌드가 국내 마약 문제에 미치는 영향을 시사한다.

마약, 당신이 궁금한 모든 것
— Q&A로 알아보는 마약 이야기 ②

Q. 최근 마약류 관련 범죄에 대한 법적 처분은 어떻게 이루어지고 있을까?

A. 구공판이란, 특정 사건에 대해 검사가 기소처분을 할 때 법원에 정식 재판을 요구하는 절차를 의미한다. 따라서 구공판 처분을 받으면 실형 선고를 받을 가능성과 함께 범죄 기록이 남을 가능성도 높아진다. 마약류 범죄 처리 현황에 따르면, 2015~2018년 구공판 내역이 36.6~40.1%로 가장 높은 비율을 차지하는 것으로 나타났다(윤정숙 외, 2022). 이러한 양상은 2019~2023년에도 29.9~33.4%로 나타나 구공판 비율이 전체 검찰 처분의 많은 부분을 차지하는 것을 알 수 있다. 이와 관련된 내용은 2장 「2. 마약류 관련 범죄 현황」에서 〈그림 5〉를 통해 보다 자세히 확인할 수 있다.

실제로, 2023년 기준 마약류 사범 전체 중에서 실형 2,366명(58.2%), 집행유예 1,540명(37.9%) 등의 순으로 선고된 것으로 나타났다(대검찰청, 2024a). 다시 말해, 마약류 사범의 과반 이상이 실형을 선고받았으며, 이에 따른 범죄 기록이 발생했을 수 있음을 의미한다. 이렇듯 실형의 비율이 높은 것은 무엇보다 마약류 범죄에 대한 높은 재범률, 중한 범죄 내용, 그리고 집행유예 결격으로 인해 나타나는 결과라고 할 수 있다.

3장

마약류 유형 및 특성

1. 마약류의 정의 및 분류

마약류는 그 복잡한 특성으로 인해 법적·의학적·사회적·문화적 측면에서 다양하게 정의되고 있다. 이러한 다면적 접근은 마약류 문제에 대한 포괄적인 이해와 대응을 가능케 한다.

1993년 세계보건기구(World Health Organization, WHO)는 마약의 보편적 정의를 제시했는데, 이는 마약의 핵심적 특성을 잘 요약하고 있다.

① **의존성**: 사용에 대한 강제적 욕구

② **내성**: 사용량의 지속적 증가 경향

③ **금단 증상**: 사용 중단 시 심각한 신체적, 정신적 고통

④ **사회적 해악**: 개인을 넘어 사회에 미치는 부정적 영향

이러한 국제적 정의를 기반으로, 한국의 실정에 맞는 마약류 정의를 살

펴보면 다음과 같다.

약학정보원(2023)은 마약류를 약리학적 관점에서 정의하고 있다. 이에 따르면, 마약은 "중추신경계에 작용하며 오용 및 남용으로 인체에 심각한 위해를 초래하는 약물"이며, 마약류는 "「마약류 관리에 관한 법률」에 정의된 향정신성의약품, 대마, 마약을 포함하는 정신 상태에 영향을 미치는 물질"을 말한다.

약리학적 관점에서 마약류는 중추신경계에 미치는 영향에 따라 다음 세 가지로 분류된다(국립부곡병원, n.d.-b).

- **각성제**(**중추신경흥분제**): 투여 직후 쾌감, 흥분, 피로 억제, 황홀감, 심혈관계 활성 증가 등의 효과를 유발한다. 대표적인 예로는 카페인, 니코틴, 암페타민류, 코카인 등이 있다.
- **억제제**: 중추신경계를 약화시켜 이완감, 다행감, 긴장 완화 등의 효과를 나타낸다. 알코올, 마취제, 항불안제, 벤조디아제핀류, 바비튜레이트 등이 이에 해당한다. 이들은 환경 자극에 대한 민감성을 줄이고 불안을 감소시키며, 억압된 감정 표출을 촉진한다.
- **환각제**: 환청, 환시 등의 감각 이상과 기분 및 사고의 변화를 유발한다. LSD, 메스칼린, 실로사이빈 등이 대표적이다.

법적 관점에서, 「마약류 관리에 관한 법률」 제2조는 마약류를 "마약, 향정신성의약품 및 대마"로 정의하고 있다. 이는 우리가 일반적으로 알고 있는 모든 종류의 마약을 포괄하는 개념이다.

- **마약**: 양귀비, 아편, 코카잎 및 이들의 화학적 합성품 (예: 코카인, 헤로인, 펜타닐 등)

- **대마**: 일반적으로 '대마초'의 원료로 알려진 삼(hemp) 식물
- **향정신성의약품**: 중추신경계에 작용해 오남용 시 심각한 위해가 있는 약물 (예: 메스암페타민, 졸피뎀 등)

대검찰청에서 발간한 『2023 마약류 범죄백서』에서는 마약을 "특정 약리작용과 함께 의존과 남용을 유도하며, 오남용 시 심각한 보건 및 사회적 폐해를 유발하는 약물"로 정의하고 있다. 이는 마약의 의학적, 사회적 영향을 강조한 정의라고 볼 수 있다. 식품의약품안전처 또한 「마약류 관리에 관한 법률」을 기반으로 마약류를 정의하며, 특히 이들 물질의 엄격한 관리 필요성을 강조하고 있다.

마약류를 분류하는 방식은 국가별, 시대별로 다양하게 나타나며, 이는 마약류에 대한 사회적 인식과 법적 규제의 변화를 반영한다. 한국의 경우, 이전까지는 「마약법」, 「향정신성의약품관리법」, 「대마관리법」으로 분리되어 있던 법체계를 2000년 「마약류 관리에 관한 법률」로 통합했다. 이에 따라 현재 한국에서는 마약류를 크게 마약, 향정신성의약품, 대마 이 세 가지 유형으로 구분하고 있다.

국제적 관점에서, 미국 마약단속국(Drug Enforcement Administration, DEA)의 분류 체계는 마약류 물질의 남용 가능성과 위험성을 기준으로 5단계(Schedule I~V)로 구분한다. 이 체계에서 Schedule V는 남용 가능성이 가장 낮은 단계이며, Schedule I로 갈수록 남용 가능성과 심각한 심리적, 신체적 의존성 유발 가능성이 높아진다(〈표 3〉).

이러한 다양한 정의들을 종합해, 이 책에서는 「마약류 관리에 관한 법률」 제2조(정의)에 따라 "마약류는 마약, 대마, 향정신성의약품을 의미한다"로 정의하고자 한다. 이에 따라 마약, 향정신성의약품, 대마 순으로 체계적으로 설명한다. 아울러 신종마약류 및 임시마약류에 대한 설명을 추

가해 마약류에 대한 포괄적이고 시의적절한 이해를 제공할 것이다.

〈표 3〉 Drug Scheduling

구분	내용	마약류
Schedule Ⅰ	남용 가능성이 높으며, 의학적 사용이 불가하다.	헤로인, LSD, 마리화나, 엑스터시, 메타콸론, 페요테
Schedule Ⅱ	남용 가능성이 높으며, 심각한 심리적·신체적 의존을 초래한다.	비코딘, 코카인, 메스암페타민, 메타돈, 하이드로모르폰, 메페리딘. 옥시코돈, 펜타닐, 덱세드린, 암페타민, 리탈린
Schedule Ⅲ	남용 시 심리적·신체적 의존이 낮다. Schedule Ⅰ, Ⅱ보다 의존 가능성이 낮으나, Schedule Ⅳ보다는 높다.	코데인을 함유한 타이레놀, 케타민, 아나볼릭 스테로이드, 테스토스테론
Schedule Ⅳ	남용 및 의존 위험성이 낮다.	알프라졸람, 소마, 다르본, 다르보셋, 발륨, 아티반, 펜다조신, 앰비언, 트라마돌
Schedule Ⅴ	Schedule Ⅳ보다 남용 가능성이 낮으며, 일정량의 마약을 포함하고 있다.	100mL당 200mg 미만의 코데인을 포함하는 기침 제제, 로모틸, 모토펜, 리리카, 파레펙톨린

(출처: DEA, 2018 재구성)

2. 주요 마약

지금부터 대표적인 마약에 대해 보다 구체적으로 살펴보고자 한다.

1) 코카인

코카인(Cocaine)은 대표적인 마약 중 하나로, 콜롬비아, 페루, 볼리비아 등에서 자생하는 코카나무 잎에서 추출한 흰색 결정성 분말 형태의 알칼로이드이다. 코카나무는 Erythroxylum 속(Genus, 屬)에 속하는 식물로, 전 세계적으로 약 250여 종이 존재하지만, 실제로 코카인 추출에 적합한 종은 극소수에 불과하다(주일경, 2009; DEA, 2023a).

코카나무는 타원형의 크고 긴 잎을 가졌으며, 이 잎에서 코카인이 추출된다(〈그림 6〉). 역사적으로 코카잎은 안데스 고산지역 주민들에게 중요한 의약품이자 생활필수품이었다. 코카잎은 풍부한 영양소를 함유하고 있으며, 고산병과 호흡장애 완화에 도움을 주는 식물이었다. 그러다 1859년 독일 화학자 Albert Niemann이 코카잎에서 코카인을 추출하는 데 성공한 후 시럽, 정제, 연고 등 다양한 형태로 변형되며 만병통치약으로 사용되었다. 이후 이 물질은 의약품으로서의 용도를 넘어 오남용의 대상이 되었다(주일경, 2009).

코카인의 사용 방법은 다양하며, 각 방법에 따라 약물의 작용 발현 시간과 강도가 달라진다. 주요 사용 방법으로는 경구 섭취, 정댁 또는 근육 주사, 비강 흡입, 증기 흡연 등이 있다. 특히 정맥 주사나 흡연 방식은 빠르고 강렬한 효과를 유발하지만, 동시에 높은 의존성을 초래한다(National

〈그림 6〉 코카나무(Erythroxylon)

Institute on Drug Abuse[NIDA], 2021a).

다음의 〈표 4〉는 코카인의 사용 방법에 따른 효과 발현 정도와 지속 시간에 관한 내용을 정리한 표이다. 앞서 언급한 것처럼, 코카인은 사용 방법에 따라 가공 형태가 달라지기 때문에 효과 및 지속 시간에 차이가 있음을 알 수 있다.

코카인의 작용 기전은 주로 도파민이나 세로토닌과 같은 신경전달물질의 조절과 관련이 있다. 특히 도파민 시스템에 대한 영향이 주목받고 있는데, 코카인은 도파민의 재흡수를 억제함으로써 시냅스 내 도파민 농도를 비정상적으로 증가시켜 극적인 행복감과 고양감을 유발한다(Nestler, 2005; NIDA, 2024).

코카인은 중추신경계 자극제로 작용해 일시적으로 쾌감, 각성, 자신감을 증가시키지만, 장기적으로는 심각한 신체적, 정신적 부작용을 유발할 수 있다. 구체적으로는 고열, 고혈압, 뇌졸중, 심근경색 등의 신체적 문제와 우울증, 환각, 반사회적 행동, 편집증 등의 정신적 장애가 발생할 수 있다. 또한 인간면역결핍바이러스(Human Immunodeficiency Virus, HIV)나 C형 간염 등 바이러스 감염에 대한 취약성도 증가시킨다(김진묵 외, 2016; 주

〈표 4〉 코카인의 사용 방법에 따른 효과 발현 정도

사용 방법	효과 발현	지속 시간
정맥 주사 및 흡연	즉시 효과가 나타나고 약 3~5분 후에 최대 효과가 나타남.	약 15~20분
비강 투여	약 3~5분 후 효과가 나타나고 약 20~30분 후에 최대 효과가 나타남.	약 45~90분
경구 사용	약 10분 후 효과가 나타나고 약 60분 후에 최대 효과가 나타남.	약 90분

(출처: O'Malley & O'Malley, 2022 재구성)

일경, 2009; NIDA, 2024; O'Malley & O'Malley, 2022).

한편 코카인은 단독으로 사용되기도 하지만, 헤로인 같은 아편제와 함께 '스피드볼링(Speedballing)'으로 사용되는 경우도 있다. 스피드볼링은 코카인과 같은 각성제와 오피오이드 계열의 아편성 약물을 혼합해 사용하는 위험한 약물 남용 행위를 지칭한다. 이 방법은 두 가지 상반된 효과를 가진 약물의 부작용이 서로 상쇄될 수 있다는 잘못된 믿음에서 비롯되거나 약물로 인한 도취감을 극대화하려는 목적으로 사용된다. 그러나 실제로 이러한 혼합 사용은 기대했던 부작용 상쇄 효과를 얻기 어려울 뿐만 아니라, 오히려 약물 중독의 위험성을 증가시키고 각 약물을 개별적으로 사용할 때보다 더 심각한 신경학적 손상을 초래할 수 있다(Meyer et al., 2022).

코카콜라와 코카

〈그림 7〉 코카콜라

코카콜라의 탄생은 19세기 말 유럽과 미국의 사회적, 의학적 맥락에서 이해할 수 있다. 1886년 프랑스에서는 '뱅 마리아니(Vin Mariani)'라는 코카잎을 담근 와인이 큰 인기를 끌고 있었다. 이 제품은 앙젤로 마리아니(Angelo Mariani)가 개발한 '원기회복용 포도주'로, 코카잎의 성분을 포도주에 섞어 만든 것이었다.

뱅 마리아니의 성공은 광범위했다. 토머스 에디슨, 헨리크 입센, 전 미국 대통령 율리시스 그랜트, 심지어 교황 레오 13세까지 이 제품을 극찬하며 애용했다. 이러한 인기에 힘입어 미국에서도 다양한 모방 제품이 등장했고, 그중 하나가 약사 존 펨버튼(John Pemberton)이 개발한 '프렌치 와인 코카(French Wine Coca)'였다.

펨버튼은 자신의 제품을 소화불량, 위장장애, 변비, 두통, 발기부전 등에 효과가 있는 만병통치약으로 홍보했다. 이러한 마케팅 전략으로 코카 포도주는 미국에서 상당한 인기를 얻었다. 그러나 금주법 도입으로 알코올 음료 판매가 어려워지자, 펨버튼은 알코올이 없는 대체 음료를 개발하게 되는데, 이것이 바로 '코카콜라'의 시초가 되었다(주일경, 2009).

초기 코카콜라 제조 과정에서 펨버튼은 코카의 쓴맛을 상쇄하기 위해 다량의 설탕을 사용했다. 그러나 1903년 코카인 성분이 사회적 논란을 일으키자, 이를 카페인으로 대체하게 되었고, 이것이 현재 우리가 알고 있는 코카콜라의 기본 레시피가 되었다(주일경, 2009).

이러한 코카콜라의 발전 과정은 19세기 말에서 20세기 초 사이의 의약품과 기호식품의 경계가 모호했던 시대적 특성을 잘 보여준다. 또한 사회적 규제와 과학적 발견에 따라 제품 구성이 변화하는 과정을 통해 식품 산업의 역동성을 엿볼 수 있다.

2) 오피오이드

오피오이드(Opioid)는 아편성 진통제로, 천연 및 합성 두 가지 유형으로 구분된다. 펜타닐, 옥시코돈, 코데인, 모르핀과 같은 약물들이 대표적인 처방 오피오이드에 포함된다(NIDA, 2021b).

오피오이드는 뇌와 척수의 오피오이드 수용체와 결합해 작용한다. 특히 통증과 쾌락을 느끼는 신경계 영역에 작용해 통증 신호를 차단하고 대량의 도파민을 방출한다. 이 과정에서 뇌의 변연계에 영향을 미쳐 약물 복용 행동을 강화시키는 약리학적 특성이 있다.

의료적으로 오피오이드는 주로 극심한 통증을 겪는 환자에게 처방되며, 기침이나 설사 증상 완화에도 사용된다. 통증 완화와 신체 진정 효과가 뛰어나 다양한 의료 상황에서 활용된다.

하지만 그 위험성도 간과할 수 없다. 고령자의 경우, 만성 질환으로 인해 다량의 약물을 처방받게 되며, 느린 신진대사로 인해 의도치 않은 오피오이드 남용 위험이 높다. 오피오이드는 강력한 치료 효과와 동시에 심각한 중독 위험을 내포하고 있어, 의료 전문가의 엄격한 모니터링과 주의 깊은 처방이 필요한 약물이다.

(1) 아편

아편(Opium)은 덜 익은 양귀비(Opium Poppy)의 꽃잎이 떨어진 후 왕관 모양으로 변한 열매의 옆면에 상처를 내어 우윳빛 점성이 있는 유액을 수집하고, 이를 60℃ 이하에서 건조해 만든 암갈색의 물질을 지칭한다. 이렇게 얻어진 아편은 모르핀의 원료가 되며, 모르핀은 다시 헤로인의 원료가 되어 이 세 물질은 서로 밀접한 관계를 형성하고 있다(주일경, 2009; Alcohol and Drug Foundation, 2025).

대부분의 양귀비 품종에는 극소량의 아편이 함유되어 있지만, 일부 품종에서는 아편 성분이 제거된 경우도 있다. 과거 기록에 따르면, 3,400년 전 메소포타미아 지역에서는 양귀비를 '기쁨의 식물'로 칭했고, 아편은 통증 완화를 위한 진통제로 오래전부터 사용되었다. 이집트의 파피루스 문서에도 아편의 효능이 자세히 기재되어 있으며, 주로 외과 수술 시 마취제와 지사제로 사용되었음을 알 수 있다(DEA Museum, n.d.).

아편은 농가에서 가정상비약으로 사용되었고, 필요할 때 양귀비에서 나오는 아편을 소량 복용하기도 했다. 중국에서는 약 1,000년 전부터 아편을 치료용 약재로 사용해왔는데, 17세기 중반 이후부터는 아편과 담배를 섞어 흡연하는 등 사회 전 계층에서 아편 남용이 심각해졌다. 이로 인해 19세기 중반 아편전쟁이 일어났고, 결국 동방의 강대국 중 하나로 여겨지던 청나라는 몰락하게 되었다(Hayes, 2021).

아편의 이러한 역사적 배경은 마약 문제에 대한 사회적 인식을 형성하는 데 중요한 역할을 했다. 아편은 오랜 세월 동안 의약품으로 사용되었지만 그 중독성과 사회적 폐해로 인해 현재는 엄격히 규제되고 있다. 이와 같은 변화는 마약류 관리에 대한 법적, 사회적 접근이 어떻게 발전해왔는

〈그림 8〉 양귀비 열매

지를 보여준다.

(2) 모르핀

모르핀(Morphine)은 1805년 독일의 약사 Friedrich Sertürner에 의해 최초로 분리된 알칼로이드로, 그리스 신화의 꿈의 신 모르페우스(Morpheus)의 이름을 따서 명명되었다.

이 물질은 생아편으로부터 추출되는 과정에서 독특한 화학적 특성을 보여준다. 모르핀은 생아편에 물과 석회를 넣고 가열한 뒤 염화암모늄을 넣어 정제한 물질로, 대략 아편 무게의 10% 정도로 추출되며 2차 활성물질인 코데인으로 전환이 가능하다. 이렇게 추출된 모르핀은 아편의 10배에 달하는 효과를 가지고 있고, 중독성이 강해 쉽게 중독된다는 특징이 있다(오후, 2018; 조석연, 2012; 주일경, 2009).

약리학적 관점에서 모르핀은 중추신경계의 오피오이드 수용체에 직접 작용해 통각을 느끼는 신경전달물질의 분비를 억제함으로써 통증을 줄이는데, 이는 코데인, 메타돈, 펜타닐 등과 같은 마약성 진통제들이 공통적으로 갖는 작용 기전이다.

모르핀은 그 효과를 인정받아 진통제 및 마취제로 사용되고 있으며, 용액이나 알약의 형태로 경구 투약하거나 주사제로 사용할 수 있다. 주사제로 투약 시 혈관에 빠르게 퍼져 가장 즉각적인 효과를 나타낸다. 특히 이 약물은 극심한 통증으로부터 신체적 고통을 완화하고 배고픔을 감소시키며 행복감을 유발하는 효과가 있어, "신의 약물"이라고 지칭되기도 했다.

그러나 모르핀은 심각한 부작용을 동반할 수 있다. 과다 복용 시 졸음, 느린 맥박, 혈압 및 호흡 저하, 두통 등의 증상이 나타날 수 있으며, 심각한 경우 사망에 이를 수 있다. 의료용으로 사용되지만 정신적, 신체적 의존과 금단 증상을 유발할 수 있어 신중한 사용이 요구된다(DEA, 2022a;

MedlinePlus, 2024).

모르핀의 복잡한 역사와 약리학적 특성은 의학 발전의 양면성을 보여준다. 통증 완화라는 긍정적 측면과 동시에 중독성과 위험성을 내포하고 있어, 이 물질에 대한 과학적이고 윤리적인 접근이 필요하다.

(3) 헤로인

헤로인(Heroin)은 모르핀에 무수아세트산, 활성탄, 염산 등을 화학 처리해 만든 강한 중독성을 가진 오피오이드 약물로, 'Big H'나 'Black Tar' 등의 별칭으로 불리기도 한다. 이 물질은 대체로 흰색이나 갈색 가루 또는 끈적하고 검은 액체 형태로 유통되며 주사, 흡연, 흡입 등의 방식으로 사용된다(DEA, 2022b).

헤로인은 체내에 빠르게 흡수되어 뇌에 도달하므로 신체적, 심리적으로 중독 위험이 매우 높다. 이 약물은 통증 완화, 행복감 증진, 불안 감소, 호르몬 조절 등의 효과를 나타낸다. 복용 후 짧은 '러쉬'[1] 이후에는 모르핀과 유사하게 몽롱함, 수면, 정신적 공허감을 유발하며, 소량 사용에도 효과가 있으나 지속 시간이 짧아 재투약 가능성이 높아진다(이정혁, 강동욱, 2019).

헤로인은 다른 물질과 혼합해 사용되는 경우가 많으며, 이렇게 혼합 사용하게 될 경우 섞여 있는 헤로인의 농도와 양을 알기 어려워 과도하게 투약하는 경향이 있다. 정기적으로 사용했을 때에는 내성이 강화되어 점차 많은 양을 남용하게 되는데, 헤로인에 중독된 경우에는 느리고 얕은 호흡, 창백한 입술과 손톱, 축축한 피부, 경련 등 모르핀을 복용했을 때와 비슷한 신체 증상이 나타난다.

---

1 '러쉬(Rush)'란, 정맥 주사나 흡연의 방식으로 코카인을 남용하는 경우 몇 초 안에 뇌에 강한 영향을 미치게 되는데, 이때 일어나는 강렬한 행복 효과를 말한다(DEA, 2023a).

헤로인은 비교적 저렴하고 처방 오피오이드와 비슷한 효과를 가진다는 점에서 처방 오피오이드 오용과도 관련성이 있다. Jones(2013)의 연구에 따르면 헤로인 사용자의 80% 이상이 헤로인 사용 1년 전에 처방 오피오이드의 비의료적 사용 경험이 있었다. Muhuri 외(2014)의 연구에서도 최근 헤로인 사용을 시작한 사람들 4명 중 3명 이상이 처방 오피오이드를 비의료적으로 사용한 경험이 있는 것으로 나타났다. 이러한 결과들은 처방 오피오이드가 헤로인 사용의 위험 요인 중 하나로 작용할 수 있음을 시사한다. 이처럼 상관관계는 헤로인 남용 문제를 이해하는 데 중요한 요소이며, 예방 및 치료 전략 수립에 있어 깊이 있는 연구와 논의가 필요하다.

3) 메타돈

메타돈(Methadone)은 제2차 세계대전 중 진통제로 사용되던 모르핀이 부족해지자 독일의 훼스트(Hoechst) 제약에서 개발된 합성 오피오이드이다. 메타돈이 처음 개발될 당시에는 약리작용에 대한 연구가 충분히 이루어지지 않아, 전쟁 중에는 실제로 사용되지 않았다. 이 약물은 화학 구조상 모르핀 및 헤로인과 유사해 효과 측면에서도 많은 공통점을 지닌다.

메타돈은 합성 마약류로 분류된다. 합성 마약류는 자연에서 얻을 수 있는 천연 마약류와 달리, 화학적으로 인공 합성된 마약성 약물을 의미한다. 메타돈은 모르핀과 유사한 진통 효과를 내면서도 의존성이 낮은 의약품 개발을 목표로 만들어졌지만, 여전히 높은 의존성과 여러 부작용을 지니고 있다.

메타돈은 정제 또는 액체 형태로 제공되며, 삼키거나 주입하는 방식으로 사용할 수 있다. 메타돈의 복용은 가려움, 졸음, 발한 등의 신체적 증상과 더불어 심리적 의존을 야기하며, 나아가 약물에 내성이 생기게 되면 신체적 의존까지 유발할 수 있다. 과다 복용 시 축축한 피부, 창백한 손톱과 입술, 경련 등의 부작용이 발생할 수 있으며, 심각한 경우 사망에 이를 수 있다. 복용을 중단하면 불안, 근육 떨림, 메스꺼움, 설사 등의 금단 증상이 나타날 수 있다(DEA, 2023b).

메타돈은 헤로인, 모르핀과 달리 신체와 뇌에 장기간 남아 그 효과가 오래 지속된다. 특히 경구 투여 시 작용 시간이 길고 우수한 마취 효과를 나타내어 만성 통증 관리에 효과적이며, 이러한 특징 때문에 메타돈은 오피오이드 사용을 감소시키기 위한 치료 요법으로 활용되기도 한다(김한균, 2006).

메타돈 유지 요법(Methadone Maintenance Treatment)은 제2차 세계대전 이후 급증하는 헤로인 중독에 대응하기 위해 1964년 록펠러대학교에서 Dr. Vincent P. Dole과 Dr. Marie E. Nyswander의 공동 지휘 아래 연구 프로젝트로 시작되었다. 이 요법은 헤로인을 포함한 오피오이드 사용장애(Opioid Use Disorder, OUD)에 대한 치료로서, 기존 약물을 메타돈으로 대체해 오피오이드 사용을 점차 줄이고 기능을 정상화시켜 약물로부터 벗어날 수 있도록 돕는다. 물론 이러한 과정에서 메타돈에 대한 의존성이 나타날 수 있지만, 다른 아편유사제와는 달리 약물에 대한 갈망이나 강박적인 사용이 적다는 점에서 차별화된다(Joseph et al., 2000; WHO, 2009).

또한 메타돈 유지 요법은 주사제를 통해 투약하는 헤로인 대신 경구 투약함으로써 주사제 사용을 억제하는 역할을 한다. 이는 주사제 사용으로 인한 HIV 감염 및 후천성면역결핍증(Acquired Immune Deficiency Syndrome, AIDS) 등의 부작용을 미연에 방지해 추가적인 폐해가 발생하지 않도록 하는 데 효과적이다. 더 나아가 헤로인을 구하기 위해 보내는 시간을 줄여 범죄를 예방하고 보다 생산적인 활동을 할 수 있도록 돕는다(Inciardi et al., 1993; WHO, 2009).

하지만 메타돈 유지 요법이 근본적인 대책이 아닌 임시방편이라는 비난과 함께 이 약물이 다른 마약 못지않게 위험하다는 반대 의견도 존재한다. 한국에서도 한때 메타돈이 오용되었으며, 1965년에는 '메사돈(메타돈) 파동'이라 불리는 사건이 발생했다. 당시 국내 23개 제약회사가 합성 마약인 메타돈을 일반 약품에 혼합해 해열진통제, 비타민 영양제 주사 등으로 위장해 판매했고, 그 결과 수만 명의 중독자가 발생했다. 이 사건 이후로 메타돈은 국내에서 사용이 금지되었다(대검찰청, 2019).

이와 같은 메타돈의 역사적 사례는 마약 관리와 정책의 중요성을 강조하며, 향후 마약 문제 해결을 위한 보다 체계적이고 지속 가능한 접근이 필요함을 시사한다.

4) 펜타닐

펜타닐(Fentanyl)은 1960년대 벨기에의 제약회사 얀센에서 개발된 강력한 아편성 진통제로, 그 효과는 헤로인의 50배, 모르핀의 100배 이상에 달한다. 1964년 UN의 「마약에 관한 단일협약」에 의해 통제물질로 지정되었으며, 수술 후 환자나 말기 암환자 등 극심한 고통을 겪는 환자들에게 사용된다(대검찰청, 2019).

펜타닐은 오피오이드 수용체와 결합해 통증과 감정을 조절하는 뇌의 특정 부위에서 작용한다. 그 주요 효과는 극도의 행복감이며, 졸음, 메스꺼움, 혼란, 변비, 호흡 곤란 등의 부작용을 동반한다. 치사량이 고작 0.002g에 불과해 살상을 목적으로 한 독극물로도 사용될 수 있다(NIDA, 2021c).

처방에 의해 사용되는 펜타닐은 주사, 패치, 혹은 정제약의 형태이지만, 불법적으로 유통되는 펜타닐은 가루, 알약, 비강 스프레이나 액상, 안약 등 다양한 형태로 존재한다. 내성과 의존이 빠르게 증가하며, 과도한 복용 시 호흡이 느려지거나 멈추는 저산소증이 발생할 수 있어 심각한 뇌손상이나 사망의 위험이 있다.

펜타닐은 대부분 중국의 불법 제조시설에서 생산되어 'China White'로 불리며, 미국 역시 주요 불법 제조국 중 하나로 추정된다. 제조에 필요한 설비가 저렴하고 온라인에서 쉽게 구입 가능하며, 제조 공정이 복잡하지 않아 소규모 조직에 의해 운영되고 있다(대검찰청, 2024a).

펜타닐은 의료적 목적으로 개발되었으나, 그 강력한 효과와 중독성으로 인해 심각한 사회적 문제를 야기하고 있다. 따라서 엄격한 규제와 지속적인 모니터링, 그리고 사회적 인식 개선이 필요하다.

* * *

앞서 언급한 마약의 특징을 정리하면 〈표 5〉와 같다. 마약의 약리작용을 기준으로 분류해, 각성제인 코카인과 억제제인 아편, 모르핀, 헤로인, 메타돈, 그리고 펜타닐의 특징을 설명한 것이다.

〈표 5〉 약리작용에 따른 마약의 종류와 특징

약리 작용	종류	의약 용도	사용 방법	부작용	작용 시간
각성	코카인	국소마취	경구, 주사, 흡연, 비강	정신 장애, 사망	2
억제	아편	진정·진통	경구, 주사, 흡연	도취감, 신체조정력 상실, 사망	3~6
	모르핀	진정·진통	경구, 주사	느린 맥박, 혈압 및 호흡 저하, 사망	4~24
	헤로인	진정·진통	경구, 주사, 흡연	메스꺼움, 구토, 신장 질환, 사망	3~6
	메타돈	진정·진통	경구, 주사	신체조정력 상실, 사망	12~24
	펜타닐	진정·진통	경구, 주사, 패치	호흡 곤란, 현기증, 근육 마비, 사망	4~72

(출처: 대검찰청, 2023; NIDA, 2023 재구성)

마약, 당신이 궁금한 모든 것
— Q&A로 알아보는 마약 이야기 ③

Q. 처방약도 중독이 될 수 있을까?

A. 처방약(진통제, 수면제 등)도 중독될 수 있다. 오피오이드 계열 진통제(펜타닐, 옥시코돈, 모르핀 등)와 수면제 및 항불안제(졸피뎀, 디아제팜, 알프라졸람 등)는 장기 복용 시 신체적 · 정신적 의존을 유발할 수 있다. 예를 들어 오피오이드 진통제는 강력한 진통 효과가 있지만, 내성이 생기면서 점점 복용량을 늘리게 되고, 갑작스럽게 중단하면 금단 증상이 나타날 수 있다. 수면제와 항불안제도 마찬가지이다. 장기 복용하면 의존성이 생기며 기억력 저하, 집중력 감소 등의 부작용이 발생할 수 있다.

특히 펜타닐은 의료용 진통제로 처방받을 수 있어 합법적으로 유통되지만, 이로 인해 불법적인 오남용 가능성이 크며 그 피해가 더욱 심각해질 우려가 있다. 실제로 여성가족부의 보고에 따르면, 청소년 10명 중 1명이 펜타닐 패치를 사용해본 경험이 있다고 보고되는 등 처방약의 오남용 문제가 특정 계층만의 문제가 아님을 여실히 보여주고 있다.

따라서 처방약은 반드시 의사의 지시에 따라 정해진 용량과 기간 동안 복용해야 하며, 임의로 용량을 조절하거나 중단하면 안 된다. 만약 의존성이 의심된다면 전문가의 상담을 받아 안전하게 치료하는 것이 중요하다.

3. 향정신성의약품

향정신성의약품(Psychoactive Drug)은 사람의 중추신경계에 작용해 오남용될 경우 신체적, 정신적으로 심한 의존성을 일으키는 약물이나 이를 함유하는 물질을 의미한다. 대표적인 향정신성의약품에는 메스암페타민, 메틸렌디옥시메스암페타민(MDMA), 감마 하이드록시부티레이트(GHB), 벤조디아제핀류, 케타민, 리세르그산 디에틸아미드(LSD)가 있다.

1) 메스암페타민

메스암페타민(Methamphetamine)은 20세기 초 암페타민에서 개발된 약물로, 초기에는 비강 충혈 완화제와 기관지 흡입제로 사용되었다. 무취 또는 약한 암모니아 냄새가 나는 백색, 연회색의 결정체 및 분말 형태로 존재하며, '히로뽕' 또는 '필로폰'으로 알려진 각성제이다. 제2차 세계대전 중에는 피로 회복, 공포심 완화, 또는 잠을 쫓기 위한 목적으로 보급되었으며, 전쟁 이후 민간에서 남용되면서 사회 문제로 부각되기 시작했다.

메스암페타민은 단기 사용 시 주의력 및 집중력 향상, 각성, 신체 활동 증가, 식욕 감소, 빠르고 불규칙한 심장 박동, 행복감 등이 유발되나, 장기 사용 시에는 강한 중독성을 나타내어 의존을 유발하고 뇌의 기능적 변화를 초래할 수 있다. 암페타민과 비교했을 때, 활동성을 증가시키고 행복감을 유발하며 식욕을 감소시킨다는 점은 유사하지만, 메스암페타민은 더 많은 양의 약물이 뇌로 유입되어 더욱 강력한 자극제가 되는데, 중추신경계에 더욱 오래 지속되어 해로운 영향을 미친다. 신체 내 유입된 메스암페타민의 50%가 제거되기까지 12시간이 걸리기 때문에, 1시간이 소요되는 코카인과 비교했을 때 각성 효과가 매우 장시간 지속된다는 점을 알 수 있다(Chiu & Schenk, 2012; NIDA, 2019).

더욱이 메스암페타민의 남용은 조현병과 같은 만성 정신질환으로 이어질 수 있으며, 과도한 사용 시 심각한 환각, 피해망상, 관계망상, 공격적인 행동 등의 증상이 나타날 수 있다. 이러한 정신병리적 증상은 사용을 중단한 이후에도 지속될 수 있다. 또한 메스암페타민을 단번에 고용량으로 섭취하면 뇌졸중, 심장마비 또는 여러 장기 문제로 사망을 일으킬 수 있다(양성관, 2023; DEA, 2022c).

메스암페타민은 ADHD, 기면증, 비만 치료를 위해 의사의 처방이 있어야만 사용할 수 있는 약물로, 도파민, 세로토닌, 노르아드레날린 등을 방출해 자극제 역할을 한다. 그러나 의학적 목적으로 처방되는 경우는 매우 제한적이며, 처방량은 남용 시 사용되는 양에 비해 훨씬 적은 수준이다(Gabay, 2013; Moszczynsha, 2016).

한편 메스암페타민은 흡연, 주사, 흡입, 경구 섭취 등 다양한 방식으로 사용되며, 각 사용 방식에 따라 효과와 중독 가능성, 건강에 미치는 영향이 다르게 나타난다. 특히 흡연이나 주사 방식은 뇌와 혈류에 빠르게 유입되어 즉각적인 행복감을 제공하지만, 그 효과는 몇 분 동안만 지속된다(NIDA, 2019).

2) 메틸렌디옥시메스암페타민

메틸렌디옥시메스암페타민(3, 4-Methylenedioxy-Methamphetamine, MDMA), 일명 '엑스터시'는 1980년대에 주목받기 시작한 합성 약물이다. 1912년 독일의 제약회사에서 최초로 개발되었으며, 초기에는 출혈 조절을 위한 화합물로 사용되었다. 1980년대 초반, 일부 정신과 의사들이 MDMA가 환자들의 의사소통 능력과 통찰력을 향상시킨다고 주장하면서 관심을 받았다. 그러나 MDMA는 공식적인 임상실험이나 식약청의 승인 없이 1980년대부터 치료 외 목적으로 오용되기 시작했다.

MDMA의 약리학적 효과는 복용 후 평균 45분부터 나타나며, 15~30분 이후 최고조에 달해 약 3~6시간 지속된다. 주로 안녕감, 자극, 시간 및 감각 지각의 왜곡을 경험하기 위해 사용되며, 공감, 행복감 등의 긍정적 감정을 유발해 클럽에서 알코올, 대마초 등의 다른 물질과 함께 자주 사용된다(Liechti et al., 2000; NIDA, 2023).

그러나 MDMA의 위험성과 부작용은 간과할 수 없다. 체온 상승, 심박수 증가, 혈압 상승, 신장 손상 등의 신체적 위험과 함께 불안, 무모함, 흥분 등의 심리적 증상, 그리고 메스꺼움, 근육 경련, 시야 불선명 등의 부작용이 보고되고 있다. 또한 MDMA 복용 후 운전 능력 저하로 인한 교통사고 위험도 증가한다(Campbell & Rosner, 2008; Kiyatkin et al., 2014; Lamers et al., 2003).

MDMA의 신경학적 영향에 대해서는 아직 명확한 결론이 나지 않았다. 동물 실험에서는 세로토닌 함유 신경세포 손상이 관찰되었으나, 인간 뇌에 미치는 영향에 대해서는 추가 연구가 필요하다. 다만, MDMA 사용 후 단기적인 정신 능력 감소와 장기 과량 복용 시 인지 능력 손상에 대한 연구 결과는 지속적으로 보고되고 있다(Gouzoulis-Mayfrank et al., 2000).

한편, MDMA의 치료적 잠재성에 대한 연구도 진행 중이다. Bouso 외(2008)에 따르면, 특히 외상 후 스트레스 장애(Post Traumatic Stress Disorder, PTSD) 치료에서 저용량 MDMA를 보조제로 사용한 결과, 증상 감소에 효과를 보였다. 이에 따라 미국 식품의약국(Food and Drug Administration, FDA)에서 MDMA 보조 요법에 대한 검토가 진행되고 있어, 향후 MDMA의 의료적 활용 가능성에 대한 논의가 지속될 것으로 보인다.

3) 감마 하이드록시부티레이트

감마 하이드록시부티레이트(Gamma-Hydroxybutyrate, GHB)는 무색의 액체나 백색 가루 형태로 존재하며, 술이나 다른 음료에 섞어 사용하는 경우가 많다. 액체 형태의 GHB는 작은 병에 포장되어 판대되며, 투명하고 짠맛이 나는 특징을 지닌다. 이 약물은 '물뽕'이라는 별명으로도 알려져 있으나, 이는 메스암페타민과 같은 각성제가 아닌 억제제 역할을 하는 약물이다.

GHB는 복용 후 15~30분 이내에 효과가 나타나며, 그 효과는 약 3~6시간 동안 지속된다. 주요 효과로는 행복감, 졸음, 메스꺼움, 혼란, 기억 상실, 호흡 저하 등이 있으며, 특히 술과 함께 섭취할 경우 이러한 증상이 더욱 심각해질 수 있다. 이러한 특성 때문에 GHB는 여성을 항거불능 상태로 만들어 성범죄에 악용되는 사례가 보고되었으며, '데이트 강간 약물' 또는 '클럽 약물'로 불리기도 한다. 실제로 GHB는 1990년대 클럽과 레이브 파티에서 인기를 끌었으며, 주로 10대와 젊은 성인들 사이에서 사용되었다(DEA, 2022d; NIDA, 2023).

GHB는 기면증 치료제로 승인되어 밤에 숙면을 촉진하고 주간 졸림증을 감소시키는 효과를 나타내며, 수면 유도 및 성장 촉진 등 치료 목적으로도 사용되었다. 또한 보디빌더들이 근육 형성과 체중 감소를 위해 사용하거나 스테로이드 대체제로 활용되기도 했다. 그러나 1980년대 들어 부작용이 드러나면서 FDA는 GHB의 시판을 금지했고, 한국에서도 2001년 향정신성의약품으로 지정되어 사용이 제한되었다(DEA, 2022d).

GHB의 과다 복용은 의식 상실, 호흡 곤란, 혼수상태 및 발작을 초래할 수 있으며 심각한 경우 사망에 이를 수 있다. 알코올과 함께 사용하면 우울증 악화 등의 위험이 증가하며, 장기 사용 후 중단할 경우 편집증, 섬망, 불안 등의 정신적 문제와 떨림, 발한, 심박수 증가 등의 금단 증상이 나타날 수 있다. 특히 GHB는 오락적 용도로 사용되는 양과 치사량의 차이가 크지 않아 과량 복용 시 치사율이 높다는 점에서 매우 위험하다(한국마약퇴치운동본부, 2019).

4) 벤조디아제핀류

벤조디아제핀류(Benzodiazepine)는 억제제 중 하나로, 억제성 신경전달물질인 GABA-A 수용체 작용을 강화하며 진정 효과가 있다. 가장 많이 처방되는 치료적 약물 중 하나로, 진정, 수면 유도, 항불안, 항경련, 근육 이완 등의 목적으로 사용되며 경구 복용이나 흡입 등의 방법으로 투여된다.

벤조디아제핀류는 불안 완화에 신속하고 단기적 효과를 나타낼 뿐만 아니라 장기적인 불안 치료에도 효과가 확인되었지만, 오남용의 문제로 인해 위험 약물로 분류되고 있다. 투여 시 호흡 저하 및 정지, 메스꺼움, 구토, 설사, 오한, 두통, 실신 등의 부작용을 초래할 수 있으며, 드물게 부정맥, 기관지 경련, 감각 이상 등을 일으킬 수 있다. 동시에 균형 상실, 이중 시력 등의 부작용이 일어날 수 있고, 장기간 남용될 경우 인지 장애가 발생할 수 있다. 과다 복용 시에는 심각한 진정 효과로 인한 혼란, 극심한 졸음, 호흡 저하, 혼수상태 및 사망을 일으킬 수 있다. 또한 오피오이드 사용자가 행복감 향상이나 더욱 강력한 효과를 위해 벤조디아제핀류를 동시에 남용하는 것은 흔한 남용 패턴으로 알려져 있다(National Institutes of Health[NIH], 2024).

5) 케타민

케타민(Ketamine)은 백색 분말 형태로 존재하며, 흡입, 주사, 경구 섭취 등 다양한 방식으로 투여된다. 이 약물은 베트남 전쟁 당시 부상당한 미군의 치료에 사용된 마취제로 시작되어, 현재는 마취와 우울증 치료 등 다양한 의료 목적으로 활용되고 있다.

케타민의 주요 작용 기전은 통각에 대한 반응을 감소시켜 마취 효과를 나타내는 것이다. 이 약물은 "해리성 마취제"로 분류되며, 시각과 청각을 왜곡시켜 사용자가 자신의 통증이나 환경으로부터 분리된 듯한 느낌을 경험하게 한다. 케타민은 수술이나 검사 시 전신 마취제 혹은 마취 보조제로 사용되며, 다른 마취제에 비해 호흡 억제나 혈압 저하 같은 부작용이 상대적으로 적게 나타나는 특징이 있다. 케타민은 주로 투명한 액체 혹은 흰색 분말의 형태로 제조되며, 투여 후 30~60분 정도 효과가 지속된다(DEA, 2020, 2023c).

케타민의 부작용을 살펴보면, 단기적으로는 환각, 섬망, 이상 행동, 시야 흐림, 호흡장애, 심혈관계 이상 등이 있으며, 장기 사용 시 우울증, 기억력 저하, 신장 및 방광 질환 등이 발생할 수 있다. 또한 케타민은 불법적인 용도로 악용될 가능성도 내포하고 있다. 특히 성범죄에 사용되는 '데이트 강간 약물' 또는 '클럽 약물'로 오용되는 사례가 보고되고 있다. 이는 케타민이 무색, 무취, 무미하며 액체에 쉽게 용해되어 피해자 모르게 섭취시킬 수 있고, 기억 상실을 유발해 범죄 사실을 은폐하는 데 악용될 수 있기 때문이다(한국마약퇴치운동본부, 2019; DEA, 2023c).

한편, 케타민은 즉각적인 항우울 효과를 나타내는 것으로 알려져 있다. 2019년에는 에스케타민(Esketamine)이라는 비강 분무제 형태의 약물이 성인 치료저항성 우울증 치료제로 FDA의 승인을 받았으며, 에스케타민은 기존 치료에 반응하지 않는 우울증 환자들에게 효과적인 것으로 나타났다. 하지만 의존성과 환각 등의 부작용 가능성 때문에 주의 깊은 사용이 요구된다(Reif et al., 2023).

케타민의 의료적 가치와 잠재적 위험성을 고려할 때, 이 약물의 사용과 관리에 대한 엄격한 규제와 지속적인 연구가 필요하다. 특히 치료제로서의 가능성과 오남용의 위험 사이에서 균형을 찾는 것이 향후 케타민 관련 정책과 연구의 중요한 과제가 될 것이다.

6) 리세르그산 디에틸아미드

리세르그산 디에틸아미드(Lysergic Acid Diethylamide, LSD)는 가장 강력한 환각제 중 하나로, 1938년 스위스 산도스 제약회사의 Albert Hofmann에 의해 우연히 합성되었다. 이 약물은 극소량만 사용되어도 코카인의 100배, 메스암페타민의 300배 이상의 환각 효과를 가지며, 그 효과가 8~12시간 동안 지속된다. 이러한 강력한 효과로 인해 LSD는 사용자의 뇌와 염색체에 손상을 일으키고, 내성과 심리적 의존 현상을 유발할 수 있다(염건웅, 2019).

LSD 사용 시 경험하는 가장 특징적인 현상 중 하나는 감각의 혼란이다. 사용자들은 색채를 듣고 소리를 보는 것과 같은 초월적인 경험을 하게 된다. 반면에, 'Bad Trip'이라고 불리는 부정적 경험은 망상, 편집증적 사고, 불안 등의 증상을 동반한다. 특히 주목할 만한 현상은 '플래시백'이다. 일부 사용자들은 LSD를 사용하지 않은 상태에서도 환각 현상을 경험하게 되는데, 이는 약물 사용 후 며칠 또는 몇 달 후에도 발생할 수 있다. LSD 사용의 가장 큰 위험 중 하나는 사용자의 판단력 저하로 인한 신체적 상해 가능성이다. 그러나 LSD 단독 사용으로 인한 직접적인 사망 사례는 드물게 보고되고 있다. 또한 LSD 사용 후에는 급성 불안과 우울증을 겪을 수 있다(DEA, 2022e; Nichols & Grob, 2018; Passie et al., 2008).

LSD의 사회적 영향에 대한 연구도 진행되고 있다. Liechti(2017)의 연구에 따르면, LSD는 타인과의 관계에서 친밀감, 개방성, 신뢰를 증가시키는 반면, 타인의 부정적 감정에 대한 인식은 저하시키는 것으로 나타났다.

하지만 LSD의 장기적 영향에 대해서는 아직 명확한 결론이 나지 않았다. 그러나 이는 추가적인 연구가 필요한 영역으로, LSD의 잠재적 위험성과 의료적 활용 가능성에 대한 지속적인 과학적 탐구가 요구된다.

* * *

〈표 6〉은 앞서 언급한 향정신성의약품인 메스암페타민과 MDMA, GHB, 벤조디아제핀류, 케타민, 그리고 LSD의 특징을 종합해 기술한 것이다.

〈표 6〉 약리작용에 따른 향정신성의약품의 특징

약리작용	종류	의약 용도	사용 방법	부작용	작용시간
각성	메스암페타민	식욕 억제, ADHD 치료 등(제한적)	경구, 주사, 흡입, 흡연	환시, 환청, 피해망상, 사망	8~12
	MDMA	-	경구, 흡입	체온 급상승, 불안, 수면장애	3~6
억제	GHB	진정, 수면 발작 치료	경구	호흡 억제, 의식 상실, 사망	0.5~6
	벤조디아제핀류	신경 안정	경구, 주사	졸음, 착란, 어지러움, 운동 조절 능력 저하	약물에 따라 상이
	케타민	마취, 우울증 치료	경구, 주사, 흡입, 흡연	맥박/혈압 상승, 호흡장애, 환각	0.5~1
환각	LSD	-	경구, 주사	환각, 환청, 환시	8~12

(출처: 대검찰청, 2023; 행정안전부 국립과학수사연구원, 2019; Liechti et al., 2000; NIDA, 2023 재구성)

치료적 약물의 오남용

치료 목적으로 처방되는 약물의 종류로는 억제제와 각성제가 있다(NIDA, 2011a). 각 유형에 속하는 구체적인 약물의 종류는 〈표 7〉과 같다. 그러나 약물이 처방된 의도와는 달리 사용되거나 처방약을 환자가 아닌 제3자가 복용하는 문제가 발생하고 있다(NIDA, 2011a).

〈표 7〉 치료 목적으로 처방되는 약물의 종류

<table>
<tr><th>구분</th><th colspan="2">종류</th></tr>
<tr><td rowspan="4">억제제</td><td>오피오이드</td><td>코데인, 펜타닐(Actiq®, Duragesic®, Sublimaze®), 하이드로코돈 또는 디하이드로코데이논(Vicodin®, Norco®, Zohydro® 및 기타), 메타돈(Dolophine®, Methadose®), 모르핀(Duramorph®, MSContin®), 옥시코돈(OxyContin®, Percodan®, Percocet® 및 기타), 하이드로모르폰(Dilaudid®), 메페리딘(Demerol®), 옥시모르폰(Opana®)</td></tr>
<tr><td>바르비투르산염</td><td>펜토바르비탈(Nembutal®)</td></tr>
<tr><td>벤조디아제핀</td><td>알프라졸람(Xanax®), 로라제팜(Ativan®), 디아제팜(Valium®), 클로로디아제폭사이드(Librium®), 트리아졸람(Halicon®)</td></tr>
<tr><td>수면제</td><td>졸피뎀(Ambien®), 에조피클론(Lunesta®), 잘레플론(Sonata®)</td></tr>
<tr><td>각성제</td><td colspan="2">암페타민(Adderall®), 메틸페니데이트(Concerta®, Ritalin®)</td></tr>
</table>

4. 대마

'대마(cannabis)'는 대마초의 원료가 되는 식물이며, 대마초와 수지(樹脂), 그리고 그들을 원료로 제조된 모든 제품을 포괄하는 용어이다. 잎과 꽃은 도취(陶醉)를 유발하는 물질로 사용되고 있으며, 그 형태에 따라 다르게 불린다(〈그림 9〉).

대마의 주요 활성 성분은 Tetra Hydro Cannabinol(THC)로, 이는 강력한 환각 효과를 유발한다. 특히 중동, 멕시코와 같은 고온 다습한 지역에서 재배된 대마는 2~6배 더 강한 THC 함량을 보인다. 대마의 잎과 꽃을 흡연용으로 가공한 형태를 일반적으로 대마초 또는 마리화나(marijuana)라고 부르며, '마리화나'라는 용어는 '취하게 만드는 것'을 의미하는 포르투갈어 'mariguango'에서 유래되었다(염건웅, 2019).

대마초의 사용 효과는 투여 방법에 따라 다르게 나타난다. 흡연 시에는 THC가 폐를 통해 빠르게 혈류로 흡수되어 즉각적인 효과를 나타내는 반면, 음식물 형태로 섭취할 경우 소화 과정을 거치기 때문에 효과가 나타

〈그림 9〉 대마

나기까지 약 1시간 정도가 소요된다. 대마초의 효과는 사용량에 따라 다양하게 나타나는데, 소량 사용 시 약한 각성 효과부터 다량 사용 시 환청, 급격한 감정 변화, 부유감, 심한 경우 정신 이상까지 유발할 수 있다. 또한 마리화나는 학습 능력 저하, 사고력 저하 등의 부작용을 유발한다. 뇌의 보상회로에도 영향을 미쳐 다량의 도파민이 방출되게 하는데, 이는 대마초의 중독성을 뒷받침할 수 있는 현상이다(NIDA, 2020a, 2020b). 이러한 대마의 특성을 요약하면 〈표 8〉과 같다.

〈표 8〉 약리작용에 따른 대마의 특징

약리작용	종류	의약 용도	사용 방법	부작용	작용 시간
환각	대마	진정	경구, 흡연	도취감, 약한 환각	2~4

(출처: 대검찰청, 2023 재구성)[2]

마리화나의 의료적 사용에 대한 논의도 진행되고 있다. 1996년 미국 캘리포니아주에서는 마리화나의 의료용 사용을 합법화했으며, 이후 여러 국가에서 의료용 마리화나에 대한 규제 완화가 이루어지고 있다. 그러나 마리화나의 잠재적 위험성과 장기적 영향에 대한 지속적인 연구가 필요하며, 의료용 사용에 대해서도 신중한 접근이 요구된다.

---

2 캐나다, 미국, 아르헨티나, 브라질, 스페인, 독일, 영국, 태국 등에서는 의료용 대마가 합법이다. 우리나라에서는 대마 성분 의약품의 경우 환자가 식약처의 승인을 받아 한국희귀필수의약품센터를 통해 수입해 사용할 수 있도록 허용하고 있다(유요안 외, 2022).

마약, 당신이 궁금한 모든 것
— Q&A로 알아보는 마약 이야기 ④

Q. 한국은 왜 대마초 사용에 대해 다른 국가보다 엄격한 정책을 적용하고 있을까?

A. 무엇보다 대마는 물질사용장애를 일으키는 약물 중 하나로 신체적·심리적·사회적 손상을 일으킨다. 대마가 위험한 이유는 이를 남용하게 되면 자아의 상실감, 환시·환청 등을 일으켜 환각 상태에서 강력 범죄를 저지르거나, 대마보다 약효가 강한 다른 마약류를 찾게 할 가능성이 높기 때문이다. 이를 잘 설명하는 대표 이론이 '관문이론(Gateway Theory)'이다. 기존과 같은 양과 빈도의 약물 사용으로는 전과 같은 수준의 쾌감을 느끼지 못한다. 따라서 약물 사용 초기보다 더 많은 양의 약물을 자주 사용해 즐거운 감정을 느끼기를 원한다. 예를 들어, 대마초 사용 기간이 길어지면서 사용량을 늘리거나 더 강한 자극을 주는 마약을 찾게 된다. 즉, 대마초는 강성 마약으로의 관문약물(Gateway Drug) 역할을 하며, 대마초를 사용한 사람들은 다른 마약을 사용할 위험이 3.5배에서 140배까지 증가한다는 보고가 이를 방증한다. 이 때문에 우리나라에서는 대마초에 대한 보수적 입장을 견지하면서 강력히 단속하고 있다.

〈그림 10〉 외국의 마리화나 판매처

5. 신종마약류 및 임시마약류

마약의 화학적 특성으로 인해 다양한 형태로 복제나 변형이 가능하다. 이러한 특성을 악용해 마약을 불법으로 제조하거나 판매하는 자들은 법적 규제를 회피하고 소비자의 호기심을 자극하기 위해 기존 마약류의 화학적 구조를 변형하거나 새로운 합성 마약류를 제조해 유통하고 있다. 이렇게 파생되어 마약 시장에서 새롭게 주목받는 신종 합성 물질을 신종마약류라고 하며, 기존 마약류의 변형된 형태도 이에 포함된다.

우리나라는 2011년부터 임시마약류 지정 제도를 시행하고 있다. 이는 정식 마약류 지정에 소요되는 시간 동안 발생할 수 있는 신종 물질의 오남용과 법적 규제의 공백을 예방하기 위함이다. 임시마약류란 오용 또는 남용으로 인한 보건상의 위해가 우려되어 긴급히 마약류에 준해 관리할 필요가 있는 물질을 지칭한다.

임시마약류는 1군과 2군으로 분류된다. 식품의약품안전처(n.d.)에 따르면, 1군은 중추신경계에 작용하거나 마약류와 구조적 · 효과적 유사성을 지닌 물질로, 의존성 유발 등 신체적 · 정신적 위해 가능성이 높은 물질이다. 2군은 마약류와의 구조적 · 효과적 유사성은 낮지만, 의존성 유발 등의 위험성이 있는 물질이다. 2024년 7월 현재, 1군 16종과 2군 101종이 지정되어 있다. 임시마약류의 지정기간은 3년이며, 이 기간 중 마약류로 지정되면 그에 따라 분류가 변경되고, 앞으로 그 수는 점점 더 증가할 것으로 예상된다(대검찰청, 2022).

신종마약류는 알킬 니트라이트(Alkyl Nitrite) 유형, 합성대마 유형, 의료용 마약류 유형 등으로 구분할 수 있다. 알킬 니트라이트 유형은 '러쉬', '정글쥬스', '블루보이'라고 불리며, 유흥업소에서 각성제나 환각제, 최음제 등의 목적으로 악용되고 있는 임시마약류 2군으로, 대검찰청(2023) 자료에 따르면, 2020년 대비 2022년 반입량이 약 10배가 증가했다.

합성대마 유형은 화학적 합성 마약으로, 기존의 천연대마보다 강력해 오남용의 부작용으로 사망할 위험성이 있다. 이처럼 높은 위험성에도 불구하고 재료를 분무해 흡입하거나 전자담배의 수증기로 흡입해 접근성이 높고, 구분이 쉽지 않아 그 양이 증가하고 있다(대검찰청, 2023; 신재헌, 2023).

마약, 당신이 궁금한 모든 것
— Q&A로 알아보는 마약 이야기 ⑤

Q. 마약 중독자들이 길거리에 멈춰 있거나 몸이 축 늘어진 차로 서 있어서 좀비처럼 보이는데, 그 이유는 무엇일까?

A. 본문에서 설명했듯이 마약은 크게 각성제와 억제제로 나누어진다. 각성제는 뇌 활동을 과도하게 자극해 과잉행동, 과한 에너지, 망상과 같은 신체 반응을 보이지만, 억제제는 뇌 활동을 억제하기 때문에 처지거나 멍함, 행동이 느려지는 신체 반응을 보인다. 마약 거리에서 좀비와 같은 모습을 보이는 사람들은 대부분 억제제 계열의 마약, 특히 펜타닐 같은 강력한 합성 오피오이드에 중독된 경우이다.

특히, 펜타닐에 중독되면 마약이 뇌의 운동 조절 시스템까지 억제하서 신체 반응이 느려지고 몸이 멈추는 것처럼 느려진다. 이뿐만 아니라 몸이 무거워지고 힘을 주지 못해서 허리가 꺾이고 축 늘어짐으로써 흡사 좀비처럼 무기력하고 생기 없는 상태로 보이는 것이다. 심한 경우 숨 쉬는 것도 잊을 정도로 억제되기 때문에 사망에 이르게 된다.

2부

마약 중독에 대한 이해

4장

마약 중독의 정의와 뇌의 이해

1. 마약 중독의 정의

마약 중독은 물질에 대한 통제력 상실과 지속적인 사용으로 인한 부정적 결과에도 불구하고 강박적으로 물질을 사용하거나 찾는 행동을 보이는 만성적 질병이다(American Society of Addiction Medicine[ASAM], 2024; National Health Service[NHS], 2024; NIDA, 2011a).

국립정신건강센터(2022)는 마약 중독의 세 가지 주요 특징을 다음과 같이 정의한다.

① 신체에 직접적인 영향을 미쳐 다양한 부작용 증상을 초래

② 갈망으로 인한 반복적 사용과 금단 및 내성 증상 유발

③ 단약의 어려움과 일상 및 사회생활에 미치는 부정적 영향

Craft(2019)는 마약 중독의 증상을 다음 네 가지로 구분한다.

① 강렬한 사용 욕구와 통제의 어려움
② 사회생활 및 업무 수행의 어려움
③ 폐해를 인지하면서도 지속적 사용
④ 내성과 금단으로 인한 사용량 증가

Koob과 Volkow(2010)는 마약 중독이 세 단계를 거쳐 진행된다고 설명한다.

① 과도한 사용 및 급성 중독
② 부정적 정동 및 금단
③ 기대나 갈망 및 집착

마약 중독의 정의에서 공통적으로 언급되듯이 마약 중독의 가장 대표적인 특성에는 금단(withdrawal), 내성(tolerance), 갈망(craving)이 있다. 각 특성의 개념을 살펴보면 다음과 같다(Khan, 2022; Maarefvand et al., 2013; Miller et al., 1987).

- **금단**: 약물 사용을 중단하거나 평상시보다 훨씬 적게 사용하는 경우 발생되는 증상으로 중독성을 결정하고 재발을 유발하는 주요 요인이 된다.
- **내성**: 물질 사용 후 동일한 효과를 유지하기 위해 사용량이 증가하는 상태, 혹은 신체가 마약과 같은 이질적인 존재에 적응한 상태를 말한다.

- **갈망**: 갈망이 있는 대상 이외의 다른 것에 도저히 집중하기 어려울 만큼 강한 절박감을 느끼는 상태로 마약 남용을 지속하고 싶은 충동이다. 이러한 갈망은 재발을 예측하는 주요 요인으로 알려져 있으며, 중독자가 인식하는 마약에 대한 갈망감이 높을수록 약물 사용의 심각도가 함께 증가한다.

'중독'이라는 용어의 역사는 비교적 짧다. 1800년대 알코올 남용 문제가 대두되면서 '물질 남용' 개념에 관심이 집중되었고, 1849년 스웨덴 의사 Magnus Huss가 '만성적 알코올 중독(Alcoholismus Choronicus)'이라는 용어를 처음 사용했다(한국중독정신의학회, 2019).

정신의학 분야에서 '약물 중독'이라는 용어는 미국정신의학회(American Psychiatric Association, APA)에서 1952년 발행한 『정신질환의 진단 및 통계 편람(Diagnostic and Statistical Manual of Mental Disorders)』(DSM) 초판에서 처음 등장했으며, 이후 DSM의 개정을 거치며 개념이 발전했다. 2013년 배포된 DSM-5(『정신질환의 진단 및 통계 편람』 제5판)에서는 '물질 관련 및 중독 장애(Substance-Related and Addictive Disorders)'라는 새로운 범주를 도입했다. 이 범주 내에서 특정 물질에 대한 장애는 '물질사용장애(Substance Use Disorder)'로 진단되며, 10개 물질(대마, 환각제, 흡입제, 아편계, 자극제 등)에 대한 사용장애를 정의하고 있다. 물질사용장애로 진단하기 위해서는 크게 조절 능력 손상, 사회적 손상, 약물학적 진단기준을 포함한 11가지 기준과 물질 사용에 대한 병적인 행동 양상을 진단에 활용하고 있다.

2022년 개정된 DSM-5-TR(APA, 2023)에서 제시하는 물질사용장애의 진단기준은 기본적으로 DSM-5와 동일하며, 12개월 이내에 11가지 증상 중 2개 이상이 나타나는 것을 기본으로 한다. 그러나 DSM-5-TR에서는 이러한 기본 기준에 더해 중요한 배제 기준을 추가로 제시하고 있다. 즉, '증상이 다른 의학적 상태에 의한 것이 아니며 다른 물질의 중독 및 정신 질환으로도 잘 설명되지 않아야' 한다는 것이다. 이 추가적인 기준은 물질 사용장애 진단의 정확성을 높이고, 다른 의학적 또는 정신적 문제와의 감별을 위한 중요한 지침 역할을 한다. 따라서 물질사용장애를 진단할 때는 DSM-5의 기본 기준과 함께 DSM-5-TR에서 제시한 이 배제 기준을 종합적으로 고려해야 한다.

이처럼 마약 중독은 다른 질병과 유사하게 신체와 정신의 정상적이고 건강한 기능을 방해하므로 적절히 치료하지 않으면 평생 지속되거나 사망에 이를 수 있다. 그러나 치료와 예방이 가능하다는 점을 염두에 두어야 한다.

DSM-5-TR의 전반적인 물질사용장애 진단기준

12개월 이내에 임상적으로 현저한 손상이나 고통을 일으키는 문제적 물질 사용 양상이 나타나야 하며, 다음 중 적어도 두 가지 증상이 해당되어야 한다.

조절 능력 손상

1. 물질을 의도한 것보다 종종 더 많은 양, 혹은 오랜 기간 동안 사용함.
2. 물질 사용을 줄이거나 중단하고 싶지만 그렇게 할 수 없음.
3. 물질을 얻거나 사용하거나 사용 후 회복하는 데 많은 시간을 소비함.
4. 물질을 사용하고자 하는 갈망과 충동을 느낌.

사회적 손상

5. 반복적인 물질 사용으로 인해 해야 할 일을 할 수 없음.
6. 물질 사용으로 인해 사회적 혹은 대인관계 문제가 발생해도 계속 물질을 사용함.
7. 물질 사용으로 인해 중요한 사회적·직업적 활동이나 여가 활동을 포기함.
8. 신체에 위험한 상태임에도 지속적으로 물질을 사용함.
9. 신체적 혹은 심리적 문제를 일으키거나 악화시킬 가능성이 높다는 것을 알면서도 지속적으로 물질을 사용함.

약물학적 진단기준(내성, 금단)*

10. 원하는 효과를 얻기 위해 더 많은 물질을 필요로 함(내성).
11. 더 많은 물질을 섭취하면 증상이 완화되는 금단 증상의 발병.

물질사용장애의 심각도는 증상의 수에 따라 다음과 같이 분류된다.

- 경도: 2~3개 증상
- 중등도: 4~5개 증상
- 고도: 6개 이상 증상

* 단, 내성이나 금단 증상들은 진단의 필수 조건이 아니며, 의학적 치료를 위해 처방된 치료 약물로 유발된 경우는 물질사용장애 진단기준에 해당되지 않음.

(출처: APA, 2023 재구성)

2. 마약 중독과 뇌

마약 중독은 뇌의 전반에 걸쳐 치명적인 영향을 미칠 수 있는 문제이다. 이에 뇌과학적 측면에서 중독을 보다 상세히 설명하고자 한다. 많은 사람들은 마약 중독을 단순히 의지 부족의 문제로 치부하며, 중독자들이 부정적인 결과를 알고 있음에도 왜 같은 행동을 반복하는지 이해하지 못한다. 그러나 마약은 뇌의 구조와 기능에 깊이 영향을 미치며, 신경전달물질의 균형을 방해하고 뇌의 보상 체계를 과도하게 활성화함으로써 강렬한 쾌감을 유발한다. 이러한 과정은 뇌의 전반적인 기능을 저하해 통제력을 약화시키고 반복적인 행동을 촉진한다. 대표적으로 변연계, 기저핵, 전전두엽 피질이 중독과 관련이 있으며, 배쪽 피개부, 확장된 편도체, 해마, 전두엽 등 다양한 뇌 영역과 회로가 각각 마약과 상호작용 한다는 연구 결과도 존재한다(한국중독정신의학회, 2019; Koob & Volkow, 2010; Volkow et al., 2019).

중독의 신경생물학적 기전에서 중추적 역할을 하는 것은 도파민이라는 신경전달물질이다. 도파민은 중뇌변연 경로를 통해 전달되며, 마약은 이 경로를 활성화해서 단기간에 강렬한 행복감을 유발한다. 그러나 장기적인 마약 사용은 도파민 수용체의 민감도를 감소시키고, 자연스러운 보상에 대한 만족감을 저하시킨다. 이로 인해 뇌는 더 강한 자극을 필요로 하게 되고, 이는 마약 사용량의 증가로 이어진다(한국중독정신의학회, 2019; Volkow et al., 2019).

마약으로 인한 뇌의 기능적 변화는 중독을 만성적인 병리적 상태로 만들며, 지속적인 약물에 대한 갈망과 금단 증상, 재발 위험을 높인다. 또한 우울증, 불안, 대인관계 악화, 충동 조절 능력 약화, 인지기능 저하 등 다양한 부작용을 동반한다(Fattore & Diana, 2016; Volkow et al., 2019).

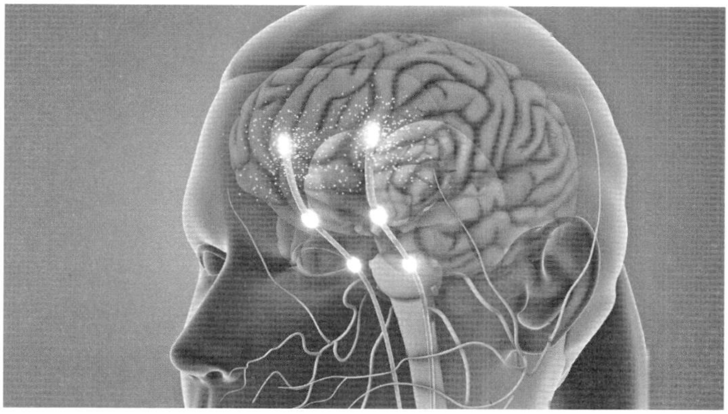

〈그림 11〉 중독과 도파민

이 밖에도 중독자의 사후 뇌를 분석한 Kryger와 Wilce(2010)의 연구 결과에서는 수많은 유전자가 변형되어 발현되었다는 사실이 밝혀졌다. 이는 만성적인 마약 사용이 뇌의 다양한 유전자와 신경회로 전달 물질에 작용해 정상적인 뇌 기능을 방해한다는 것을 의미한다. 결과적으로, 마약 중독은 뇌의 기능과 구조를 비정상적으로 변화시키며, 감정 반응과 기억에 큰 영향을 미치는 것으로 이해할 수 있다.

따라서 마약 중독의 치료는 단순히 약물 사용을 중단하는 것 이상의 복잡한 과정을 필요로 한다. Volkow 외(2019)에 따르면, 신경 가소성(Neuroplasticity)을 촉진해 손상된 뇌 회로를 복구하려는 접근법이 주목받고 있으며, 효과적인 중독 치료를 위해서는 심리치료, 약물치료, 환경적 지원이 통합된 복합적 접근이 필요하다는 점이 강조되고 있다. 이러한 종합적 접근은 마약 중독으로 인한 뇌의 구조적, 기능적 변화를 복구하고 중독자의 사회적 회복과 재활을 촉진하는 데 중요한 역할을 할 것으로 기대된다.

마약, 당신이 궁금한 모든 것
— Q&A로 알아보는 마약 이야기 ⑥

Q. 마약, 딱 한 번만 사용하는 건 괜찮지 않을까?

A. 그렇지 않다. 마약은 단 한 번만 사용해도 중독에 이르게 될 수 있다. 그 이유는 도파민과 관련이 깊다.

우리 뇌 속의 보상회로에서는 쾌감을 느끼게 하는 도파민이 분비된다. 마약 사용으로 인해 폭발적인 양의 도파민이 분비되면 과도한 신경 활동이 일어나고, 그 결과 극단적인 각성 효과와 감정 상태를 경험하게 된다. 이러한 상태를 계속 경험하기 위해 마약을 반복해서 사용하게 되면 도파민이 더욱 과도하게 분비되고 결국 중독 상태에 빠지게 된다.

무엇보다 마약은 접하는 순간 도파민 수용체의 인위적인 변화 및 뇌신경의 손상을 유발한다. 심지어 마약이 '지옥행 급행열차'와도 같다는 비유가 나올 정도이다. 따라서 '조금만 하면 괜찮지 않을까?', '이 정도로 중독까지는 안 될 것 같은데', '처음인데 이 정도는 괜찮다고 했어' 등과 같이 가볍게 생각하고 마약을 접하는 것은 굉장히 위험하다.

5장

마약 중독의 원인

마약 중독의 발생 메커니즘은 단일 요인으로 설명하기 어려운 복잡한 현상이다. 연구자들은 마약에 대한 의존 및 남용, 그리고 중독의 발생 원인을 규명하기 위해 지속적인 노력을 기울여왔으나, 이는 다차원적인 요인들의 상호작용 결과임이 밝혀지고 있다. 중독의 위험성은 개인의 상황적·사회적·문화적 배경과 심리적·생물학적 특성, 그리고 개인의 가치관이 복합적으로 작용해 증가할 수 있다. 이러한 다양한 요인들의 상호작용은 중독의 발생과 진행 과정에 중요한 영향을 미친다.

따라서 마약 중독에 대한 포괄적인 이해를 위해서는 다양한 관점에서의 접근이 필요하다. 이 책에서는 마약 중독을 유발하는 요인들을 크게 심리생물학적 요인, 사회적 요인, 인구학적 요인으로 나누어 살펴볼 것이다. 또한 각 요인과 연관된 중독 모델을 소개함으로써 마약 중독의 복잡한 메커니즘에 대한 더욱 깊이 있는 이해를 도모하고자 한다. 이러한 다각적 접근은 마약 중독의 예방, 치료, 그리고 정책 수립에 있어 중요한 통찰을 제공할 수 있을 것이다.

1. 심리생물학적 요인

1) 생물학적 요인

마약 중독의 유전적 요인에 대한 연구는 다양한 결과를 보여주고 있다. 도파민 D1 수용체의 SNP 유전자가 오피오이드계 물질 중독과 관련이 있으며, NPY Y1, Y2 수용체 유전자가 약물 중독과 연관되어 있다는 연구 결과가 있다. 그러나 마약 중독과 명확히 연관된 유전자는 아직 발견되지 않아, 지속적인 연구가 필요한 상황이다(Edwards et al., 2009; Gorwood et al., 2012).

일각에서는 마약의 종류별 유전성에 대한 연구도 진행되어, 물질에 따라 유전 정도가 다름을 밝혀내기도 했다. 유전성이란, 유전적 영향에 의해 설명되는 특성의 전체 변이 비율을 의미하는데(Agrawal & Lynskey, 2006), 다시 말해 개인의 특성이 얼마나 유전적 요인에 의해 설명되는지를 나타내는 비율이라고 볼 수 있다. Goldman 외(2006)의 물질별 유전성 연구에서는 코카인의 유전성이 0.72로 가장 높고, 환각제가 0.39로 가장 낮게 나타났다. Li와 Burmeister(2009)의 연구에서는 헤로인(0.54), 자극제(0.33), 진정제(0.27) 순으로 유전성이 높게 나타났다. 또한 Waaktaar 외(2018)의 연구에서는 담배, 알코올, 불법 마약의 동시 사용에 대한 유전성이 초기 청소년기 0.51에서 청년기 0.75로 증가하는 것으로 나타났다.

쌍둥이 연구는 중독의 유전적 요인을 밝히는 데 중요한 역할을 해왔다. 이러한 연구들에 따르면, 대마 사용, 남용 및 의존에 대한 유전성은 0.17에서 0.79까지 다양하게 보고되었고, 코카인은 0.60, 아편류는 0.70의 유전성을 보였다(Agrawal & Lynskey, 2006; Kendler & Prescott, 1998; Volkow & Muenke, 2012).

2) 기질적 요인

심리생물학적 요인은 중독과 관련된 기질적 요인을 이해하는 데 중요한 틀을 제공한다. 기질적 요인은 유전 및 생득적 성향에 초점을 둔 요인이며, 자동적으로 발현되는 정서적 반응이라고 할 수 있다. 심리생물학적 요인에서 기질은 성격보다 선천적인 요인으로 개인의 성격 특성을 결정하며, 기질의 특정한 소인이 높은 사람은 특정 소인이 낮은 사람들에 비해 중독 요인과 만나 중독으로 이어질 가능성이 높은 것으로 보고된다(김미영 외, 2001; 이정현 외, 2010).

Cloninger 외(1994)에 따르면, 기질은 감정적 자극에 대한 자동적 반응을 결정하는 생물학적 토대로, 주요 기질의 특성은 자극추구, 위험회피, 보상의존 혹은 사회적 민감성, 인내력으로 총 네 가지이다. 먼저 자극추구는 새로운 것을 추구하고자 하는 기질이자 충동성, 무절제성, 무질서성, 반사회성, 공격성과 관련이 있는 행동 패턴을 보인다. 다음으로 위험회피는 위험한 자극으로 행동을 억제하는 기질이며, 사회적 민감성은 사회적 보상에 민감하거나 의존적인 기질을 의미한다. 마지막으로 인내력은 행동 패턴을 꾸준히 유지해 간헐적 강화가 없더라도 최종적인 성취를 위해 일정 기간 행동을 유지하는 기질을 말한다.

이러한 네 가지 차원의 기질은 다양한 중독 행동과 연결이 되는 것으로 나타났다. 먼저, Hartman 외(2013)의 연구는 위의 네 가지 기질이 담배, 알코올, 불법약물 시작 연령, 시도한 물질의 수, DSM-5의 물질사용장애 증상의 수를 예측한다고 밝혔는데, 특히 자극추구의 기질과 인내력의 기질이 가장 일관적인 결과를 보였다. 즉, 높은 자극추구 성향과 낮은 인내력이 청소년의 물질 사용에 영향을 미치는 것으로 나타났다.

Evren 외(2009)에서도 남성 알코올 의존 입원 환자의 알코올 갈망과 기질의 연관성을 살펴보았는데, 자극추구 성향이 높을수록 알코올 갈망의 점수가 높게 나타났다. 이러한 결과는 높은 자극추구 성향이 알코올사용장애와 관련이 있다는 Komasi 외(2022)의 연구와도 일치한다. 이 밖에도 Hashemi 외(2019)의 연구에서는 마약 비사용자에 비해 마약 사용자는 자극추구와 위험회피가 더 높은 반면, 보상의존과 인내력은 더 낮다는 결과가 나타났다. 국내에서는 설재용(2022)의 연구가 마약 중독 또는 남용을 경험하는 성인들은 일반군에 비해 충동성이 높게 나타났다는 결과를 주장했으며, 박상규(2004)의 연구에서는 반사회성 또한 일반군에 비해 높다는 결과가 보고되었다.

3) 심리성격적 요인

개인의 심리성격적 특성을 이해하는 것은 중독의 예방과 치료에 중요한 역할을 한다. 비록 마약 중독과 개인의 심리성격적 특성 간의 인과관계를 명확히 규정하기는 어렵지만, 이러한 요인들은 중독 치료 현장에서 중요한 개입 지점이 된다.

중독에 영향을 미치는 일반적인 성격 특징으로는 모험 추구, 즉각적 만족 추구, 충동성, 강박성, 자기 조절의 어려움 등이 있다. 마약 중독자에게서 흔히 관찰되는 성격적 특성으로는 사회적 규범 무시, 반사회성, 좌절감에 대한 취약성, 무책임함, 부정직함, 도덕성 무시, 과도한 방어기제 사용 등이 있다(Gleeson, 2023; Royal Life Centers, 2019).

그러나 이러한 성격적 특성과 중독 간의 관계에 대해서는 학계의 의견이 분분하다. Amodeo(2015)는 '중독적인 성격'이라는 표현이 중독자에 대한 낙인을 강화하고, 전문가들의 편견을 조장하며, 중독자의 자기효능감을 저하시킬 수 있다고 경고한다. 이는 중독 치료 현장에서 주의 깊게 고려해야 할 중요한 지점이다. 또한 일부 연구자들은 특정 성격 특성이 중독을 완전히 예측할 수 없다고 주장했다. Gendreau와 Gendreau(1970)의 연구에서는 '중독적인 성격'의 존재가 통계적으로 유의미하지 않음을 밝혔으며, 이후 여러 연구들이 이를 지지하고 있다(Conway et al., 2003; Griffiths, 2017; Kerr, 1996).

개인의 심리적 요인으로는 강박으로 인한 스트레스, 수치심, 열등감, 트라우마 등이 있으며, 이러한 심리적 어려움을 해소하기 위한 수단으로 마약을 사용하기도 한다. 특히 청소년기의 조기 물질 사용은 외로움, 불안감, 고립감, 자살 생각과 같은 다양한 심리적 고통과 관련이 있으며, 사용 시작 연령이 낮을수록 심리적 고통의 수준이 더 높은 것으로 나타났다(강준혁 외, 2021; Pengpid & Peltzer, 2019).

Leary 외(1995)는 마약 남용과 자아존중감의 관계를 두 가지 측면에서 설명한다. 첫째, 대인관계에서의 수용 욕구나 거절에 대한 부정적 감정 완화를 위해 마약을 남용할 수 있다. 둘째, 마약 사용으로 인해 사람들로부터 배제되거나 직업 및 학업적 수행도가 낮아지게 되면서 자아존중감이 저하될 수 있으며, 이 같은 자아존중감의 저하는 습관적 마약 사용의 결과로 이어질 수 있다.

2. 사회적 요인

마약 중독은 개인의 심리생물학적 요인뿐만 아니라 다양한 사회적 요인들과 밀접하게 연관되어 있다. 이러한 사회적 요인들은 크게 가족 및 대인관계 요인과 사회문화적 요인으로 나눌 수 있다.

1) 가족 및 대인관계 요인

가족 및 부모의 마약 사용, 사람들과의 유대감 등이 개인의 마약 사용에 중요한 영향을 미칠 수 있다. 실제로 친구, 직장 동료, 가족, 친척 등 친밀한 관계에 있는 사람들의 권유로 마약을 접하게 되는 사례가 보고되고 있다.

특히 청소년의 경우, 친구와 형제자매의 마약 사용, 그리고 부모의 마약에 대한 태도가 불법 마약 사용에 큰 영향을 미치는 것으로 나타났다. Bami 외(2022)의 연구에 따르면, 청소년의 대마 사용에는 어머니와의 애착, 형제자매의 대마 사용 경험, 부모의 허용적 태도가 중요한 요인으로 작용한다. 또한 Rogers 외(2021)의 연구 결과에서는 아동기의 부정적 경험(부모의 이혼, 가정 폭력 등)이 많을수록 청소년의 대마 사용 가능성이 높아지는 것으로 나타났다.

2) 사회문화적 요인

마약 오남용에 영향을 미치는 사회문화적 요인으로는 마약에 대한 높은 접근성, 지역사회의 낮은 인식이나 규범, 마약의 위험성에 대한 낮은 인식, 가정 폭력, 빈곤, 성차별 등이 있다. 또한 중독 관련 문화 규범, 직업 환경, 사회적 허용 수준, 남용에 대한 긍정적 보상 등이 마약 사용 행동을 강화할 수 있다(조근호 외, 2011; Galvão et al., 2018; Jalali et al., 2020).

한국의 경우, 마약이 치료 목적 외에도 집중력 향상이나 미용 목적으로 남용되는 사례가 있다. 예를 들어, 메틸페니데이트나 애더럴과 같은 각성제가 '공부 잘하는 약'으로 알려져 불법 거래되거나, 식욕억제제가 '나비약'이라는 별칭으로 불리며 다이어트 목적으로 무분별하게 사용되는 경우가 있다.

더불어 사회적으로 마약을 허용하는 분위기가 형성될 경우 마약 오남용의 위험이 높아질 수 있다. 한국에서는 '마약 떡볶이', '마약 치킨', '마약 베개' 등 상업적으로 '마약'이라는 용어를 쉽게 사용하는 현상이 있는데, 이는 마약의 심각성과 위험성에 대한 인식을 약화시킬 수 있다. 2022년 식품의약품안전처의 조사에 따르면, 응답자의 78%가 이러한 상업적 용어 사용이 마약류의 위험성 인식에 부정적 영향을 미친다고 답했다. 이러한 사회문화적 현상은 마약에 대한 경각심 감소와 인식 변화를 반영하므로, 이에 대한 더 큰 문제의식을 요구한다.

마약, 당신이 궁금한 모든 것
— Q&A로 알아보는 마약 이야기 ⑦

Q. 뉴스 등을 통해 마약 사건을 접하는 것이 오히려 마약에 대한 호기심을 유발할 수 있다는 지적이 있는데, 이를 예방하기 위한 공식적인 보도 기준은 없을까?

A. 식품의약품안전처는 언론과 수사기관 등이 마약류 사건을 보도할 시 권고하는 기준을 마련해 배포하고 있다. 지난 2023년 12월 식품의학품안전처에서 발표한 '마약류 사건보도 권고기준' 내용을 살펴보면 다음과 같이 마약류 사건 보도에 대한 4개의 원칙을 포함하고 있다.

'마약류 사건보도 권고기준' 4가지 원칙

1. 언론 보도가 정보제공 수단이 되지 않도록 주의
2. 선정적·자극적이거나 심각성을 희석하는 보도 자제
3. 마약류 범죄 예방 및 문제 해결 중심 보도
4. 사실에 입각한 정확하고 신중한 보도

이 원칙은 신문, 방송, 인터넷 매체를 포함한 모든 미디어와 SNS, 온라인 커뮤니티뿐만 아니라 마약류 사건을 수사하고 관련 내용을 보도하는 과정에서 직·간접적으로 영향을 미칠 수 있는 기관에서도 유의하도록 권고하고 있다. 이러한 권고기준이 존재해도 준수 여부가 중요하므로 이에 대한 모니터링이 체계화되고 강화되는 것이 필요하다.

3. 인구학적 요인

마약 중독은 성별, 연령, 인종 등의 인구학적 특성에 따라 다양한 양상을 보이며, 이는 생물학적 · 심리적 · 사회적 요인들의 복합적인 상호작용의 결과로 볼 수 있다.

성별 차이에 있어서, 마약 사용의 평생 유병률과 남용 및 의존의 비율이 여성보다 남성에게서 더 높게 나타나는 경향이 있다. 국내 통계에서도 이러한 경향이 확인되는데, 대검찰청의 『2023 마약류 범죄백서』에 따르면, 검거된 마약류 사범 중 남성이 67.7%, 여성이 32.3%를 차지했다. 이러한 차이를 설명하기 위해 생물학, 사회, 문화, 심리 등의 여러 요인들이 제시되어왔다(Levran et al., 2012; McHugh et al., 2018).

충동성은 약물 남용과 밀접한 관련이 있는 특성으로, 약물의 일시적 사용에서 남용으로 이어지는 데 중요한 역할을 한다. 이러한 충동성과 관련해 여성은 남성에 비해 사회 및 정서적 억제 능력이 높다는 것을 진화론적 측면으로 해석하는 학자들도 있다. 이들에 따르면, 여성이 양육의 역할을 위해 남성에 비해 감정과 충동을 억제하도록 진화되어 충동성을 억제하는 데 남성보다 좀 더 탁월하다는 것이다(Bjorklund & Kipp, 1996).

또 다른 한편으로, 성별 차이의 원인을 마약에 대한 접근성 차이에서 찾는 연구들도 있다. Wagner와 Anthony(2007)는 마약의 첫 사용에서부터 의존까지의 과정에서 나타나는 성별 차이가 마약을 계속 사용할 수 있게 한 기회의 여부와 관련이 있다고 설명했다. 또한 여성의 약물 중독 취약성과 관련해서는 Bobzean 외(2014)의 연구 결과에서 여성이 첫 사용부터 중독까지 걸리는 기간이 더 짧고, 재발률이 더 높다고 보고되었다. 그러나 이러한 결과는 약물의 종류와 상황에 따라 다양할 수 있으며, 모든 연구에서 일관된 결과를 보이지는 않는다.

한편 마약을 처음 사용한 연령과 중독은 밀접한 관련이 있다. 마약 사용 시작 연령이 낮을수록 마약 의존도와 평생 유병률이 높아지는 경향이 있다. Swendsen 외(2009)의 연구 결과에 의하면, 특히 청소년기의 약물 사용은 성인기의 문제적 사용으로 이어질 확률이 높으며, 청소년 및 청년층에서 약물 사용 빈도와 용량이 더 높은 것으로 나타났다. 이는 국내에서 20대 이하 마약류 사범이 35.6%를 차지한다는 점에서 우려되는 사실이며, 국내 마약 중독 문제의 악화 가능성을 시사한다.

인종, 교육 수준과 결혼 상태 등 기타 인구학적 특성도 마약 중독과 관련이 있는 것으로 보고되었다. Swendsen 외(2009)의 연구에서는 마약 의존 위험성은 백인이 아닌 타 인종 집단에서 높게 나타났으며, 교육 수준이 낮은 집단에서 마약 의존 위험성이 증가하는 경향이 있는 것으로 보고되었다. 또한 Hamdi 외(2016)의 연구 결과에 따르면, 미혼이나 이혼 상태인 경우에 약물 중독 상태로 진행될 확률이 높은 것으로 나타났다. 교육 수준과 관련해 Najafi와 Nasiri(2019)의 연구에서는, 학업 중단 청소년의 경우 중졸 이하의 학력 수준일 때 약물 문제를 경험할 확률이 더 높았다. 하지만 우리나라의 경우, 장옥진(2023)의 연구에서는 대졸 이상에서도 중독자 비율이 증가하는 등 일관되지 않은 결과를 나타냈다.

6장

마약 중독 관련 이론

마약 중독을 설명하는 이론들은 다수 존재한다. 그중에서도 가장 대표적으로 사용되는 것이 질병 모델, 도덕 모델, 심리역동적 모델, 인지행동적 모델, 사회문화적 모델, 통합적 모델이다. 이 여섯 가지 유형과 각 유형 내 하위 모델/이론에 대해 이 장에서 보다 구체적으로 살펴보고자 한다.

1. 질병 모델

질병 모델은 마약 중독을 만성적이고 진행성인 질병으로 정의한다. 이 모델에 따르면, 중독은 '의학적 치료법이 없으며 시간이 지남에 따라 증상이 지속적으로 악화되는 만성 질병'으로, 갈망과 통제력 상실을 통해 영구적으로 진행된다. 중독의 주요 지표는 단순히 약물 사용량이 아니라 '약물 추구 행동의 증가'로, 이는 미국정신의학회(APA)에서도 강조하고 있는 관점이다(한국중독정신의학회, 2019; Blume et al., 2013).

질병 모델은 본래 감염성 질환을 설명하는 모델인 '질병의 숙주-병인-환경 모델'을 기반으로 중독을 설명할 수 있다. 이 모델을 구성하는 각 요인에 대한 설명은 다음과 같다(한국중독정신의학회, 2019; Beison & Rademacher, 2016).

- **숙주 요인**: 개인의 유전적, 후천적 취약성을 포함한다. 중독에 대한 가족력이나 중독 환자 자녀들의 취약성에 관한 연구 결과가 이를 뒷받침한다.
- **병인 요인**: 약물 자체와 개인의 중독 취약성을 포함하며, 중뇌변연계의 도파민 시스템이 중요한 역할을 한다. 이는 한 물질에 대한 취약성이 다른 물질이나 행위 중독으로 확장될 수 있음을 시사한다.
- **환경 요인**: 숙주와 병인 요인 간의 접촉과 관련된 요인으로, 약물이나 중독 행위에 대한 물리적, 심리적 접근성을 포함한다.

Alexander(1987)에 따르면, 질병 모델에서 마약 중독은 가족 붕괴, 자기혐오, 우울감, 공격성, 범죄 연루, 건강 악화, 이기심 등 다양한 문제를 야기하는 것으로 간주된다. 이 모델은 중독을 개인의 도덕적 실패가 아닌 치료가 필요한 의학적 상태로 보는 관점을 제공함으로써, 중독자에 대한 사회적 낙인을 줄이고 적절한 치료 접근을 촉진하는 데 기여했다.

그러나 질병 모델에 대한 비판도 존재한다. 이 모델이 중독의 생물학적 측면을 과도하게 강조해 사회문화적, 심리적 요인의 중요성을 간과할 수 있다는 지적이다. 또한 중독을 '불치병'으로 프레임화함으로써 회복에 대한 희망을 저해할 수 있다는 우려도 제기된다(Hall et al., 2015; Volkow et al., 2016).

2. 도덕 모델

도덕 모델은 중독을 개인의 자발적 선택과 의지의 문제로 바라보는 접근법이다. 이 모델에 따르면, 중독 행동은 질병 모델과 달리 도덕적 평가의 대상이 되는 의도적인 행위로 간주된다. 김성이(2013)에 따르면, 도덕 모델은 마약 중독의 원인을 개인의 도덕성 부족, 의지력 결여, 또는 충동 조절 능력의 부재에서 찾는다. 이 관점은 중독에 영향을 미칠 수 있는 다른 요인들을 배제하고, 오직 개인의 의지와 도덕성에 초점을 맞추어 중독자 개인의 책임을 강조한다.

도덕 모델의 특징은 다음과 같다(김성이, 2002; Schaler, 1991).

① 중독 행동을 도덕적 실패나 낮은 도덕적 기준의 결과로 해석한다.
② 중독자를 도덕적 및 법적 처벌의 대상으로 간주한다.
③ 치료의 일환인 약물 사용에 대해서도 처벌을 시행한다.
④ 중독자에게 도덕적 낙인을 부여한다.

이러한 도덕 모델의 관점은 중독 문제에 대한 개인의 책임을 강조한다. 이 때문에 동시에 중독의 복잡한 생물학적·심리적·사회적 요인들을 간과할 수 있다는 한계를 지닌다. 따라서 현대의 중독 연구와 치료에서는 이 모델을 단독으로 적용하기보다는 다른 모델들과 통합적으로 고려하는 경향이 있다.

질병 모델과 도덕 모델: 중독에 대한 상반된 관점

중독을 바라보는 두 가지 주요 모델인 질병 모델과 도덕 모델은 중독의 원인과 중독자에 대한 접근 방식에서 뚜렷한 차이를 보인다.

도덕 모델이 중독을 개인의 책임으로 간주하는 반면, 질병 모델은 중독자에게 질병 발생에 대한 책임을 부과하지 않는다. 이러한 기본적인 시각 차이는 중독자에 대한 사회적 대응 방식에도 영향을 미친다.

도덕 모델에서는 마약 사용 행동을 도덕적 평가의 대상으로 보고 중독자를 도덕적, 법적 처벌의 대상으로 간주한다. 반면, 질병 모델은 중독을 질병으로 인식해 중독자에게 사회적 개입과 치료가 필요하다고 주장한다(Morse, 2004; Schaler, 1991).

도덕적 낙인 부여에 있어서도 두 모델은 상반된 입장을 취한다. 김성이(2002)에 따르면, 도덕 모델이 중독자에게 도덕적 낙인을 부여하는 반면, 질병 모델은 이를 지양한다. 질병 모델은 중독자를 질병을 가진 환자로 보고 전문가의 관점에 의존하는 경향이 있다.

치료 접근에 있어서도 차이가 있다. 질병 모델에 따른 전문가들은 단약을 위해 중독자 개인의 의지가 중요하다고 강조하면서도, 중독을 유발하고 강화하는 생물학적 요인에 초점을 맞춘 치료를 주장한다. 반면, 도덕 모델에서는 중독자에 대한 도덕적 처벌이나 법적 처벌을 주된 개입 수단으로 강조한다. 이 관점에서는 법적 처벌이나 자유에 대한 제한과 같은 사회적 제재를 통한 약물로부터의 물리적인 격리가 주요 치료 방법으로 간주된다(김성이, 2002; Schaler, 1991).

이러한 두 모델의 대조적인 관점은 중독에 대한 사회적 인식과 정책 수립, 그리고 치료 방식에 큰 영향을 미친다. 현대의 중독 연구와 치료에서는 이 두 모델의 통합적 접근이 점차 강조되고 있으며, 중독의 복잡한 본질을 이해하기 위해 다양한 관점을 고려하는 것이 중요하다.

3. 심리역동적 모델

1) 정신분석적 모델: 무의식과 자아를 통한 중독의 이해

정신분석적 모델은 인간의 마음이 연속된 인과성에 의해 형성된다는 가설을 기반으로 하며, 이드(Id), 자아(Ego), 초자아(Superego)로 구성된 무의식의 역할을 강조한다. 이 모델은 중독을 개인의 심리적 갈등, 자아 및 초자아의 기능과 해결되지 않은 트라우마와 연관 지어 설명한다. 정신분석적 관점에서 중독은 다음과 같이 이해될 수 있다(김혜련 외, 2023; 조근호 외, 2011; Cottonwood Tucson, 2018).

- **심리적 갈등과 중독**: 대인관계에서 발생하는 심리적 갈등으로 인한 분노, 불안, 두려움이 마약 사용을 초래할 수 있다.
- **자아[1] 기능과 중독**: 중독은 자아의 손상으로 인한 고통을 해소하기 위한 선택의 결과 또는 감정 조절 기능의 장애로 인해 발생할 수 있다. 자아가 불안감을 적절히 조절하지 못할 때, 이를 극복하려는 시도로 중독이 발생할 수 있다.
- **초자아[2]와 중독**: 초자아가 불안정해지면 개인은 강한 자기 비난과 두려움을 경험하게 되며, 이를 피하기 위해 물질 남용이나 중독에 빠질 수 있다.

---

1 정신분석 이론에서 자아란, 개인이 외부 세계와 상호작용하는 방식과 관련된 개념을 일컫는다(Cottonwood Tucson, 2018).

2 정신분석에서 초자아는 양심의 기능을 담당하는데, 건강한 기능의 양심은 사회 규범을 준수하는 등 개인을 안정적인 상태에 머물게 하며 보호하는 기능을 한다(조근호 외, 2011).

- **트라우마와 중독**: 외상 사건을 경험한 개인은 물질 남용 또는 중독의 위험성이 증가할 수 있으며, 이는 트라우마에 대처하기 위한 전략으로 볼 수 있다.

정신분석에서 중요한 부분을 차지하는 자아심리학은 자아 기능의 장애와 초자아 기능의 비정상적인 변화를 중독의 원인으로 간주한다(조근호 외, 2011).

김혜련 외(2023)는 자아심리학적 관점에서 중독자들이 마약 사용을 통해 긍정적 감정에 집중하고, 위험한 행동의 부정적 결과를 고려하지 않는 경향이 있다고 설명한다. 따라서 중독 치료의 목적은 중독자가 외부 환경의 요구에 적절히 대처하도록 돕고 자아를 강화하는 데 있다.

이러한 정신분석적 모델은 중독의 근본적인 원인을 개인의 심리적 구조와 과정에서 찾으며, 무의식적 동기와 갈등의 역할을 강조한다. 이 모델은 중독 행동의 깊은 심리적 뿌리를 이해하는 데 도움을 주지만, 생물학적 요인이나 사회문화적 영향을 상대적으로 덜 강조한다는 한계가 있다.

중독에 대한 정신분석적 치료

정신분석적 치료(Psychoanalytic Therapy)는 지그문트 프로이트(Sigmund Freud)가 개발한 정신분석 이론과 기법을 바탕으로 하며, 중독 행동을 유발하는 미해결된 트라우마, 갈등, 그리고 감정적인 문제들을 찾아내기 위해 무의식을 탐색하는 치료적 방법이다(Flagler Health & Wellness, 2024).

정신분석적 치료는 중독의 근본 원인으로 여겨지는 해결되지 않은 트라우마와 감정적 갈등에 초점을 맞춘다. 이 접근법은 중독 행동의 심층적인 심리적 원인을 탐색하고 해결하는 것을 목표로 한다.

정신분석적 치료에서 주로 사용되는 기법들은 다음과 같다(Great Oaks Recovery Center, n.d.).

- **자유연상**: 환자가 떠오르는 생각을 자유롭게 표현하도록 하는 기법
- **꿈 분석**: 환자의 꿈을 통해 무의식적 욕구와 갈등을 탐색하는 기법
- **저항 분석**: 치료 과정에서 나타나는 환자의 저항을 분석해 무의식적 방어기제를 이해하는 기법
- **전이 분석**: 환자가 치료자에게 투사하는 감정과 태도를 분석하는 기법
- **해석**: 환자의 무의식적 동기와 갈등을 의식적 수준으로 끌어올리는 기법

이러한 기법들을 통해 중독자는 다음과 같은 치료적 효과를 경험할 수 있다(Flagler Health & Wellness, 2024).

- 자신의 생각, 감정, 기억에 대한 자유로운 표현 증가 및 새로운 관점 획득
- 과거의 정서적 상처 치유 및 더 건강한 감정 관리 방법 학습
- 중독 행동에 대한 의존도 감소
- 중독 행동을 유발하는 패턴 및 요인에 대한 통찰력 획득
- 자기 인식의 증진

정신분석적 접근은 중독의 심층적인 원인을 탐색하고 개인의 무의식적 동기를 이해하는 데 강점이 있다. 그러나 이 접근법은 장기간의 치료를 요구하며, 모든 중독자에게 적합하지 않을 수 있다는 한계도 존재한다.

2) 애착 이론: 관계의 원형과 중독의 근원

존 볼비(John Bowlby)가 발전시킨 애착 이론은 인간이 선천적으로 주양육자와 애착을 형성하려는 성향이 있음을 강조한다. 이 애착은 생후 3개월까지의 경험을 통해 형성되며, 생후 1년경에는 질적으로 구분되는 유형으로 발전한다(김은실, 2017; Zeanah et al., 2003).

애착 이론에서 중요한 개념인 내적 작동 모델은 자기와 타인에 대한 인지적 표상으로, 평생 동안 대인관계 형성에 영향을 미친다. 이에 김은실(2017)은 중독을 이 내적 작동 모델의 왜곡으로 인한 문제로 설명한다. 왜곡된 내적 작동 모델은 개인으로 하여금 자신이 보호받지 못한다고 인식하게 해, 물질, 도박, 게임과 같은 새로운 의존 대상을 찾게 만든다.

1970년대에 Edward Khantzian과 David Duncan이 제안한 자가처방 가설(Self-Medication Hypothesis, SMH)은 애착과 약물 사용의 관계를 설명하는 중요한 이론이다. 이 가설에 따르면, 고통스러운 정서 상태와 주관적 고통이 약물 사용과 중독의 주요 결정 요인이 된다. 즉, 중독은 쾌락 추구가 아닌 위로와 친밀감을 얻기 위한 행위로 해석된다. 그러나 약물에 대한 애착은 점차 대인관계를 대체하게 되어 중독자의 대인관계 기술을 약화시키고 약물 의존도를 높이는 악순환을 초래하며, 이러한 관점에서 중독은 애착 장애로 간주되기도 한다(Fletcher et al., 2015; Khantzian, 1997).

애착 유형과 약물 사용의 관계에 대한 연구들은 불안정 애착 유형이 아동기 부정적 경험과 관련이 있으며, 이것이 물질 남용으로 이어질 수 있음을 보여준다. 예를 들어, Schindler(2019)에 따르면, 헤로인 중독자에게서 공포-회피 애착 유형이 많이 나타난다는 연구 결과가 있다.

3) 대상관계 이론: 초기 관계 경험과 중독의 연결고리

대상관계 이론은 인간의 심리적 발달과 대인관계 패턴을 이해하는 데 중요한 통찰을 제공하는 접근이다. 이 이론에서 '대상(object)'은 유아기의 주 양육자로부터 받는 이미지나 표상을 의미하며, 0~4세 사이에 형성된 부모와의 관계를 '초기 대상관계'라고 한다(안명란, 홍혜영, 2016).

대상관계 이론의 핵심 개념인 '표상(representation)'은 중요한 타인과의 관계에서 주관적인 경험 및 지각을 바탕으로 갖게 되는 정신적인 이미지를 의미한다. 또한 표상은 개인에게 내면화되어 타인과 관계를 맺을 때 영향을 미치며, 성장 과정에서 경험이 축적되는 것과 함께 변하는 특징이 있다.

이 이론에서 어머니와의 관계가 모든 인간관계의 기본 틀이 된다고 보며, 오오현(2010)은 이러한 초기 경험의 내면화를 통해 형성된 대상 표상이 개인의 특정 행동을 유발한다고 설명한다. 이러한 관점에서 중독은 다음과 같이 이해될 수 있다. 주 양육자와의 초기 대상관계에서 적절한 반응과 만족을 얻지 못하면, 부정적인 자기 표상과 타인에 대한 불신이 형성된다. Khademi 외(2020)에 따르면, 이는 자신이 충분하지 못하다는 느낌과 열등감으로 이어지며, 결과적으로 편집증적 증상과 불안을 유발할 수 있다. 이러한 심리적 고통에 대처하기 위한 방법으로 마약 사용을 선택할 수 있으므로 초기 대상관계의 질은 마약 남용 및 재발을 예측하는 주요 요인이 될 수 있다.

한편, 대상관계 이론은 정신분석학의 틀 안에서 여러 이론가들에 의해 발전되어 치료 분야에서 적용 범위를 넓혀가고 있는 이론이다. 이 이론의 치료적 목적은 개인이 온전한 대상관계를 형성할 수 있도록 분열, 투사적 동일시와 같은 무의식적 기제를 탐색하고 통합하도록 돕는 데에 있다. 이 과정에서 버텨주기, 해석, 지금-여기 경험 다루기, 역전이 활용과 같은 비지시적 치료 기법들이 제공된다(김진숙, 2001).

대상관계 이론은 중독의 근원을 초기 관계 경험에서 찾음으로써, 중독 치료에 있어 관계적 접근의 중요성을 강조한다. 이는 중독 예방과 치료에 안정적이고 지지적인 관계 경험을 제공하는 것이 핵심 요소임을 시사한다.

4. 인지행동적 모델

1) 인지행동 이론: 마약 중독에 대한 사고 중심적 접근

인지행동 이론은 대부분의 심리적 문제가 잘못된 사고 과정에서 발생한다고 보며, 관찰된 행동에 초점을 맞춘 행동주의 모델과는 달리 클라이언트의 인지적 평가와 정보처리 과정에 주목한다.

인지행동 이론에서는 마약 중독의 주요 유발 요인을 마약 사용과 관련된 자동적 사고, 역기능적 가정, 그리고 부정적인 자기인식으로 본다. 예를 들어, '마약을 하면 모든 문제가 해결될 거야', '마약이 없으면 너무 지루해', '마약을 하면 긴장이 풀릴 거야'와 같은 인지적 오류가 마약 사용을 촉발할 수 있다. 이러한 인지적 오류는 마약에 대한 갈망, 생리적 반응, 불안 등에 영향을 미치며, 궁극적으로 마약 사용 행동을 결정짓는 중요한 역할을 한다. 인지행동 이론은 대처 기술의 부족이 재발을 유발할 수 있다고 보며, 따라서 효과적인 대처 기술의 습득을 통한 치료를 강조한다. 이러한 접근법의 효과성은 다수의 연구를 통해 검증되었다(Longabaugh & Morgenstern, 1999; Shaffer et al., 2012).

인지행동치료의 주요 전략으로는 마약 사용과 관련된 자동적 사고와 핵심 신념의 탐색, 부적응적 신념에 대한 도전, 그리고 인지 재구조화가 있다. 더불어 고위험 상황 대처, 스트레스 관리, 재발 방지, 자기주장 훈련, 거절 기술 훈련 등 구체적이고 직접적인 기술 훈련이 포함된다. 이러한 인지행동 접근은 마약 중독자들이 자신의 사고 패턴을 인식하게 하고 변화시키며, 효과적인 대처 기술을 습득함으로써 중독 행동을 조절할 수 있도록 돕는다. 이 접근법은 구체적이고 실용적인 전략을 제공해, 중독자들이 일상생활에서 직면하는 도전에 더 잘 대처할 수 있게 한다(Olmstead et al., 2012).

마약 중독자 A씨의 사례

A씨는 고등학교 때까지 운동선수로 훈련을 받았다. 하지만 가정 형편이 좋지 않아 선수 생활을 유지하기 힘들었고, 불합리한 체벌 문화에 반항심을 느껴 운동을 포기한 후 외국으로 떠났다. 그러나 타국에서의 생활은 자국을 그리워하게 했고, 유흥으로 외로움을 해소하던 A씨는 필로폰을 접하게 되었다. 필로폰을 사용하면, 평소보다 집중력이 500배 이상은 높아진 것처럼 느껴지고, 새출발을 하기 위해 타국으로 떠난 결정이 헛되지 않았다는 만족스러운 느낌을 받았다. 그러나 곧 필로폰의 각성 효과가 잦아들면 우울감과 무기력감이 배가 되어 돌아왔다. 처음에는 쾌락을 더욱 느끼고 싶어서 마약을 찾았지만, 시간이 지나면서 우울감과 무기력감을 느끼고 싶지 않아서 마약을 선택하는 삶이 되었다.

상황은 점점 더 나빠졌지만 그럼에도 A씨가 치료와 단약을 시도하지 못했던 이유는, 본인이 마음만 먹으면 마약을 조절할 수 있다고 생각했기 때문이다. 또한 고통은 어느새 잊어버리고 쾌락만 기억하는 왜곡된 사고가 삶을 지배해버린 탓도 있었다.

A씨는 세상으로부터 버림받았다는 생각과 사회적으로 인정받지 못

해 비참하단 기분이 들 때마다 마약을 선택했다. 마약에 대한 갈망이 더욱 커졌기 때문에 마약을 투약하면서 돈을 많이 벌 수 있는 불법마약거래 유통자가 되기도 했다. 위법한 행동임에도 스스로를 합리화하면서 마약 유통은 다른 이에게 피해를 주지 않기 때문에 괜찮다는 왜곡된 사고를 했다.

마약에 깊이 빠져들면서 A씨는 혼자서는 양말도 못 신고, 글씨도 쓸 수 없을 정도로 삶이 망가졌다. 부정적인 감정이 들 때마다 오로지 스스로 감당해야 한다는 사실이 절망적이었고, 이제 약 없이는 살 수 없겠다는 생각이 자살을 떠올리게 했다. 이대로 살 수 없다는 생각에 지금은 중독치료를 받으며 단약을 하려고 노력하고 있지만, 이미 마약으로 손상된 신체 기능들은 회복할 수 없었으며, 여전히 마약에 대한 갈망을 느끼고 있다.

(출처: 최미경, 2022a 재구성)

2) 사회학습 이론: 마약 중독의 인지적 요소와 사회적 맥락의 통합

알베르트 반두라(Albert Bandura)가 창안한 사회학습 이론은 마약 사용과 중독에 있어 사회 환경의 핵심적 역할을 강조한다. 이 이론은 학습이론 기반 모델의 하위 범주이자 중독의 사회적 원인으로 분류된다.

사회학습 이론의 핵심은 개인이 타인의 행동을 관찰하고 모방하며, 그 행동이 보상에 의해 강화되는 경험을 통해 특정 행동 양식을 습득한다는 것이다. 이러한 사회적 학습 과정은 중독에 대한 개인의 취약성을 높일 수 있어, 중독 문제에 접근할 때 환경적 요인의 중요성이 강조된다. 사회학습 이론은 질병 모델이나 도덕 모델과 달리 중독을 행동적 문제로 규정한다. 이 관점에서는 마약 사용의 부정적 결과에도 불구하고 사용을 중단하지 않는 행동 자체가 핵심 문제로 간주된다(Canada Drug Rehab, 2024; Hired Power, n.d.).

사회학습 이론에서 중요한 개념들로는 관찰 학습과 모방, 강화와 보상, 사회적 상호작용, 환경적 영향, 그리고 긍정적 기대 등이 있다. 특히 부모, 친구, 또래 집단, 직장 동료 등과의 사회적 상호작용은 개인의 마약 사용에 큰 영향을 미친다. 마약 사용을 보상하거나 모방하게 하는 환경에 노출되면 마약 사용 및 남용의 가능성이 높아지며, 마약 사용과 관련된 긍정적 경험이나 기대 또한 사용 행동을 증가시킬 수 있다(Clarity Clinic, 2022; Hired Power, n.d.).

이러한 사회학습 이론의 관점은 마약 중독을 개인의 내적 요인뿐만 아니라 사회·맥락적 행동을 이해하고 접근하는 중요한 틀을 제공하며, 효과적인 예방과 치료 전략 수립에 유용한 통찰을 제공한다.

5. 사회문화적 모델

사회문화적 모델은 개인의 중독 행동을 더 넓은 사회적, 문화적 맥락 안에서 이해하려는 접근법이다. Landmark Recovery(2020)에 따르면, 이 모델은 특정 집단이 공유하는 가치관이나 신념이 구성원들의 행위를 결정짓는다고 보는데, 이러한 사회문화적 기준과 영향력이 개인의 중독을 초래할 수 있다고 주장한다. 예를 들어, 마약 사용에 관대한 문화 내에서는 그 문화에 속한 구성원들이 중독에 더욱 취약해질 수 있다. 이는 사회학습 모델과 유사하게, 더 큰 사회환경 체계가 개인의 마약 중독에 중요한 영향을 미친다는 점을 강조한다.

O'Leary(2023)는 마약 중독의 위험성을 증가시키는 다섯 가지 주요 사

회문화적 요인을 다음과 같이 제시했다.

- 스트레스 해소 수단으로서의 마약 사용
- 불안감 억제와 사회적 유대감 형성을 위한 마약 의존
- 소속감 및 공동체 의식 강화를 위한 마약 남용(특히 청소년 또래 집단에서 두드러짐)
- 사회 규범과 기대에 반하는 행동 수단으로서의 마약 남용
- 마약 남용자의 생활양식에 대한 동경 및 모방

Morera 외(2015)의 연구는 대학생들을 대상으로 사회문화적 요인과 약물 사용 간의 관계를 조사했다. 연구 결과에 따르면, 가족관계, 영성, 오락 활동(파티, 인터넷/SNS 활동 등), 또래 집단의 영향 등 사회문화적 요인과 합법·불법 약물 사용 간에 유의미한 상관관계가 확인되었다. 가족관계가 좋지 않거나, 영성 수준이 낮고 오락 활동을 많이 하는 경우 약물 사용 위험이 높아졌으며, 불법 약물(마리화나, 코카인, 암페타민) 사용의 경우에는 수업 참여도가 낮거나 파티 참석이 많은 학생의 사용 가능성이 더 높았다.

이러한 연구 결과는 중독 행동이 단순히 개인의 선택이나 생물학적 요인만으로 설명될 수 없으며, 복잡한 사회문화적 맥락 안에서 형성되고 유지된다는 점을 강조한다. 따라서 중독 예방과 치료에 있어 개인적 접근뿐만 아니라 사회문화적 요인을 고려한 포괄적인 전략이 필요함을 시사한다.

마약 문화: 하위문화로서의 특성과 가치관

'마약 문화(Drug Cultures)'는 마약 사용과 관련된 고유한 역사, 가치관, 신념, 관습, 전통을 공유하는 독특한 하위문화로 정의될 수 있다. 미국 물질남용 및 정신건강 서비스국(Substance Abuse and Mental Health Services Administration, SAMHSA) 자료에 소개된 마약 문화에 대해 간략하게 설명하면 다음과 같다. 이러한 문화는 구성원들 간의 유사한 옷차림, 의사소통 방식, 상호작용 패턴 등으로 표현되며, 인종, 사회경제적 수준, 세대 등에 따라 다양하게 나타나고 빠르게 변화하는 특성을 보인다.

한편 마약 문화는 크게 불법적 마약 문화와 합법적 마약 문화로 구분된다. 불법적 마약 문화의 핵심 가치는 주류 사회와 그 문화적 가치를 부정하는 데 초점을 둔다. 반면 알코올과 같은 합법적 물질을 중심으로 형성된 마약 문화는 주류 사회로부터의 배제 가능성이 상대적으로 낮다는 점에서 차이를 보인다.

합법적 마약 문화는 불법적 마약 문화만큼 주류 사회의 핵심 가치를 전면적으로 거부하지는 않는다. 그러나 이들 문화 역시 마약 사용으로 인한 쾌락과 흥분을 추구하며, 문화 구성원들 간의 공동 참여를 중요시하는 특징을 갖는다. 이는 마약 문화가 단순히 물질 사용을 넘어 사회적 유대와 정체성 형성의 수단으로 기능함을 시사한다.

이러한 마약 문화에 대한 이해는 중독 예방 및 치료 접근에 있어 중요한 함의를 갖는다. 개인의 마약 사용 행동을 단순히 개인의 문제로 보는 것이 아니라, 그들이 속한 문화적 맥락 내에서 이해하고 접근할 필요성을 제시한다.

6. 통합적 모델

마약 중독은 다양한 요인들의 복잡한 상호작용으로 발생한다. 유전적 취약성만으로는 중독을 완전히 설명할 수 없으며, 환경적 위험 요인과의 상호작용이 중요함을 강조하는 학자들이 있다. 이러한 관점은 중독을 이해하고 접근하는 데 있어서 유전적 영향과 환경적 영향을 통합적으로 고려해야 함을 시사한다. 이에 개인적 요인과 사회문화 및 환경적 요인을 포괄하는 중독증후군 모델과 생물심리사회적 중독 모델을 상세히 다루고자 한다.

1) 중독증후군 모델: 중독의 발생과 발전에 대한 종합적 이해

Shaffer 외(2004)가 제시한 중독증후군 모델은 중독이 신경생리적 요인과 심리사회적 요인으로부터 발생하고 발전한다고 설명하는 종합적인 이론이다. 이 모델은 중독 과정을 선행요인 단계, 중독증후군 발현 전 단계, 중독증후군 발현 단계의 세 가지 단계로 나눠 설명한다.

- **선행요인 단계**: 신경생리적 요인(유전적 위험, 뇌의 신경생리학적 시스템)과 심리사회적 요인(우울, 불안, 빈곤, 가족 및 또래 관계)에서 비롯된 기저 취약성이 형성된다.
- **중독증후군 발현 전 단계**: 기저 취약성을 가진 개인이 중독 대상과 반복적으로 상호작용하며, 이 상호작용이 개인이 원하는 변화를 일으킬 때 시작된다. 예를 들어, 우울증 환자가 도박을 통해 금전적 보상을 얻거나, 외로운 사람이 SNS를 통해 대인관계 욕구를 충족시키는 경우가 이에 해당한다.

- **중독증후군 발현 단계**: 강박적인 중독 증상과 후유증(수치심, 죄책감, 기분 저하 등)이 나타나고 발달한다. 특히 마약과 같은 물질은 뇌의 도파민 보상 시스템을 직접적으로 자극할 수 있다.

이 모델의 핵심은 기저 취약성이 중독 장애를 식별하는 중요한 '게이트' 역할을 한다는 점이다. Shaffer 외(2004)는 이 기저 취약성이 충족되지 않으면 중독증후군 진단을 내릴 수 없다고 주장한다. 또한 중독증후군은 재발 가능성이 있으며, 그 후유증은 보상 시스템의 오작동 등과 같은 새로운 취약성을 유발할 수 있다고 설명한다.

중독증후군 모델은 중독의 복잡한 본질을 포괄적으로 이해하고 접근하는 데 유용한 틀을 제공한다. 이는 중독 예방과 치료에 있어 개인의 생물학적·심리적·사회적 요인을 모두 고려해야 함을 강조하며, 맞춤형 개입 전략 수립의 필요성을 시사한다.

2) 생물심리사회적 중독 모델: 중독에 대한 통합적 접근

생물심리사회적 중독 모델은 중독을 유전적·생물학적·심리적·사회문화적 요인의 복합적 상호작용으로 이해하는 포괄적 접근법이다. 이 모델은 중독의 예방과 치료에 있어 이 모든 요인을 동등하고 중요하게 고려해야 함을 강조한다. 이 모델의 등장 배경에는 심리학자 조지 엥겔(George Engel)의 생의학적 모델에 대한 비판이 있다. 엥겔은 유사한 유전적 소인이나 생리적 문제를 가진 개인들 사이에서도 질병 발생의 차이가 있음을 지적하며, 이러한 차이를 설명하기 위해서는 심리적·사회문화적 요인을 고려해야 한다고 주장했다(Skewes & Gonzalez, 2013).

Giordano(2021)와 Masiak(2013)에 따른 생물심리사회적 중독 모델의 주요 구성 요소는 다음과 같다.

- **생물학적 요인**: 유전적 요소, 신경화학적 요소 등이 포함된다. 쌍둥이 연구와 부모-자녀 연구를 통해 중독의 유전적 경향성이 입증되었다.
- **심리적 요인**: 발달심리적 문제, 정신병리적 문제, 성격 특성(감각 추구, 충동성), 정신건강 문제(우울, 불안), 자존감, 트라우마 등이 포함된다.
- **사회적 요인**: 가족 체계, 사회적 규범, 접근성, 합법성, 사회적 수용, 문화적 신념 등이 중독 경험에 미치는 영향을 강조한다.

Skewes와 Gonzalez(2013)는 이러한 다양한 요소들이 모두 중독성 행동의 발달에 중요한 영향을 미친다고 강조한다. 예를 들어, 유전적 소인, 결과에 대한 기대, 자기효능감, 그리고 가족이나 또래의 약물 사용 등이 복합적으로 작용해 중독 행동을 형성할 수 있다.

생물심리사회적 중독 모델의 가장 큰 특징은 중독의 원인을 다각적이고 총체적으로 개념화하는 것이며, 이를 통해 중독의 복잡한 특성을 잘 반영할 수 있다. 또한 이 모델은 예방과 치료에 있어서도 생물학적 · 심리적 · 사회적 요소를 모두 고려한 전체적이고 다면적인 접근을 제안한다.

7장

마약 중독의 폐해

마약 중독은 단순히 개인의 차원을 넘어 가정과 사회 전반에 심각한 영향을 미치는 복합적인 문제이다. 이로 인한 폐해는 크게 개인적, 가족 및 대인관계적, 사회적 측면으로 구분해 살펴볼 수 있다.

1. 개인적 폐해

1) 신체건강에 미치는 폐해

마약 중독은 뇌를 포함한 전신에 광범위한 부작용을 일으키며, 심각한 경우 사망에 이를 수 있다. 마약의 종류에 따라 다양한 신경학적, 신체적 영향이 나타나는데, 조근호 외(2011)에 따르면, 대마는 주의집중력 및 기억력 저하, 환시 등의 증상을 유발할 수 있고, 흡입제도 집중력 및 학습 능력 감소, 판단 장애 등의 증상을 유발하며 뇌에 강력한 손상을 일으킨다. 또한 메스암페타민은 도파민 분비에 영향을 미치며, 의존성이 높아지면 주의집중력 저하를 유발할 수 있다(Nordahl et al., 2003). Bolla 외(2002)의 연구에 따르면, 과도한 대마 사용은 단약 후 한 달이 지나도 기억력과 실행기능 등 신경인지기능의 저하를 유발하며, 특히 해마, 전전두피질, 소뇌 영역에 부정적 영향을 미친다.

한편 청소년은 성인보다도 마약에 의한 영향을 더 크게 받는 것으로 알려져 있는데, 더욱이 반복적인 마약 사용은 인지기능 중 처리속도 능력 저하, IQ 감소, 기억력 저하 등을 초래하는 것으로 나타났다. Jacobsen 외(2004)는 청소년 MDMA 사용자와 비사용자를 비교해 인지적 손상과 뇌기능의 변화가 어떻게 다르게 나타나는지 살펴보았는데, 연구 결과에 따르면, MDMA 사용자는 비사용자에 비해 해마가 비정상적으로 기능하거나 주의력 테스트에서 더 느린 반응속도를 보였다.

마약은 뇌뿐 아니라 다른 신체 부위에도 다음과 같이 심각한 영향을 미친다(Mustafaoglu et al., 2022; NIDA, 2011b).

- **호흡기 영향**: 대마, 헤로인, 스파이스[1] 사용자들에게서 호흡장애 증상이 흔히 나타나며, 폐 기능이 유의미하게 저하된다.
- **구강 건강**: 메스암페타민 사용은 구강 건조증, 충치, 이갈이, 심각한 치아 부식을 유발한다.
- **감염 위험**: 주사기 재사용으로 인한 피부 감염, HIV, C형 간염 위험이 증가한다.
- **기타 신체적 영향**: 아편제제는 파상풍, 패혈증, 심근염을 유발할 수

1 스파이스(Spice)는 합성대마의 대표적인 유형으로, 한 개 이상의 합성 카나비노이드(Synthetic Cannabinoids)를 포함하는 물질을 일컫는다. 대마와 같은 효과를 내기 위해 만들어졌으나 대마보다 훨씬 해롭고 위험성을 예측할 수 없다(NHS inform, 2024).

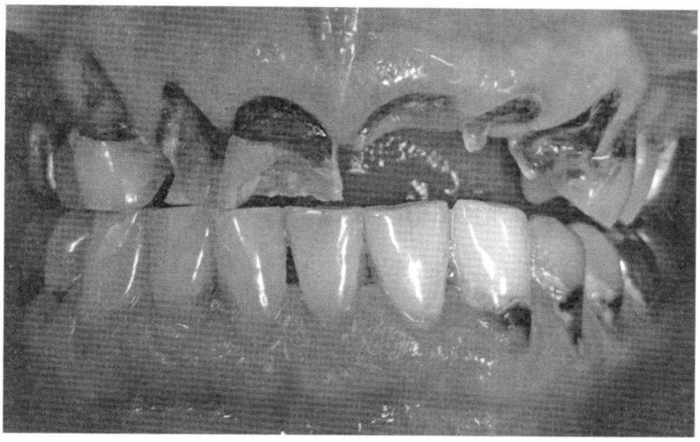

〈그림 12〉 마약 중독자의 치아 상태

있다. 코카인 과다 복용은 호흡장애, 심근경색, 뇌졸중 위험을 증가시키며 환각제 과다 복용은 호흡 저하나 혼수상태를 유발할 수 있다.

2) 정신건강에 미치는 폐해

마약 중독은 신체건강뿐만 아니라 정신건강에도 심각한 영향을 끼친다. 다양한 연구들은 마약 사용과 정신건강 문제 간의 밀접한 관련성을 보고하고 있다.

마약의 종류에 따라 정신건강에 미치는 영향은 다양하게 나타난다. 각성제의 경우 긴장감과 불안감을 유발하는데, 특히 암페타민은 환청과 환시 등의 정신병적 증상과 과민함을 경험하게 할 수 있다. 코카인의 과다 복용은 환시와 환촉 등의 정신병적 증상뿐만 아니라 우울, 불안감, 불쾌감을 유발할 수 있으며, 환각제는 신경전달물질 중 도파민과 세로토닌을 과도하게 분비시켜 흥분, 우울감, 불안감 등의 증상을 유발할 수 있다. Ali 외(2015)의 연구 결과에 따르면, 처방약을 비의료적으로 사용하는 청소년들은 그렇지 않은 청소년에 비해 주요 우울 에피소드를 경험할 확률이 최대

35% 더 높은 것으로 보고되었다.

마약 중독과 정신장애는 흔히 공존하는 것으로 나타난다. 오피오이드 사용장애가 있는 개인에게서는 우울증, 불안장애, 외상 후 스트레스 장애, 양극성 장애 등이 동반되는 경향이 있다. 이처럼 마약 중독과 정신장애의 관계는 복잡해, 그 선후 관계에 대해서는 아직 명확한 합의가 이루어지지 않았다. 다만, 스트레스가 마약 중독과 정신장애 모두에 중요한 영향을 미치는 공통 요인으로 지목되고 있다(NIDA, 2011b; Volkow, 2001).

특히 우려되는 점은 마약 중독과 자살 행동 간의 강한 연관성이다. 여러 종류의 마약을 동시에 사용하거나 마약을 남용하는 경우, 자살 행동의 가능성이 높아지는 것으로 나타났다. 참전 군인을 대상으로 한 연구에서는 진정제, 암페타민, 오피오이드, 코카인, 대마에 대한 사용장애가 있는 경우 성별에 관계없이 자살 위험이 증가하는 것으로 나타났다. 특히 여성 참전 군인 중 오피오이드 사용장애가 있는 경우 자살 위험성이 더욱 높아지는 것으로 보고되었다(Bohnert et al., 2017).

마약 중독은 비자살적 자해 행동과도 밀접한 관련이 있다. 아동·청소년을 대상으로 한 Guvendeger Doksat 외(2017)의 연구에서는 수면제, 알코올, 대마, 코카인, 환각제, 정신자극제 등을 사용하는 아동·청소년의 52%가 비자살적 자해 시도력과 관련이 있는 것으로 나타났다. 한편 성인을 대상으로 한 Richardson 외(2020)의 연구에 따르면, 바르비투르산염, 진정제, 아편제제 사용이 비자살적 자해 행동의 빈도를 증가시키며, 항불안제, 펜시클리딘, 마리화나 사용은 더 심각한 자해 행동을 유발하는 것으로 보고되었다.

이러한 연구 결과들은 마약 중독이 정신건강에 미치는 영향이 광범위하고 심각함을 명확히 보여준다. 마약 중독은 단순히 물질 사용의 문제를 넘어 복합적인 정신건강 문제를 동반할 수 있으며, 특히 자살 및 자해 행동과 밀접한 관련이 있음을 주목해야 한다. 따라서 다약 중독 치료 및 예방 프로그램에서는 정신건강 문제에 대한 포괄적인 접근이 필수적이며, 자살 예방을 위한 특별한 주의와 개입이 요구된다.

마약, 당신이 궁금한 모든 것
— Q&A로 알아보는 마약 이야기 ⑧

Q. 마약 중독자들 중에서는 왜 살찐 사람이 없을까?

A. 체중 감소는 마약 사용 및 중독과 관련된 부정적인 신체적 영향 중 하나이다. 단적인 예로 마약 중독자들의 중독 전후 사진을 비교해보면 쉽게 이해할 수 있다. 마약 사용 및 중독이 어떻게 체중 변화에 영향을 미치는지 보다 자세히 설명하면 다음과 같다.

먼저, 마약 중독은 주변 환경을 인식하는 과정을 왜곡시켜 신체를 더욱 긴장 상태에 머무르게 하며 식욕에 영향을 미친다. 오심, 구토, 치아 부식 등의 여러 부작용 또한 우리 몸에 필요한 양의 음식을 먹기 어렵게 만드는 원인이 되기도 한다. 혹은 식사를 챙기는 것보다 마약을 사용하는 것에 더욱 몰두하게 되거나 마약 사용 그 자체로 인해 식욕 부진을 경험하게 되어 결과적으로 체중이 감소될 수 있다. 따라서 단약을 하게 되면 더 빠른 속도로 체중이 증가하게 되는데, 이를 받아들이지 못하고 다시 마약을 사용하게 된다면 중독의 악순환에서 벗어나기가 더욱 어려워진다.

2. 가족 및 대인관계적 폐해

1) 가족 및 대인관계

마약 중독은 중독자 개인뿐 아니라 가족과 주변 사람들 모두에게 광범위한 부정적 영향을 미친다. 이는 정서적·경제적·사회적 측면에서 다양하게 나타난다. 마약 중독으로 인해 가족 간에는 정서적 스트레스와 불건강한 의사소통이 발생하며, 다양한 관계 문제가 야기된다.

특히 경제적 어려움, 가족에 대한 책임 회피, 마약 사용 문제를 숨기는 행동은 가족 간 신뢰를 심각하게 훼손시킨다. 국립정신건강센터(2020)의 2020년 실태조사에 따르면, 마약류 사용자의 65%가 무직이었으며, 이들의 월평균 가구소득은 국내 평균에 미치지 못했다. 더욱 심각한 것은, 부양가족이 있음에도 불구하고 마약 구입을 위해 상당한 금액을 지출한다는 점이다.

부모의 마약 중독은 자녀의 발달과 미래에 심각한 영향을 미친다. 유년기에 부모의 마약 중독을 경험한 자녀는 성인이 되어 마약에 중독될 가능성이 높아지며, 방임, 성적 학대, 신체적 학대에 노출될 위험이 높다. 이로 인해 심각한 정서적 트라우마와 발달 장애를 겪을 수 있다.

청소년 마약 중독자의 형제자매도 많은 직간접적인 영향을 받은 것으로 나타났는데, 주로 양육자나 부모의 관심을 빼앗기고 방치되는 경우가 많았다. 또한 형제자매가 마약 중독 문제를 겪고 있는 것에 대한 공포감, 무력감, 분노감, 슬픔 등을 경험하거나, 마약 중독 문제가 있는 형제자매 혹은 전체 가족 구성원들과 갈등을 빚기도 했다. 이에 마약 중독 문제가 없는 형제자매는 자신을 부정적인 감정이나 고통스러운 상황으로부터 분리하기 위해 외부 활동에 몰두하는 경향이 있는 것으로도 나타났다

(Choate, 2015; Howard et al., 2010).

마약 중독은 대인관계에서도 신뢰 문제, 의사소통 문제, 경제적 부담감 등의 문제를 야기한다. 중독자의 친구들은 신뢰 상실, 무력감, 좌절감, 죄책감 등을 경험할 수 있으며, 학교나 직장 환경에서는 중독자의 예측 불가능한 행동으로 인해 다른 사람들이 불안과 스트레스를 겪을 수 있다. 이는 학급이나 직장 내 긴장과 갈등을 증가시키고 학습 및 업무 환경을 악화시킬 수 있다.

이러한 연구 결과들은 마약 중독이 단순히 개인의 문제가 아니라 가족 및 다양한 대인관계에 광범위한 영향을 미치는 심각한 사회적 문제임을 보여준다. 따라서 마약 중독의 예방과 치료는 중독자 개인뿐만 아니라 가족과 주변인을 포함한 포괄적인 접근이 요구된다.

마약 중독자 B씨의 사례

B씨는 30대 초반의 남성으로, 20대 초반에 처음 LSD라는 약물을 접한 이후, 약물 중독으로 입원과 퇴원을 반복했다. 어린 마음에 해외 아티스트들의 작품이 세련되고 멋있게 느껴졌고, 그들이 마약을 사용한다는 것을 알고 동경하게 되었다. B씨는 그들처럼 마약을 사용하면 좋은 작품을 만들 수 있을 거란 생각에 마약을 적극적으로 찾아보기 시작했다. 인터넷 검색을 통해 LSD를 던지기 수법*으로 구입했다. 이후에는 정신적으로 문제가 있는 것처럼 거짓 보고해 정신과에서 처방받은 약물을 남용했다.

약물 사용 초기에는 마약이 인생의 동반자라고 여겨질 만큼 자신을 성공으로 이끌어줄 힘으로 믿었다. 약물의 각성 효과로 밤새워 몰입해 작품을 만들 수 있었고, 우울한 기분도 좋아지므로 대인관계도 나아졌다고 생각했다. 잠을 안 자도 되니 자신에게 투자할 시간이 더 많아져 작품으로 성공할 수 있겠다는 기대도 하게 되었다. 그러다 각성 효과가 너무 커지면서 이를 진정시켜줄 또 다른 약물이 필요해졌다. 그렇게 B씨는 대마초를 하게 되었고, 이후에는 펜타닐을 처방받아 이용했다. 펜타닐을 쉽게 처방받을 수 있는 병원을 수소문해서 찾아갔더니, 쉽게 처방받을 수 있었다.

B씨는 어느 순간부터 주변에 남아 있는 사람이 없다는 것을 깨달았다. 잠에서 깨어나지 못해 일을 제대로 할 수 없었고 이 때문에 거짓말을 하게 됐다. 돈 문제, 약속 미이행 등으로 대인관계는 엉망이 되었다. 재미있는 TV를 봐도 웃을 수 없고, 맛있는 음식을 먹어도 기분이 좋아지지 않았으며 삶의 의미가 없어졌다. 약을 하는 것 자체가 삶의 목표가 되었고, 약이 없으면 예민해져서 다른 사람을 의심하고 또 자신이 의심받게 되는 상황에 기분이 나빠졌다. 누군가 자신을 욕하는 환청이 들려 다른 사람들과 싸우기도 했다. 이런 상황이 괴로워 병원을 찾아간 B씨는 약물로 인한 일시적인 조현병 증상이라는 진단을 받았다.

그러던 어느 날 B씨는 정신을 잃고 실신해 병원에 실려 가게 되었고, 자신이 타인과 가족에게 피해를 주고 있다는 사실을 자각하게 되었다.

* 마약 판매자와 구매자가 직접 만나지 않고 마약을 거래하는 비대면 방식으로, 주로 온라인으로 약속한 특정 장소에 마약을 숨겨두고 구매자가 찾아가는 방식을 의미함.

(출처: 인터뷰 자료를 재구성함)

2) 공동의존: 가족 관계의 복잡한 역학

공동의존(Codependency)은 중독자와 친밀한 관계(배우자, 자녀, 형제자매 등)에 있는 사람들이 중독자의 행동과 요구에 초점을 맞추면서 경험하는 역기능적 상태를 말한다. Whitfield(1991)는 공동의존에 대해 '자신을 잃는 질병'이라고 정의하기도 했다. 따라서 공동의존은 가족의 중독 문제로 인해 나타나는 스트레스 및 고통에 대처하고 적응하려는 노력의 일환으로 이해될 수 있으며, 다음과 같이 여러 형태로 나타날 수 있다(국립부곡병원, n.d.-a; Addiction Center, 2024c; Red Oak Recovery, 2024).

- 분노와 같이 중독자에 대해 가지고 있는 부정적인 감정을 억압하거나 부정할 수 있다.
- 금전적인 지원이나 알코올 혹은 마약류의 약물을 제공해 중독 행동을 지속하도록 돕는 등과 같이 중독 문제가 있는 구성원에게 자신이 필요한 존재임을 확인받기 위해 상대가 원하는 바를 들어주는 모습으로 나타날 수 있다.
- 자신보다 중독자의 문제 및 욕구에 몰두하거나 중독 문제가 있는 구성원을 과도하게 통제하고 관리하려고 할 수 있다.

Bortolon 외(2016)의 연구에서는 중독자의 가족 중 공동의존성이 높은 사람들이 여러 가지 문제를 더 많이 보이고 있으며, 정신 및 신체적 문제로 치료를 받는 경우가 더 많은 것으로 나타났다.

공동의존은 중독자와 가족 간의 관계에서 발생하며, 동시에 가족 구성원들을 공동의존자의 역할로 고착시켜 이를 더욱 강화한다. 따라서 공동의존 문제의 해결을 위해서는 중독자와 가족 모두의 회복이 동시에 이루어져야 한다.

3) 성인아이: 중독 가정의 세대 간 영향

성인아이 증후군(Adult Children Syndrome)은 주로 알코올 중독자 부모

밑에서 성장한 사람들에게서 나타나는 임상적 특성을 지칭한다. 이러한 개인들을 '알코올 중독자의 성인아이(Adult Children of Alcoholics, ACOA)'라고 부르며, 이 개념은 알코올뿐만 아니라 다양한 중독 가정에도 적용될 수 있다.

ACOA는 두 가지 의미를 내포한다. 하나는 아이였을 때의 두려움과 정서 속에 갇혀 있는 성인이며, 다른 하나는 건강한 성인으로 성장하는 자연스러운 단계 없이 억지로 성인이 된 아이이다. 즉, 미숙한 성인과 조숙한 아이가 한 사람 안에 공존하는 것이다(박현선, 이상균, 2001).

부모의 중독은 가정 내 정상적인 역할 규정을 어렵게 만들며, 자녀로 하여금 정서적인 생존을 위해 건강하지 못한 역할을 맡게 한다. 중독 가정 내 자녀의 역기능적인 역할은 지금까지 다양한 연구자들에 의해 상이하게 표현되고 있으나, 가장 대표적인 역할은 가족영웅, 희생양, 귀염둥이, 그리고 잊혀진 아이로 구분된다(Kier & Buras, 1999; Veronie & Fruehstorfer, 2001).

- **가족영웅**(Family Hero): 부모를 대신해 과도한 책임을 지는 역할이다. 외견상 유능해 보이나 내적으로는 죄책감과 낮은 자존감에 시달린다.
- **희생양**(Scapegoat): 일탈 행동을 통해 관심을 끌려는 역할이다. 가족 규범에 반대하며, 종종 반사회적 행동에 연루된다.
- **귀염둥이**(Mascot): 유머나 귀여운 행동으로 가족 갈등을 완화하려는 역할이다. 가족의 긴장을 숨기는 데 일조한다.
- **잊혀진 아이**(Lost Child): 가족과 고립되어 회피적인 태도를 보이는 역할이다. 겉으로는 문제가 없어 보이나 내적으로는 낮은 자존감과 무기력감을 느낀다.

중독 가정 자녀의 이러한 역할들은 부모의 중독에 대한 적응 메커니즘으로 해석될 수 있다. 그러나 이러한 생존 전략들은 장기적으로 개인의 정서적, 사회적 발달에 부정적인 영향을 미칠 수 있다. 따라서 성인아이 증후군에 대한 이해는 중독의 세대 간 전이와 그 영향을 파악하는 데 중요한 역할을 한다. 더불어 중독 가정 자녀들을 위한 예방 및 개입 프로그램 개발에 필수적인 정보를 제공한다.

3. 사회적 폐해

마약 중독은 개인과 가족을 넘어 사회 전체에 심각한 영향을 미치는 문제이다. 이러한 사회적 폐해는 주로 막대한 사회적 비용 손실과 마약 관련 범죄의 증가로 나타난다.

먼저 박성수(2018)의 마약류 등 유해약물의 사회적 비용 추계에 따르면, 우리나라의 마약류 및 유해약물로 인한 손실은 2016년 기준 1인당 10억 원을 초과했으며, 전체적으로는 의료 및 복지 비용, 형사사법 비용, 생산성 손실 비용과 주변의 고통 비용을 모두 합계해 추산한 결과 약 1,700억 원에 달하는 것으로 나타났다(〈표 9〉).[2]

〈표 9〉 마약 피해로 인한 사회적 손실 비용

영역	세부 영역
의료 및 복지 비용	건강보험, 의료급여, 의료보조비, 간접의료비
형사사법 비용	경찰 및 검찰, 법원의 마약류 범죄 비용, 교정의 마약류 범죄 비용(교도소·보호관찰·치료감호소)
생산성 손실 비용	생산성 감소비, 생산성 손실분 등
주변의 고통 비용	주변의 물질적 및 정신적 피해 비용 등

(출처: 박성수, 2018 재구성)

이 중 의료 및 복지 비용만으로도 33억 4천만 원이 조금 웃돌았으나 형사사법 비용의 경우에는 약 1,194억 원에 달했다. 특히 마약은 불법 행위이므로 암수율이 고려되어야 하는데, 이를 반영한 우리나라 전체 마약의 사회경제적 비용은 이보다 약 30배 많은 4조 8,700억 원으로 추산된다. 더욱이 해당 비용 추계 연구에서 산출된 사회적 손실 비용은 2016년 기준으로 산정된 것인데, 2016년에 14,214명이었던 마약사범이 2022년에는 18,395명으로 증가한 대검찰청(2023) 통계를 고려할 때, 현재의 사회적 손실 비용은 추산된 값보다 더욱 증가했을 것으로 예측된다. 이에 따라 마약 문제에 대한 국가적 개입의 필요성이 더욱 강조된다.

2022년 국립정신건강센터의 조사 결과에 따르면, 마약 중독자 중 정규직 근무자가 30.9%밖에 되지 않았으며 대부분 불규칙적인 근무를 하거나 무직인 경우가 많았다. 최근 30일간 근무 일수도 7일 이하인 경우가 55.6%였으며 가족으로부터 경제적 도움을 받는 대상자 비율이 54.4%로, 상당수 마약 중독자들이 경제적, 직업적으로 불안정성을 나타내 이들의 생산성은 낮을 수밖에 없다. 이에 더해 불안정한 사회경제적 지위를 가진 마약 중독자들은 코로나19 팬데믹 동안 직면한 사회경제적 위기로 인해 약물의 과다복용 위험이 증가한 것으로 나타났다.

마약 관련 범죄 문제도 심각하다. 약업신문(2023) 보도에 따르면, 2021년과 2022년의 판결문 분석 결과, 마약 투약 후 발생한 교통사고, 살인, 재물손괴, 주거침입, 상해 등 다양한 2차 범죄가 보고되었다. 2018년부터 2022년까지 마약 투약 후 범죄를 저지른 가해자는 1,083명에 달했으며, 주요 범죄 유형은 교통 범죄(26%), 절도(19.7%), 폭행(10.3%), 강간(8.5%), 상

2 마약으로 인한 사회적 손실 비용을 추산할 때, 특히 의료 및 복지 비용과 형사사법 비용의 중요도가 높았으며 그 뒤를 생산성 손실 비용과 주변의 고통 비용이 따르는 것으로 나타났다(박성수, 백민석, 2019).

해(5.9%) 순이었다.

대검찰청이 보고한 2024년 6월 기준 마약류 사범 단속 현황을 보면, 특히 우려되는 점은 15세 미만에서도 향정신성의약품 사범이 발생했다는 것이다. 더욱이 청소년의 경우 성인에 비해 마약 범죄의 암수율이 높을 것으로 추정되어, 실제 상황은 더욱 심각할 수 있다.

이러한 사회적 폐해를 줄이기 위해서는 마약 중독의 위험성에 대한 사회적 경각심을 높이고, 지속적으로 관심을 가져야 한다. 또한 마약 중독의 치료와 재활에 대한 접근을 보다 유연하게 하는 등 국가, 사회, 개인 차원의 종합적인 노력이 필요하다.

마약 범죄와 솜방망이 처벌

우리나라의 법은 마약 범죄에 대해 엄격하게 처벌하도록 명시하고 있으나, 실제로는 솜방망이 처벌이라는 비판의 목소리가 높다. 필로폰을 상습 투약해 체포된 D씨의 예를 살펴보면, D씨는 10여 년 전부터 대마초와 다른 마약에도 손을 대 마약 전과가 있음에도 불구하고 1심에서 실형을 면했다. 재판부는 마약 소지 및 투약, 교부 등 D씨의 죄질이 무겁지만 범행을 인정하고 있다는 점, 적극적으로 수사에 협조하고 있다는 점을 감안했고, 가족과 주변 사람이 선처를 탄원하고 있다는 점에서 재범을 억제할 만한 사회적 유대관계가 형성되어 있다고 판단해 징역 3년, 집행유예 5년을 선고했다고 밝혔다(머니투데이, 2023).

8장

대상별 마약 중독 문제: 취약 집단의 고유한 위험과 도전

마약 중독은 사회 전반에 영향을 미치는 문제이지만, 일부 특정 집단은 그 집단만의 고유한 위험 요인과 어려움에 직면한다. 이 장에서는 청소년 및 청년, 여성, 그리고 기타 취약계층(북한이탈주민, 성소수자, 노숙인, 이주노동자, 장애인)의 마약 중독 현황과 양상을 심층적으로 살펴보고자 한다.

청소년 및 청년의 마약 중독 문제는 특히 우려할 만한 수준이다. 이들은 교육, 취업, 대인관계 형성 등 중요한 발달 과업을 수행하는 시기에 있어 마약 사용에 더욱 취약하다. 이 시기의 마약 사용은 중독 발생 위험을 높일 뿐만 아니라, 인지, 감정, 행동에 지속적인 악영향을 미칠 수 있다.

여성의 마약 중독 문제도 주목해야 한다. 과거에는 마약 중독이 주로 남성의 문제로 간주되었으나, 최근 들어 여성의 마약류 사용 비율이 급증하고 있는 추세다. 그뿐 아니라, 여성은 마약 중독에 대한 갈망과 재발에 특히 취약한 것으로 나타나 젠더 특화된 접근이 필요하다.

취약계층의 마약 중독 문제는 국내에서 상대적으로 덜 주목받았지만, 중요한 사회적 이슈이다. 북한이탈주민, 성소수자, 노숙인, 이주노동자, 장애인 등은 사회적 소외, 차별, 경제적 어려움 등으로 인해 마약 중독에 더욱 취약하다. 이들 집단의 마약 중독 문제는 복합적인 사회경제적 요인과 연관되어 있으므로, 대상별 마약 중독 문제에 대한 깊이 있는 이해가 효과적인 예방 및 치료 정책 수립에 필수적이다.

1. 청소년 및 청년[1]

마약류 범죄의 연령 하향화 현상이 뚜렷해지고 있다. 2023년 하반기 경찰청 보고에 따르면, 검거된 마약류 사범 중 10대에서 30대가 67.6%를 차지했으며, 특히 10대의 경우 전년 동기 대비 428.8% 급증했다. 이러한 현상은 미디어 활용 능력이 발달한 청소년 및 청년의 다크웹이나 SNS를 통한 마약 거래의 성행과 밀접한 관련이 있다.

청소년 마약 사용의 증가세는 특히 우려할 만하다. 대검찰청(2023) 통계에 따르면, 10대 마약사범은 2018년 143명에서 2022년 481명으로 5년 만에 3.4배가 증가했다. 인천의 경우에는 2022년 42명에서 2023년 285명으로 1년 만에 6배 이상 증가했다.

청소년 마약 사용의 주요 약물로는 다이어트용으로 쓰이는 식욕억제제, 일명 '나비약'이 지목된다. 이는 향정신성의약품의 일종으로, 식욕 억제의 효과가 있다고 알려져 있다. 하지만 많은 청소년들이 이를 단순한 다이어트 약으로 인식하고 있으며, 마약으로 분류되는지 모르고 사용하는 경우도 많다. 이 외에도 청소년이 자주 사용하는 향정신성의약품으로 메틸페

1 청년의 연령 범위는 적용 목적과 법률에 따라 다르며, 중복되는 경우도 있으나 최근에는 청년 연령 상한이 점차 높아지는 경향이 있다. 일반적으로 널리 통용되는 「청년기본법」에 의해 이 책에서는 청년을 19~34세로 정의한다.

니데이트가 있다. 메틸페니데이트는 ADHD 치료제로 사용되는 약물로, 각성 효과가 있어 '공부 잘하는 약'으로 알려져 있다. 이처럼 청소년들은 특정한 효능이 있다고 알려진 향정신성의약품 사용을 계기로 마약 사용을 시작하는 경향을 보인다. 다이어트나 성적 향상을 위한 사용 외에도, 청소년기의 스트레스, 외로움, 폭력 피해 경험 등이 마약 사용의 원인이 되는 것으로 보고된다.

청소년기의 마약 사용은 성인의 마약 사용과는 상이한 몇 가지 특성을 가진다. 먼저 청소년기에는 또래문화의 영향을 크게 받아, 또래 관계에서 배제되지 않기 위해 마약 사용에 동조할 가능성이 있다. 여럿이 함께 가담할 경우 위험에 대한 경계심이 낮아져 마약 사용을 놀이문화의 일종으로 가볍게 인식할 수 있다는 점도 특징이다. 국립정신건강센터(2022)에 따르면, 청소년기에 마약류를 사용한 경험이 있는 이들의 66.7%가 마약에 대한 호기심을 마약류 첫 사용 원인으로 꼽았다. 이처럼 낮은 경각심으로 가볍게 마약을 시작하게 되는 청소년이 다수이지만, 청소년은 성인보다 높은 자극 추구와 인정 욕구를 충족하기 위해 여러 약물을 섞어 '폭탄 마약'을 만들어 사용하거나, 더욱 무모한 방식으로 약물을 사용하는 경향을 보이기도 한다.

청소년기 마약 사용은 인지능력을 비롯한 여러 주요한 측면에서 발달을 심각하게 저해하고, 이후의 발달단계에도 부정적인 영향을 끼쳐 그 위험성이 크다. 단순 호기심으로 마약을 시도한다고 하더라도 중독되는 것은 한순간의 일이다. 마약사범의 경우 폭행, 성범죄 등 2차적인 범행으로 확산될 가능성이 매우 높기에 청소년 마약 사용의 증가 추이는 더욱 경계될 필요가 있다. 동시에 청소년 마약 사용자는 단약 동기가 낮으며, 이 때문에 치료 과정에서도 더욱 큰 주의를 요한다.

청년기 역시 마약 사용의 위험이 높다. SAMHSA(2019)의 조사에 따르면, 18~25세 연령대의 약물 사용 수준이 가장 높았으며, 2023년 대검찰청(2023)의 『마약류 범죄백서』 통계를 보아도 우리나라 전체 마약사범 중 20대와 30대가 각각 약 30%와 25%를 차지하고 있다. 진학, 취업 등의 발달과업 실패로 인한 무력감이 마약 사용의 주요 원인으로 보인다. 한 예로, 20대 마약 중독 청년은 강박적일 정도로 공부를 했음에도 불구하고 대학 진학에 실패했고, 공허함에서 잠시 벗어나기 위해 마약을 시작했으나 점차 스스로를 통제할 수 없었다고 진술했다(최미경, 2023).

마약사범은 40% 안팎의 높은 재범률을 보이기에 일찍이 마약을 시작한 청소년과 청년의 재범 가능성을 낮추는 것은 매우 중요하다(이은영, 전연규, 2022). 이들의 회복을 위해서는 이들만의 마약 사용 양상과 특징에 따른 즉각적이고 체계적인 개입이 마련될 필요가 있다.

2. 여성

국내 마약 중독자 중 여성의 비율이 급격히 증가하고 있다. 국립정신건강센터(2022)의 보고에 따르면, 2009년 6.9%에 불과했던 여성 마약 중독자의 비율이 2021년에는 22.6%로 크게 증가했다. 이러한 추세는 여성 마약 마약 중독에 대한 특별한 관심과 대책의 필요성을 시사한다.

여성의 마약 중독은 몇 가지 독특한 특성을 보인다. Bezrutczyk(2024)에 따르면, 여성은 남성보다 더 빠르게 마약 남용에서 의존 및 중독으로 진행될 수 있는 취약성을 가진다. 이와 더불어 과다 복용, 부작용, 극심한 갈망, 그리고 재발을 경험할 가능성이 더 높다.

홍경아(2022)의 연구는 여성이 남성보다 향정신성의약품 남용 비율이 높다는 점을 지적한다. 여성신문(2022)의 보도에 따르면, 다이어트 목적으로 사용되는 식욕억제제와 같은 향정신성의약품이 여성들 사이에서 많이 남용되고 있다. 이러한 약물은 식욕 감퇴 효과뿐만 아니라 심각한 부작용과 강한 의존성을 유발한다.

여성은 마약을 사용한 범죄의 피해자로서 마약사범에 연루되기도 한다. 대검찰청의 『2022 마약류 범죄백서』에 따르면, 여성의 경우, 성범죄를 목적으로 항거불능 상태로 만드는 강간 약물 또는 클럽 약물을 자신도 모르게 복용하게 되면서 마약에 중독될 수 있다. 반대로 마약에 빠져들며 마약을 구매할 자금을 마련하기 위해 성매매에 뛰어들게 되는 경우도 있다(김진숙, 2020).

사회문화적 맥락 속에서 여성 중독자들은 남성 중독자와는 다른 중독 양상을 경험한다. 특히 여성은 차별적인 젠더 통념으로 인한 사회적 배제를 경험할 수 있다. 장정연(2013)은 여성 중독자들이 성적으로 문란하다는 편견에 시달린다고 보고한다. 이러한 편견 속에서 여성 중독자들은 수치심, 죄의식, 두려움, 무력감 등을 경험하며, 단약 과정에서 사회적으로 위축되는 경향이 있다.

정주연(2024)의 연구는 여성 중독자들이 회복 과정에서도 특유의 어려움을 겪는다고 보고한다. 자조모임에서조차 성차별적 태도와 성적 수치심을 경험해 참여를 꺼리게 되는 등 회복을 위한 지원 시스템에서도 소외되는 경향이 있다. 이러한 사회적 낙인과 배제는 여성 중독자의 재발의 주요 원인이 되기도 한다.

현재 국내 마약류 관련 연구와 치료 프로그램은 주로 남성 중심으로 이루어져 있다. 그러나 여성 중독자의 비율이 증가하는 추세를 고려할 때, 이들의 특수한 취약성을 고려한 젠더 특화적 접근이 시급히 필요하다. 여성 중독자의 특성을 반영한 연구, 예방 프로그램, 치료 시스템을 개발하고, 사회적 인식 개선을 위한 노력도 병행되어야 할 것이다.

마약, 당신이 궁금한 모든 것

— Q&A로 알아보는 마약 이야기 ⑨

Q. 임신 중에 마약을 하게 되면 아이도 마약에 중독될까?

A. 임신 중에 마약을 사용하면 마약 성분이 태반을 쉽게 통과하여 태아의 뇌 발달에 영향을 미칠 수 있으며, 아이 역시 뱃속에서 마약에 노출되어 중독 상태가 될 수 있다. 이 아이가 태어나면 더 이상 마약을 공급받지 못하기 때문에 '신생아 금단 증후군(Neonatal Abstinence Syndrome, NAS)'이 나타날 수 있다.

NAS의 구체적인 증상으로는 과민성 및 울음, 신경행동 조절이상, 과긴장성, 떨림 및 불안과 이에 따른 피부 손상, 성장 부진, 일반적인 자극에 대한 과민성 또는 저감각성, 구토/설사, 딸꾹질, 구역질, 안색 변화, 빈호흡 또는 발열과 같은 자율신경계 징후가 있다. 이러한 증상은 건강상의 심각한 문제를 초래하기 때문에 장기적으로 성장과 발달에 부정적인 영향을 미칠 수 있다. 따라서 임신 중 마약 사용은 절대 금기이며, 마약 사용 중 임신을 확인했다면 즉시 전문가의 도움을 받아야 한다.

3. 기타 대상

청소년 및 청년이나 여성 외에도, 마약 문제에 특히 취약한 집단으로 북한이탈주민, 성소수자, 노숙인, 이주노동자, 장애인 등이 있다. 이들은 마약 문제에 노출될 가능성이 더욱 높아 주의가 요구된다. 이에 각 대상의 마약 중독 문제에 대한 이해를 도모하고자 한다.

1) 북한이탈주민

북한이탈주민은 마약 문제에 특히 취약한 집단 중 하나로 주목받고 있다. 법무부의 보고에 따르면, 2018년부터 2022년까지 수감된 북한이탈주민 중 32.5%가 마약사범으로 분류되었다. 이는 매년 약 50명의 북한이탈주민이 마약 범죄로 수감되는 심각한 상황을 반영한다(데일리굿뉴스, 2024).

또한 북한이탈주민 1,467명을 대상으로 한 설문조사 결과에서는 이들의 16.5%가 마약 접촉 경험이 있는 것으로 나타났다(양옥경 외, 2018). 이는 북한이탈주민의 마약 사용 실태를 간접적으로 보여주는 지표라고 할 수 있다.

북한에서 마약은 누구나 쉽게 손에 넣을 수 있는 보편적인 것으로, 점차 더 많은 양의 마약이 유통, 소비되고 있다고 알려져 있다. 북한 내 마약 확산의 배경에는 1990년대 '고난의 행군' 시기의 경제난과 식량 부족이 있다. 주로 사용되는 마약으로는 메스암페타민, 생아편, 모르핀 등이 보고되며, 특히 주목할 점은 북한에서는 이들 마약을 치료제로 인식하는 경향이 강하다는 것이다(양옥경 외, 2018; 이근무, 유숙경, 2021).

북한이탈주민은 마약 사용 시 다음과 같은 특징을 보인다(양옥경 외, 2018; 이근무, 유숙경, 2021).

- **마약에 대한 기본 지식 부족**: 중추신경 각성제와 억제제를 동시에 복용하는 등 마약에 대한 올바른 지식이 부족하다.
- **마약의 위험성에 대한 낮은 인식**: 마약의 부작용을 다른 마약으로 해결할 수 있다고 믿는 등 위험성을 심각하게 인지하지 않는 경향이 있다.
- **심리적 도피 수단으로서의 마약 사용**: 북한에서의 억압된 생활에서 벗어나기 위한 수단으로 마약을 사용하는 경우가 많다.
- **경제적 이유로 인한 마약 판매 경험**: 생계를 위해 마약 판매에 관여한 경험이 있는 이들이 적지 않다.

이처럼 북한이탈주민의 마약 사용 양상은 일반적인 마약 중독자와는 다른 독특한 배경과 특징을 가지고 있다. 따라서 이들을 위한 예방 및 치료적 접근은 이러한 특수성을 고려해 개발되어야 한다. 또한 북한이탈주민의 마약 문제는 단순한 중독 문제를 넘어 사회 통합과 적응의 문제와도 밀접하게 연관되어 있다. 따라서 이들을 위한 마약 중독 예방 및 치료 정책은 보다 포괄적인 사회 적응 지원 정책의 맥락에서 수립되고 실행되어야 할 것이다.

2) 성소수자

성소수자들은 마약 사용과 관련해 이성애자들보다 더 큰 위험에 노출되어 있다. 국내에서는 아직 성소수자의 마약 문제에 대한 연구가 미비한 실정이지만, 국외 연구들은 다양한 요인으로 인해 성소수자의 약물 사용의 위험이 높다는 점을 보여주고 있다.

청소년을 대상으로 한 연구에 따르면, 성소수자 청소년은 이성애자 또래에 비해 약물 사용, 정신건강 문제, 성폭력 등의 위험에 노출될 가능성이 2.5~3배 더 높은 것으로 나타났다(Nelon et al., 2019). 특히 주목할 만한 점은, 자신의 성 정체성에 대해 '모르겠다'고 응답한 퀘스처닝 청소년(questioning youth)이 자신을 성소수자로 인식하는 청소년보다도 더 높은 위험에 노출되어 있다는 점이다. 이는 정체성 혼란 과정에서 겪는 스트레스가 더욱 크기 때문으로 해석된다.

성소수자가 약물 사용에 더 취약한 이유는 사회적·문화적·대인관계적 스트레스, 이성애주의적 통념과 트랜스포비아로 인한 낙인의 내면화, 정체성 혼란으로 인한 스트레스 등 복합적인 요인들 때문이다. 이러한 요인들이 축적될 때 성소수자는 마약 사용에 더욱 취약해질 수 있다(Mereish, 2019).

성소수자의 마약 중독 문제에 효과적으로 대응하기 위해서는 이들을 둘러싼 사회적 불균형과 차별에 대한 깊은 이해를 바탕으로 한 개입 방안이 필요하다. 단순히 약물 사용 자체만을 다루는 것이 아니라, 성소수자가 겪는 사회적 스트레스와 정신건강 문제를 포괄적으로 다루는 접근이 요구되며, 성소수자 친화적인 의료 및 상담 서비스 제공 등 다각도의 노력이 필요할 것이다. 또한 성소수자 청소년을 위한 특화된 예방 및 개입 프로그램의 개발도 시급한 과제라고 할 수 있다. 이러한 노력을 통해 성소수자들의 마약 사용 위험을 낮추고, 더 나아가 이들의 전반적인 삶의 질 향상에 기여할 수 있을 것이다.

3) 노숙인

노숙인의 마약 사용 문제는 국외에서 심각한 사회 문제로 대두되고 있는 반면, 아직 국내에서 노숙인의 마약 사용이 사회적인 이슈로 보도된 적은 거의 없다. 그럼에도 마약의 확산과 거래의 용이성이 증가하는 현 시점에서 국외 사례를 통해 예방적 차원의 개입 방안을 고민해볼 필요가 있다.

마약의 역사가 오래된 미국에서는 노숙인의 심각한 마약 중독 현상이 보고되어왔다. 미국의 전국노숙인연합(National Coalition for the Homeless)의 2017년 자료에 따르면, 약물 남용은 노숙자가 아닌 사람보다 노숙자에게서 더 많이 발생한다. 많은 경우 노숙으로 인한 스트레스의 결과로 약물을 남용하거나, 노숙의 압박에 대처하는 방법으로 약물을 사용하기 시작한다. 미국 로스앤젤레스의 2021년 노숙인 부검 보고서에 따르면, 한 해 동안 사망한 노숙인 중 3분의 1 이상이 펜타닐 때문인 것으로 나타났다(중앙일보, 2022).

캐나다의 경우, 대마초 합법화 이후 노숙인의 대다수가 마약 중독자로 분류될 정도로 상황이 심각하다. 이들은 펜타닐과 헤로인을 혼합해 사용하는 경향이 있는데, 이는 과다 복용으로 인한 사망의 주요 원인이 되고 있다(Addiction Center, 2024b).

노숙인들은 직면한 여러 가지 어려움으로 인해 마약 사용 중단이 쉽지 않다는 문제가 있다. 치료에 대한 접근성 부족, 사회적 지원 네트워크의 결여, 그리고 생존과 관련된 주거나 식량 확보 같은 더 시급한 문제 등이 약물 중독 치료를 어렵게 만드는 요인들이다.

이러한 국외 사례들은 노숙인의 마약 문제가 단순히 개인의 선택에 국한된 것이 아닌 복합적인 사회 문제임을 보여준다. 따라서 노숙인의 마약 중독 예방과 치료를 위해서는 주거 지원, 정신건강 서비스, 직업 훈련 등 종합적인 접근이 필요하다. 또한 노숙인의 특수한 상황을 고려한 맞춤형 중독 치료 프로그램의 개발이 요구된다. 무엇보다 우리나라에서도 이러한 국외 사례를 참고해, 노숙인의 마약 문제에 대한 선제적 대응 방안을 마련할 필요가 있다.

4) 이주노동자

이주노동자의 범죄 양상이 과거의 단순 불법체류나 위장결혼 등에서 점차 강력범죄로 변화하고 있다. 특히 마약 관련 범죄가 주목받고 있는데, 대검찰청(2024a)에 따르면 최근 5년간 외국인 마약사범 단속 현황을 보면 꾸준한 증가세를 보이고 있다. 2023년에는 처음으로 3천 명을 넘어섰으며, 단속된 마약사범 중 향정신성의약품과 관련된 경우가 84.4%로 가장 높은 비중을 차지했다. 마약 범죄 유형 중에서는 투약(45.9%)이 가장 많았고, 그다음으로 밀수(18.7%), 밀매(10.3%), 소지(5.5%) 순이었다. 특히 투약 범죄는 최근 5년간 지속적으로 증가하고 있어, 국내 체류 외국인 사이에 마약 문제가 심각해지고 있음을 보여준다(〈표 10〉).

〈표 10〉 외국인 마약사범 단속 현황

(단위: 명)

	2019	2020	2021	2022	2023
전체 사범	16,044	18,050	16,153	18,395	27,611
외국인 사범	1,529	1,958	2,339	2,573	3,151

(출처: 대검찰청, 2024a 재구성)

국외 연구 결과를 살펴보면, 이주노동자의 마약 사용 실태와 관련 요인에 대한 다양한 연구가 진행되었다. Kissinger 외(2013)의 연구에서는 라틴아메리카 출신 이주노동자의 우울증, 공사 현장 근무, 성매매 종사자와의 접촉 등이 마약 사용 증가와 관련이 있었다. Borges 외(2007)의 연구는 이민 경험이 있거나 가족 중 이민자가 있는 경우 마약 사용 가능성이 높아짐을 보고했다.

이주노동자의 마약 사용에 대한 위험 요인을 살펴본 선행연구는 부족한 실정이지만, 일부 연구 결과에 따르면 이주노동자의 마약 사용 위험 요인으로는 사회적 차별과 낮은 사회적 지지, 마약에 대한 쉬운 접근성, 사회적 고립과 취약성, 그리고 가족과의 분리로 인한 정서적 중압감 등이 보고되었다(Negi, 2011; Tsai & Thompson, 2013; Valdez et al., 2010).

종합적으로 이러한 연구 결과들은 이주노동자의 마약 문제가 단순히 개인의 선택이 아니라 사회적, 환경적 요인들과 복합적으로 관련되어 있음을 시사한다. 따라서 이주노동자의 마약 문제에 효과적으로 대응하기 위해서는 법적 제재뿐만 아니라 이들의 사회적 통합, 심리적 지원, 그리고 건강한 근로 환경 조성 등 다각적인 접근이 필요할 것이다.

5) 장애인

장애인은 "신체적·정신적 장애로 오랫동안 일상생활이나 사회생활에서 상당한 제약을 받는 자"(「장애인복지법」 제2조 제1항)로 정의되며, 장애의 유형 및 분류는 「장애인복지법」 시행규칙 제2조에 따른 보건복지부령으로 정하고 있다. 이에 따르면, 우리나라에서는 장애를 신체적 장애와 정신적 장애로 크게 두 종류로 분류한다. 보다 구체적으로 신체적 장애는 외부장애와 내부기관의 장애로, 정신적 장애는 발달장애와 정신장애로 구분한다.

장애인들의 마약 중독에 대해 국내에서는 연구된 바가 많지 않지만, 장애인의 마약 중독은 국내외를 불문하고 점점 증가하는 추세이다. 장애와 마약 중독 간의 관련성에 관한 해외의 많은 연구들은 만성질환을 포함해 장애인이 비장애인에 비해 약물 중독을 경험할 가능성이 더 높다고 보고했다. 특히 장애인은 장애를 이유로 사회에서 여러 차별을 받는 경우가 많고 이로 인한 관계의 위축, 외상의 경험이 장애인의 중독 문제를 더 심각하게 야기시킬 수 있다. 장애인은 이러한 부정적 경험을 치료하기 위해 의

도적으로 약물을 사용하게 되고, 이때 선택한 약물은 일시적으로 고통을 잊게 해주지만, 그로 인해 다시 약물을 찾게 만들면서 악순환의 고리에 빠지게 된다. 게다가 장애인의 손상된 기능으로 인한 활동의 제한적 참여, 직업적·사회적 장벽은 장애인의 사회적·경제적 위치를 더욱 불안하게 만들어 약물 중독의 위험을 더욱 증가시킨다. 그러나 불행히도 장애인의 마약 중독은 장애인이라는 편견과 낙인, 그리고 마약 중독자라는 낙인으로 인해 치료받기를 거부하거나 회피해 사실상 그 치료를 어렵게 함으로써 마약 중독을 악화시키는 결과를 낳기도 한다(유숙경, 김용섭, 2020; Aram et al., 2020; Rief et al., 2021).

장애와 비장애 대학생의 마약 사용 경험을 비교한 Casseus 외(2021)의 연구에 따르면, 장애 학생이 비장애 학생보다 마약 사용 확률이 약 2~3배가량 높았다. 또한 장애 유형 중 인지기능의 어려움을 갖고 있는 장애인은 마약 중독의 위험에 노출될 가능성이 더 높다는 연구 결과들이 많은데, Huxley 외(2018)의 연구에서는 경계선 지능 장애인의 대마초 사용 관련 유병률이 21%로 상당히 높은 것으로 확인되었다. 지적 장애인은 사회적 소외와 외로움을 달래기 위해 다양한 약물들을 사용하고 있지만 치료기관을 찾아가거나 치료기관의 도움을 받은 경험은 없어 지적 장애인의 약물 중독 치료는 사각지대에 있음을 알 수 있다.

국내의 마약 문제가 대두되고 있는 가운데 범정부 차원의 마약 중독 예방과 치료 개입이 이루어지고 있지만 장애인의 마약 중독에 대한 연구와 개입은 사실상 찾기가 매우 어려운 실정이다. 따라서 이와 관련한 적극적인 국내 연구 및 개입이 매우 필요하다.

9장

마약 중독과 공존질환

마약 중독은 단독으로 발생하는 문제가 아니라 다른 정신질환과 함께 나타나는 경우가 많다. 이러한 현상을 '공존질환(Comorbidity)' 또는 '이중진단(Dual Diagnosis)'이라고 한다. 공존질환은 중독질환과 정신질환이 동시에 또는 순차적으로 발생하며, 서로 영향을 주고받는 복잡한 관계를 형성한다.

여러 선행연구들이 마약 중독과 정신질환의 높은 공존율을 보고하고 있다. Jones와 McCance-Katz(2019)의 연구에 따르면, 오피오이드 사용장애가 있는 성인의 약 27%가 심각한 정신질환을 동반하고 있다. Gorelick(2019)은 대마사용장애가 있는 성인에게서 불안장애, 우울증, 양극성 장애 등이 흔히 발견된다고 보고했다. 또한 Blom 외(2011)의 연구에서는 약물 문제가 있는 남성에게서 강박장애 비율이 유의미하게 높은 것으로 나타났다.

공존질환은 성인뿐만 아니라 청소년에게도 중요한 문제이다. 전종설(2008)의 연구에 따르면, 약물 의존이 있는 청소년은 ADHD, 주요우울장애, 품행장애 등을 동반할 가능성이 높다. Hser 외(2001)의 연구에서는 약물 문제가 있는 10대 청소년의 60.3%가 정신질환의 진단기준을 충족한다고 보고했다. 청소년기는 뇌 발달이 활발히 이루어지는 시기이므로, 이 시기의 약물 사용은 인지, 학습, 의사결정 능력 등의 발달을 저해할 수 있다. 특히 ADHD와 같은 신경발달장애는 적절히 치료되지 않을 경우 약물사용장애로 이어질 위험이 높다(한국마약퇴치운동본부, 2009).

마약 중독과 공존질환의 높은 연관성은 중독 치료가 단순히 마약 사용 중단만을 목표로 하는 것이 아니라, 동반되는 정신질환에 대한 포괄적인 접근이 필요함을 시사한다. 따라서 이 장에서는 우울장애 및 불안장애, 조현병, 섭식장애, 외상 후 스트레스 장애, 양극성 장애, 아동기 정신장애 등 다양한 공존질환에 대한 이해와 함께, 이들을 다루는 치료 접근에 대해서 살펴보기로 한다.

1. 우울장애 및 불안장애

1) 우울장애

우울장애(Depressive Disorders)는 우울감, 의욕 저하 등의 증상이 느끼고, 생각하고, 행동하고, 세상을 인식하는 방식에 부정적인 영향을 미쳐 일상생활의 어려움을 유발하는 심각한 의학적 질병이다. 우울장애는 마약 중독과 밀접한 관련성을 가진 공존질환으로, 마약 중독의 진단, 증상 발현, 그리고 재발에 중요한 영향을 미친다. 이렇듯 정신질환과 마약 중독 간의 관계는 복잡하고 다차원적이며, 서로가 원인이자 결과가 되는 양방향적 특성을 보인다(APA, 2024; Swendsen & Merikangas, 2000).

우울장애는 마약 중독자에게서 매우 흔하게 나타나는 공존질환이다. Coelho 외(2000)의 연구에 참여한 마약 중독자 중 약 51.2%가 우울증을 가지고 있는 것으로 나타났고, 김영호 외(2019)의 연구에서도 우울과 중독 문제 간의 정적 관계가 확인되었다. 마약 종류별로 살펴보면, 비의료적 처방 오피오이드 남용자의 59.8%가 우울 증상에 양성 반응을 보였다(Bouvier et al., 2019). 또한 대마 사용 경험이 있는 청소년들의 경우 대마 사용 경험이 없는 청소년들과 비교해, 주요우울장애를 경험할 확률이 약 두 배였다. 심각한 우울장애 발병 확률은 3.32배 높았다. 이는 아동 및 청소년의 마약 사용이 정신건강에 미치는 장기적 영향을 보여주는 중요한 결과이다(Hinckley et al., 2023).

2) 불안장애

불안장애(Anxiety Disorders)는 다양한 형태의 병적인 공포, 두려움 등의 반응으로 인해 일상생활의 어려움을 초래하는 정신질환으로 마약 중독과 높은 연관성을 보인다. Goodwin 외(2004)에 의해 21년간 이루어진 종단연구에 따르면, 불안장애를 가진 청년들은 그렇지 않은 청년들보다 1.3~3.9배 높은 확률로 약물에 의존하게 된다. 이외에도 많은 선행연구들이 대마, 처방된 오피오이드, 코카인 등 다양한 마약과 불안장애 간의 유의한 관계를 보고했다(Garey et al., 2020; Vorspan et al., 2015).

이러한 연구 결과들은 마약 중독 치료에서 불안장애에 대한 통합적 접근의 중요성을 강조한다. 마약 중독자의 정신건강 상태를 면밀히 평가하고, 공존하는 불안 증상에 대한 적절한 치료를 병행하는 것이 중독 치료의 효과를 높이는 데 필수적이다.

2. 조현병

조현병(Schizophrenia) 환자들은 물질사용장애에 특히 취약한 것으로 알려져 있다. 여러 연구에 따르면, 조현병 환자의 40~50%가 평생에 걸쳐 심각한 약물 사용 문제를 경험한다(Green et al., 2007; Khokhar et al., 2018).

이처럼 조현병 환자에게서 물질사용장애가 흔히 동반되는 현상은 다양한 이론을 통해 설명되고 있다(Green et al., 2007; Khokhar et al., 2018).

- **취약-스트레스 모델**(Diathesis-Stress Model): 신경생물학적 취약성과 환경적 스트레스 요인의 상호작용이 조현병 발현에 기여한다고 설명한다.
- **누적 위험 요인 가설**(Cumulative Risk Factor Hypothesis): 빈곤, 피해 경험, 약물 사용 환경 노출 등의 누적된 위험요인으로 인한 인지적·사회적·교육적 기능 저하가 조현병과 물질사용장애 위험을 높인다고 제안한다.
- **보상 결함 증후군**(Reward Deficiency Syndrome) **이론**: 조현병 환자의 물질사용장애가 뇌의 보상회로 결함과 관련 있을 가능성을 제시한다. 이는 두 질환이 공통된 병태생리학적 기반을 가질 수 있음을 시사한다.

마약 종류 중 특히 대마가 조현병과 연관이 깊다는 선행연구들이 있다. 조현병과 대마 사용 간의 관계를 검증한 Casadio 외(2011)의 연구 결과, 대마 사용이 조현병 발현에 고유한 역할을 한다는 가설이 지지되었다. 실제로 대마 사용으로 인해 조현병이 발현되는 수는 적으나 사용의 정도와 처음 사용하기 시작한 나이에 따라 그 영향이 증폭되었다. Zammit 외

(2002)의 연구에 따르면, 대마 사용 수준이 높은 사람이 대마를 사용하지 않는 사람보다 추후에 조현병 진단을 받을 확률이 6배나 더 높았다.

이러한 연구 결과들은 조현병과 물질사용장애 간의 복잡한 상호작용을 보여주며, 두 질환의 예방과 치료에 있어 통합적 접근의 필요성을 강조한다. 이를 위해 조현병 환자의 약물 사용 스크리닝 및 맞춤형 중재 프로그램 개발이 필요할 것으로 보인다.

3. 섭식장애

섭식장애(Eating Disorders)와 마약 사용 간의 높은 공존율은 여러 연구에서 지속적으로 보고되고 있으며, 이 둘 간의 관계를 설명하기 위해 다양한 이론이 제시되었다(Wolfe & Maisto, 2000).

- **공통 병인론**: 중독적 성향, 약물 사용 가족력, 아동기 스트레스에 대한 취약성이 공통 원인으로 제안된다.
- **불안과 긴장 감소 가설**: 불안 증상이 폭식증과 약물 사용의 선행 조건이 될 수 있다는 이론이다.
- **음식 박탈 가설**: 동물실험 연구를 바탕으로, 음식 박탈이 약물 사용 증가로 이어질 수 있다는 가설이다.

거식증(Anorexia Nervosa)과의 공존질환을 살펴본 체계적 문헌고찰 연구에서는 거식증을 가진 이들 중 16%가 물질사용장애를 앓고 있었다고 분석했다(Devoe et al., 2021). 거식증 유형 중 신경성 폭식증(Bulimia Nervosa) 환자가 약물을 사용할 가능성이 더 높다는 연구 결과도 있다

(Root et al., 2010). 또한 신경성 폭식증을 가진 여성이 그렇지 않은 여성보다 약물 사용 시 더 부정적인 결과를 경험한다는 보고도 있다(Dunn et al., 2002).

이처럼 섭식장애와 마약 사용 간의 높은 공존율은 통합적 치료 접근의 필요성을 시사하며, 각 장애의 특성을 고려한 맞춤형 예방 및 개입 전략의 중요성을 강조한다.

4. 외상 후 스트레스 장애

외상 후 스트레스 장애(Post Traumatic Stress Disorder, PTSD)는 심각한 외상 경험 후 발생하는 정신건강 문제로, 불안, 우울, 중독 등 다양한 정신장애를 동반할 수 있다. DSM-5-TR에 따르면, 트라우마는 생명을 위협하는 사건, 심각한 부상, 성폭력 등을 직접 경험하거나 목격, 또는 가까운 사람의 외상 사건을 알게 되는 경우를 포함한다(APA, 2023).

대마초는 트라우마와 관련된 공존질환 연구에서 가장 빈번히 언급되는 물질이다. Kevorkian 외(2015)의 연구에 따르면, 성인의 생애 트라우마 노출은 대마초 사용 증가와, PTSD 경험은 대마초사용장애 증가와 연관이 있는 것으로 나타났다.

아동기 트라우마와 이후의 대마초 사용 간의 관계도 여러 연구에서 확인된다. Abajobir 외(2017)의 연구 결과, 아동 학대 경험자는 대마초 남용 가능성이 1.79배, 의존 가능성이 2.47배 높은 것으로 나타났다. 특히 아동기 성적 학대는 대마초 사용에 중대한 영향을 미치는 것으로 보인다. Duncan 외(2008)의 연구에서 아동기 성적 학대는 대마초 남용 및 의존의 위험 증가를 예측하는 요인으로 나타났다. 또한 Hayatbakhsh 외(2007)의 연구에서는 아동기 성적 학대 경험자가 초기 성인기에 더 빈번한 대마초 사용을 보였다. 성적 학대를 3회 이상 경험한 경우에는 3회 미만 경험보다 대마초 사용 확률이 더 높았다.

이러한 연구 결과들은 트라우마의 장기적 영향과 조기 개입의 중요성을 강조하며, PTSD 치료에서 마약 문제에 대한 통합적 접근의 필요성을 제기한다. 따라서 PTSD 환자의 치료 과정에서 마약 사용에 대한 평가와 개입이 필수적으로 고려되어야 하며, 아동기 트라우마 예방과 조기 치료가 향후 마약 사용 문제 예방에도 중요한 역할을 할 수 있음을 인식해야 한다.

5. 양극성 장애

양극성 장애(Bipolar Disorder)는 기분 장애의 대표적인 질환으로, 조증 삽화와 우울 삽화의 극단적인 기분 변화가 정상적인 기분 상태와 번갈아 나타나는 정신질환이며, 이 장애의 특징은 기분 상태의 변화를 예측하기 어렵다는 점이다(APA, 2023).

다수의 연구에서 양극성 장애는 마약 중독의 주요 위험 요인으로 밝혀졌으며, 특히 코카인, 암페타민, 대마 등의 마약 중독과 강한 연관성을 보인다. 미국의 음주 및 관련 질환에 대한 전국 역학조사(The National Epidemiologic Survey on Alcohol and Related Conditions)에 따르면, 지역사회에 거주하는 18세 이상 성인의 경우, 지난 12개월 및 평생 물질 남용과 의존은 양극성 장애와 유의미한 정적 관계를 보였다(Compton et al., 2007).

Conway 외(2006)의 연구는 마약 사용 경험자가 일반인보다 양극성 장애 증상을 더 많이 경험함을 보여준다. 연구 결과, 마약 사용자의 조증 및 경조증 발병률은 3.7~13.4%로, 일반인보다 훨씬 높다. Compton 외(2007)의 연구에서는 마약 중독이 제I형 양극성 장애와 관련이 있다고 밝혔다. 또한 제I형 양극성 장애와 마약 중독이 함께 나타날 경우, 치료를 받는 사람은 드물고 다른 정신질환의 발생 위험은 크게 증가하는 것으로 나타났다.

두 장애의 높은 공존율은 통합적 치료 접근의 필요성을 강조하며, 양극성 장애 환자의 마약 사용에 대한 면밀한 모니터링과 예방적 개입의 중요성을 시사한다. 또한 마약 중독 치료 과정에서 양극성 장애의 가능성을 고려한 포괄적인 정신건강 평가가 필요함을 알 수 있다.

6. 아동기 정신장애

1) 주의력결핍 과잉행동장애

주의력결핍 과잉행동장애(Attention-Deficit/Hyperactivity Disorder, ADHD)는 부주의, 충동성, 과잉행동을 특징으로 하는 신경발달장애로, 주로 아동기에 발병해 성인기까지 지속된다. ADHD의 증상 중 충동성과 과잉행동은 연령 증가에 따라 감소하지만, 부주의성은 성인기에도 유지되어 일상생활 기능에 어려움을 초래한다(김인아, 김명선, 2024).

ADHD와 마약 중독 간의 높은 공존율은 여러 연구를 통해 확인되었다. Kessler 외(2006)의 연구에서는 물질사용장애 환자 중 약 4분의 1이 ADHD 진단기준을 충족하는 것으로 나타났다. 또한 Fatséas 외(2016)는 ADHD와 물질사용장애의 공존은 중독의 조기 발병과 높은 재발률과 관련이 있다고 보고했다.

Levy 외(2014)의 종단연구는 ADHD의 장기적 영향을 보여준다. 아동기에 ADHD를 진단받은 그룹은 비진단 그룹에 비해 성인기 약물 의존 진단률(10.8% vs 2.7%)과 아동기 약물 접촉 경험(27.7% vs 18.1%)이 현저히 높았다. Vaziri-Harami 외(2024)의 연구에서도 ADHD 진단 그룹이 비진단 그룹에 비해 더 낮은 연령에 마약 사용을 시작하는 것으로 나타났다.

성인 ADHD를 조사한 Schellekens 외(2020)의 연구 결과에 따르면, 일반 성인 유병률은 2.5% 정도지만, 성인 물질 중독군에서는 20%로 매우 높게 나타난다. 이는 ADHD가 성인기 마약 중독의 주요 위험 요인임을 시사한다.

따라서 ADHD 환자의 마약 중독 예방과 조기 개입, 그리고 마약 중독자의 ADHD 스크리닝 및 통합적 치료 접근이 필요하다. 이를 통해 두 장애의 공존으로 인한 부정적 영향을 최소화하고, 더 나은 치료 결과를 얻을 수 있을 것이다.

2) 품행장애

품행장애(Conduct Disorder)는 아동기에 발병하는 정신장애로, 이 장애의 주요 특징은 '다른 사람의 기본적인 권리를 침해하고 그 연령에 요구되는 중요한 사회적 규범 및 규칙을 반복적으로 위반하는 행동 양상'이다(APA, 2023).

품행장애는 ADHD와 자주 동반되지만, 단독으로 진단받은 경우에도 마약 중독과 높은 공존율을 보인다. 이러한 공존 사례는 심각도 또한 매우 높은 것으로 나타난다. Erskine 외(2016)의 메타분석 연구는 품행장애 환자군에서 물질사용장애 관련 요인이 크게 증가함을 보고했다. 이는 아동기의 행동 문제가 후기 청소년기와 성인기의 마약 사용 문제와 밀접하게 연관될 수 있음을 시사한다.

이러한 연구 결과들은 품행장애에 대한 조기 개입과 치료의 중요성을 강조한다. 아동기 행동 문제에 대한 적절한 관리와 개입은 향후 마약 중독 발생 위험을 줄일 수 있는 중요한 예방 전략이 될 수 있다. 따라서 품행장애를 가진 아동 및 청소년에 대한 포괄적인 평가와 맞춤형 개입 프로그램의 개발이 필요하다.

3) 소아우울

소아우울(Childhood Depression)은 아동 및 청소년이 신체, 인지, 정서 등 모든 발달 영역에서 급격한 변화를 겪는 시기에 발생하는 중요한 정신장애이다. 이 시기에는 독립성과 정체성을 확립하기 위한 발달 과업을 수행하는 과정에서 심리적인 갈등을 겪기 쉬운 경향이 있다. 이문수(2010)에 따르면, 우울장애의 누적 유병률은 16세까지 9.5%에 달하며, 약 70%의 아동과 청소년이 5년 이내에 재발을 경험하는 질병이니만큼 지속적인 관리와 치료를 요한다.

2022년 건강보험심사평가원이 발표한 보고서에 따르면, 최근 5년간 우울증과 불안장애 진료 통계에서 10대 미만의 우울장애 환자는 70.2%, 10대 환자는 90.2% 증가했으며, 2021년 기준 약 5만 9천 명이 넘는 아동과 청소년이 우울장애로 어려움을 겪고 있다. 또한 성인 우울장애 환자들 중 많은 경우 청소년기에 최초의 우울 삽화나 유사한 증상이 발생한다(Merikangas et al., 2003).

우울장애는 연령에 관계없이 발생할 수 있지만, 소아우울은 성인의 우울과 유사하면서도 연령에 따라 증상적인 차이를 보인다. 아동기 우울의 증상으로는 우울감, 집중력 부족, 불면증, 초조함, 분리 불안 및 공포감 등이 있으며, 이 시기에는 명확한 우울감이나 생리적 증상보다 과민한 기분이나 과잉행동, 비행 및 공격적 행동으로 나타나는 가면성 우울장애가 흔하다. 따라서 이러한 증상은 품행장애와 감별해 진단해야 한다. 또한 청소년기 우울장애의 증상은 슬프거나 과민한 기분, 무쾌감증, 사회적 위축, 무가치감, 죄책감, 자살 사고나 행동, 수면 변화 및 동기나 집중력 저하 등으로 성인의 우울장애와 유사하다(신경민, 2018; 홍강의, 2014).

아동 및 청소년기 우울장애와 마약 중독은 밀접한 관련성을 보인다. Murnan 외(2021)의 연구에 따르면, 출산 전 대마초에 노출된 아동은 10~12세 사이에 우울 증세가 증가하는 것으로 나타났다. 청소년기에는 중독성 장애와 우울장애가 동시에 발생할 가능성이 높아지며, 이러한 공존은 심각한 결과를 초래할 수 있다. Rao(2006)의 연구는 이러한 조합이 심각한 알코올 및 마약 문제의 조기 발병을 촉진하고, 대인관계 및 학업 능력에 심각한 손상을 주며, 자살 위험을 증가시킬 수 있음을 보고했다. 더불어 Deykin 외(1992)의 연구에서는 약물 의존이 있는 청소년이 그렇지 않은 또래에 비해 우울장애 발생 위험이 약 3배 높다는 것을 밝혔다. 이러한 연구 결과들은 아동 및 청소년기 우울장애와 마약 중독 간의 상호작용을 강조하며, 조기 개입의 중요성을 시사한다.

더욱이 아동 및 청소년기의 우울장애는 물질사용장애 외에도 종종 다른 정신적 또는 신체적 문제를 동반하는데, 가장 흔한 공존질환으로는 앞서 언급했던 불안장애, 품행장애, ADHD가 있다. 따라서 이러한 복합적인 문제를 고려할 때 아동 및 청소년기의 우울장애에 대한 조기 진단과 개입은 매우 중요하다.

7. 공존질환의 치료

공존질환에 대한 효과적인 치료적 개입을 위해서는 정신장애와 마약 남용의 상호작용을 이해하는 것이 중요하다. William(2014)에 따르면, 실천가들은 이 두 문제가 공통된 위험 요인에 의해 발생할 수 있음을 인식해야 한다. 또한 마약 남용이 정신장애를 유발할 수 있고, 반대로 정신장애로 인해 마약 남용이 시작될 수 있다는 양방향적 관계를 고려해야 한다.

이러한 관계를 고려할 때, 공존질환의 치료에는 마약 중독과 정신과적 증상을 동시에 다루는 통합적 접근이 필수적이다. 이는 단순히 두 가지 문제를 별개로 다루는 것이 아니라, 상호 영향을 고려한 종합적인 치료 계획을 수립해야 함을 의미한다.

공존질환 환자들은 일반적으로 치료 순응도가 낮고 중도 탈락률이 높아 치료 결과에 부정적인 영향을 미칠 수 있다. 따라서 NIDA(2020c)는 마약 중독 문제가 있는 사람들에 대해 정신건강 평가를 실시해 조기에 공존질환을 발견하고 적절한 치료 계획을 수립할 것을 권고한다.

더 나아가, Wu와 Blazer(2014)는 마약 사용 문제의 조기 발견과 개입을 위해 1차 진료 시스템에 일상적인 약물 사용 선별검사, 간단한 개입, 그리고 필요시 전문 치료 의뢰를 통합할 것을 제안한다. 이러한 통합적 접근과 조기 개입 전략은 공존질환 환자들의 치료 효과를 높이고, 장기적으로 개인과 사회의 부담을 줄이는 데 중요한 역할을 할 것으로 기대된다.

마약, 당신이 궁금한 모든 것
— Q&A로 알아보는 마약 이야기 ⑩

Q. 마약을 하면 집중력과 창의력이 좋아진다고 하던데, 사실일까?

A. 사실이 아니다. 우리나라는 특히 집중력 향상을 목적으로 각성제를 남용하는 사례가 많다. 그러나 마약 사용으로 집중력이 향상되는 것은 결코 아니다. 간혹 주의집중력 향상을 경험할 수도 있으나, 이는 단기적인 영향에 불과하다. 마약은 오히려 주의력과 집중력, 기억력을 저하시킬 뿐만 아니라 뇌 전반에 치명적인 영향을 미치며 손상을 일으킨다. 마약 사용이 실질적으로 초래하는 부정적 영향은 「7장 마약 중독의 폐해」에서 자세하게 설명되어 있다.

더불어 마약이 창의력을 높여준다는 것도 사실이 아니다. 실제로 마약을 남용하게 될 경우, 인지기능이 저하되며 창의력을 발휘하기 어렵게 된다. 다시 말해, 창의력이나 집중력 향상을 위해 마약을 사용하는 것은 오히려 반대의 효과를 경험하게 하며, 뇌의 기능 변화로 인해 인지기능 저하, 창의력 및 집중력 저하라는 결과가 나타나는 것이다.

3부

마약 중독과 회복

10장

회복의 정의 및 단계

1. 회복의 정의

마약 중독은 단순히 정신력으로 극복할 수 있는 문제가 아니다. Noble 외(2002)의 연구에 따르면, 중독으로 인한 뇌의 변화로 중독자는 자신의 상태를 정확히 인지하거나 인정하기 어려울 수 있다. 많은 중독자들이 해독 치료만으로 빠른 회복이 가능하다고 믿지만, 실제로는 일상생활이 심각하게 무너진 상태에서 치료를 시작하는 경우가 많고, 회복의 어려움을 경험한다.

회복은 단순히 약물 사용을 중단하는 것을 넘어, 규칙적인 일상생활의 회복과 중독 관련 환경 및 인간관계의 전반적인 변화를 포함한다. Leon(1995)에 따르면, 회복은 연속적인 개인적 변화 과정으로, 적극적인 약물 사용 상태에서 약물에 취하지 않은 상태를 유지하는 것까지를 포함한다. Borkman 외(2016)는 중독 치료 분야에서 회복이 '새로운 삶의 방식', '유지된 생활 방식', '회복의 상태', '변화의 과정' 등 다양하게 정의된다고 설명한다.

미국 보건복지부(U.S. Department of Health & Human Services)는 단약이 회복의 필요조건일 수 있지만 충분조건은 아니라고 주장하며, 회복이 여러 가지로 정의되지만 공통적으로는 증상의 제거를 넘어서 전인적인 긍정적 변화로 이끄는 것이라고 설명한다. 이는 마약 사용의 완전한 중단뿐만 아니라 안전한 수준으로의 사용 감소도 포함할 수 있다. 또한 Jacobson과 Greenley(2001)는 회복을 개인의 내적 변화 과정과 외부 환경의 지원을 포괄하는 개념으로 설명하고 있으며, Inanlou 외(2020)는 마약 중독으로부터의 회복을 단약 유지를 위한 치열한 노력과 지속적인 변화의 과정으로 정의한다.

중독 치료 분야에서 회복의 주요 특징은 다음과 같다(Borkman et al., 2016; Leon, 1995; U.S. Department of Health & Human Services, 2018).

① **연속적인 변화 과정**: 회복은 적극적인 약물 사용 상태에서 약물 없는 상태를 유지하는 것까지 포함하는 광범위한 개인적 변화 과정이다.

② **새로운 삶의 방식**: 회복은 '새로운 삶의 방식', '유지된 생활 방식', '변화의 과정'이다.

③ **자기 주도적 변화**: 회복은 건강 회복, 자기 주도적 삶, 잠재력 발휘 등을 포함하는 과정이다. 이는 신체적, 사회적 기능의 회복과 긍정적 생활 방식의 채택을 의미한다.

④ **점진적 접근**: 회복은 완전한 약물 중단뿐만 아니라 안전한 수준으로의 사용 감소도 포함할 수 있다. 메타돈이나 날트렉손 등을 이용한 대체 요법도 회복의 한 방법으로 고려되지만, 이에 대한 논란도 있다.

결론적으로, 마약 중독으로부터의 회복은 복잡하고 다면적인 과정이다. 이는 마약에 대한 갈망 극복을 포함한 어려운 여정이지만, 궁극적으로는 삶의 균형을 되찾는 과정이다. 회복은 단순한 약물 사용 중단을 넘어 개인의 전반적인 삶의 재구성을 요구하며, 신체적 · 심리적 · 사회적 측면에서의 종합적인 접근과 장기적이고 지속적인 노력이 필요하다.

2. 회복의 단계

중독에서 회복되는 단계를 설명하는 대표적 모델인 Gorski(2009)의 '6단계 모델'과 Prochaska와 DiClemente(1982)가 제시한 '변화 단계(Stages of Change)'에 대해 살펴보고자 한다. 이 모델들을 통해 중독자의 변화 과정을 체계적으로 이해하고 지원함으로써, 보다 효과적인 회복 과정을 촉진할 수 있다.

1) 6단계 모델

마약 중독으로부터의 회복은 복잡하고 장기적인 과정이다. Gorski(2009)가 제시한 회복의 6단계 모델은 이 과정을 체계적으로 설명하고 있다. 회복은 단순한 단약을 넘어 전인적인 변화와 성장을 포함하는 과정임을 보여준다는 점에서, 이 6단계 모델을 간략하게 설명하면 다음과 같다.

① **1단계 전환기**(Transition): 이 단계에서 중독자는 자신의 마약 문제를 인정하고 변화의 필요성을 받아들인다. 이는 회복의 첫걸음으로, 문제 인식과 변화 의지의 표현이 핵심이다.

② **2단계 안정화**(Stabilization): 이 단계에서는 급성 중독 증상과 금단 증상을 관리하며, 심리사회적 위기에 대처하는 방법을 학습한다. 또한 중독으로 인한 뇌 기능 저하를 평가하는 중요한 시기이다.

③ **3단계 초기 회복기**(Early Recovery): 이 단계에서는 중독 관련 행동, 사고, 감정을 회복 중심의 패턴으로 대체하기 시작한다. 중독과 관련된 인간관계를 끊고 회복을 지지하는 새로운 관계를 형성하는 것이 중요하다.

④ **4단계 중기 회복기**(Middle Recovery): 이 단계에서는 '균형 잡힌 생활 방식'을 통해 중독으로 인해 손상된 삶의 영역들을 회복한다. 가족 관계 개선, 직업 목표 설정 등 실질적인 생활의 변화가 일어난다.

⑤ **5단계 후기 회복기**(Late Recovery): 이 단계에서는 지속적인 회복을 방해하는 심도 깊은 차원의 문제들, 특히 성격적 문제에 초점을 맞춘다. 어린 시절부터의 문제나 가족 내 문제를 해결하고, 가치관과 목표를 재정립한다.

⑥ **6단계 유지기**(Maintenance): 이 마지막 단계에서는 회복 상태를 적극적으로 유지하고, 지속적인 성장과 발전을 추구한다. 중독성 패턴으로의 회귀를 방지하고 새로운 삶의 방식을 공고히 하는 것이 핵심이다.

각 단계는 고유한 도전과 과제를 포함하며, 개인의 상황에 따라 그 진행 속도와 양상이 다를 수 있다. 따라서 회복 과정에서는 개별화된 접근과 지속적인 지원이 필요하다.

2) 변화 단계

마약 중독으로부터의 회복은 변화와 밀접하게 연관된 연속적인 과정이다. DiClemente 외(2004)는 현대 중독 치료에서 '중독된 개인의 변화 과정'과 '변화 동기 및 의도'의 중요성을 강조했다. 이러한 맥락에서, Prochaska와 DiClemente(1982)가 제시한 변화 단계 모델은 중득 회복 과정을 이해하는 데 중요한 틀을 제공한다.

변화 단계 모델은 다음의 5단계로 구성된다(Connors et al., 2004; Prochaska & DiClemente, 1982).

① **1단계 전숙고 단계**(Precontemplation Stage): 이 단계에서 중독자는 문제 행동의 이점에 집중하며 변화 의지가 없다. 주로 외부 압력에 의해 치료를 시작하며, 문제 인식 향상이 중요하다.

② **2단계 숙고 단계**(Contemplation Stage): 중독자가 약물 사용 중단을 고민하기 시작하는 단계이다. 문제 행동의 단점을 인식하지단, 실제 변화 전략은 아직 고려하지 않는다.

③ **3단계 준비 단계**(Preparation Stage): 변화를 위한 계획과 준비가 이루어지는 단계이다. 구체적인 목표 설정과 변화 계획 수립이 중요하다.

④ **4단계 행동 단계**(Action Stage): 실제적인 행동 변화가 일어나는 단계로, 변화가 가장 뚜렷하게 나타난다. 평균 6개월 동안 지속되며, 재발 예방 교육이 병행된다.

⑤ **5단계 유지 단계**(Maintenance Stage): 변화된 행동을 유지하고 통합하는 단계이다. 재발 위험이 높은 시기(6~12개월)를 포함하므로 지속적인 노력이 필요하다.

이 모델의 핵심은 변화 과정의 유동성과 개인차를 인정하면서 중독자의 변화 동기를 지속적으로 발전시켜나가는 것이다. 각 단계의 지속 기간은 개인에 따라 크게 다를 수 있고, 단계 간 이동도 상이하게 일어날 수 있다. 따라서 중독 치료에서는 개별화된 접근이 필수적이며, 중독자의 현재 단계에 맞는 개입 전략을 사용해야 한다. 또한 중독자가 단약과 함께 원하는 변화를 성취할 수 있도록 계획을 함께 세우고, 실제적인 행동 변화를 이끌어내야 한다. 무엇보다 중독자 스스로 변화를 유지함으로써 궁극적으로 재발을 예방할 수 있도록 노력해야 한다. 이러한 변화 단계 모델은 동기강화상담과 밀접하게 연관되어 있으며, 이는 중독 치료의 효과적인 도구로 활용된다. 이와 관련해 이어질 「12장 치료 및 재활」에서 동기강화상담에 대해 더 자세히 설명하고자 한다.

마약, 당신이 궁금한 모든 것
— Q&A로 알아보는 마약 이야기 ⑪

Q. 마약 중독은 완치가 가능할까?

A. 마약 중독에는 완치라는 개념보다 '회복'이라는 개념이 더 적절하다. 대부분의 중독자들은 일상생활이 무너진 경우가 많기에 점진적이고 장기적인 관점에서의 회복이 이루어져야 한다. 회복이란 마약 사용 중단을 넘어서 건강과 삶의 균형을 되찾고 자기 주도적인 삶으로 변화하는 과정을 의미한다. 이는 마약 중독 치료의 궁극적인 목적이라고 할 수 있다. 그러나 회복 과정 중 단약을 결심했더라도 언제나 재발의 가능성이 있기에 사실상 완치라는 개념은 없다. 마약은 뇌에 강력한 영향을 주어 높은 수준의 갈망을 유발하고, 이는 단약을 방해해서 재발을 촉진하게 된다. 따라서 마약 중독자들은 회복된 상태를 지속적으로 관리해야 한다.

11장

사정 및 계획

1. 사정의 개념 및 특징

사정(Assessment)은 마약 중독 치료에서 핵심적인 과정으로, 대상자의 상태를 종합적으로 평가하고 적절한 개입 계획을 수립하는 데 필수적이다. Gottesman 외(1979)에 따르면, 사정은 대상자의 현재 기능에 대한 광범위하고 구조화된 평가 과정이며, 심리사회적 기능 수준, 욕구, 사회적 지지망, 지역사회 자원 등을 다차원적으로 파악하는 과정이다.

사정의 주요 특징은 다음과 같다(김영숙, 정국인, 2008; 조근호 외 2011; Jarvis et al., 2010; Kersten et al., 1999).

① **가족 중심 접근**: 가족을 중요한 정보원이자 자원으로 보고, 가족의 이해 정도, 자원, 목표, 그리고 가족의 어려움을 파악해야 한다고 강조한다.

② **개별화된 접근**: 사정의 범위와 정도가 개인의 특성과 상황에 따라

결정되어야 한다.

③ **현재 중심**: '지금 그리고 여기(Here and Now)'의 상태에 초점을 맞춰야 한다고 강조한다.

④ **대상자 참여**: 중독자 본인의 의견이 반영되어야 한다.

사정 과정의 주요 원칙으로는 타당성, 일관성, 효율성이 있다. 조근호 외(2011)에 따르면, 이는 대상자의 상황을 정확히 파악하고, 사정 결과가 사례관리자에 관계없이 일관되어야 하며, 다른 서비스와 중복되지 않아야 함을 의미한다.

결론적으로, 마약 중독 치료에서 사정은 대상자와 그 가족의 복잡한 상황을 종합적으로 이해하고, 개별화된 치료 계획을 수립하는 데 필수적인 과정이다. 이는 다양한 분야의 전문가들과의 협력을 기반으로 한 다학제적 접근을 통해 수행되어야 하며, 대상자의 회복을 위한 첫 단계로서 중요한 의미를 가진다.

2. 초기상담 및 선별

마약 중독 치료에서 초기상담(Intake)과 선별(Screening)은 사정 과정의 중요한 시작점이다. 국립정신건강센터(2023)에 따르면, 이 과정은 대상자의 욕구와 특성을 기반으로 중독 관련 과거력과 정신장애를 신속하게 파악해 적시에 개입할 수 있게 한다.

초기상담은 정식 상담이 이루어지기 전에 클라이언트의 기본적인 정보, 주된 문제, 서비스에 대한 기대 등을 파악하기 위해 진행되는 첫 번째 또는 초기 단계의 면접을 의미한다. 이 과정에서 아래와 같은 선별도구들을 활용해 클라이언트의 약물 문제를 파악한다.

1) 선별도구

선별 단계에서는 잠재적인 문제를 가지고 있는 사례를 찾아내 추가적인 평가나 서비스가 필요한지 확인하는 작업이 이루어지는데, 이때 활용하는 것이 선별도구(Screening Tools)이다. 이 장에서는 마약과 관련된 대표적인 선별도구인 DAST-10과 ASSIST를 소개하고자 한다. DAST-10과 ASSIST는 모두 물질 사용 문제를 선별하는 데 사용되는 척도지만, 측정 대상과 문항의 내용 및 형식에서 차이가 있다. DAST-10은 약물(알코올과 니코틴 제외) 사용에 초점을 맞추고, ASSIST는 알코올, 담배를 포함한 다양한 물질 사용 전반과 관련된 문제를 포괄적으로 평가한다.

(1) The Korean Version of the Drug Abuse Screening Test-10 (DAST-10)[1]

DAST-10은 'DAST-Korean'으로도 불리며, Skinner(1982)가 개발한 기존 DAST 척도의 28문항을 단축시킨 것이다. DAST-10은 지난 12개월 동안의 약물(알코올 및 니코틴 제외) 사용으로 인한 잠재적인 문제나 의존 징후를 확인하기 위한 10개의 '예/아니오' 질문으로 구성된다. 각 질문은 1점을 부여하며, 총점을 통해 문제의 심각성 수준을 파악한다.

DAST-10의 문항은 주로 다음과 같은 내용을 선별한다.

- **강박적 사용**: 약물 사용을 통제하기 어려웠는지 여부

---

1 https://karc2023.or.kr/diagnose/?act=sub2(한국중독당사자지원센터)

- **문제 행동**: 약물 사용으로 인해 법적 문제, 직업/학업 문제, 가족/사회적 문제 등을 경험했는지 여부
- **금단 증상**: 약물 사용을 중단하거나 줄였을 때 신체적인 금단 증상을 경험했는지 여부
- **내성**: 원하는 효과를 얻기 위해 약물량을 늘려야 했는지 여부
- **일상생활에 미치는 영향**: 약물 사용이 중요한 활동(취미, 사회생활 등)을 포기하게 만들었는지 여부
- **사용 관련 후회**: 약물 사용으로 인해 자신이나 타인에게 해를 끼쳤거나 약물 사용을 후회한 적이 있는지 여부

(2) Alcohol, Smoking and Substance Involvement Screening Test(ASSIST)[2]

ASSIST는 WHO(2010)가 개발한 알코올, 흡연, 물질사용장애 선별도구이다. 원래 버전은 8개의 주요 문항과 각 문항마다 알코올, 담배, 대마초, 코카인, 암페타민류, 흡입제, 진정제, 환각제, 아편류, 기타 등 10가지 약물별 하위 문항을 반복해 질문하도록 구성되어 있다. 그러나 이 도구는 상당한 시간이 소요되어 실용성이 떨어졌다. 이러한 문제를 해결하기 위해 Ali 외(2013)가 개발한 ASSIST-LITE가 널리 사용되고 있으며, 한국어판도 제공되고 있다.

ASSIST-LITE는 만 19세 이상 성인을 대상으로 알코올, 흡연, 물질사용장애를 선별하는 검사도구이다. 이 검사는 지난 3개월 동안의 향정신성약물 사용 경험을 묻는 7개의 주요 문항으로 구성되어 있으며, 각 문항에 포

---

2 http://www.addictionfr.org/2020/bbs/content.php?co_id=sub03_3(사단법인 중독포럼)

함된 하위 문항의 수가 1~3개에 불과해 기존 검사에 비해 문항 수가 크게 줄었다. 이에 따라 검사에 소요되는 시간도 대폭 단축되었다.

일반적으로 다음과 같은 질문을 포함하는데, 이를 통해 핵심적인 정보를 파악한다.

- **전반적인 사용 빈도 질문**: "지난 3개월 동안, 알코올, 담배 또는 다른 약물(예: 대마초, 코카인, 처방받지 않은 진통제 등)을 사용한 적이 있습니까?"
- **고위험 사용 패턴 질문**:
  - √ 동시 다물질 사용: "지난 3개월 동안, 한 번에 두 가지 이상의 물질(예: 술과 수면제, 담배와 대마초 등)을 함께 사용한 적이 얼마나 자주 있었습니까?"
  - √ 주사 사용: "지난 3개월 동안, 약물을 주사(정맥주사 등) 방식으로 사용한 적이 있었습니까?"

2) Screening, Brief Intervention, and Referral to Treatment (SBIRT)

SBIRT(SAMHSA, 2013)는 전문적인 치료서비스 제공과 고위험 사용자 선별, 그리고 효과적인 단기 개입을 제공하기 위해 고안된 선별 방식이다. 이 방식은 전체 대상에 대한 1차 예방인 선별부터 시작해, 고위험 사용자의 조기 발견 및 개입에 해당하는 2차 예방, 그리고 필요한 경우 전문적 치료로의 연계까지 아우르는 체계적인 접근을 제공한다. SBIRT는 진행 방법이 비교적 쉬워 다양한 전문가가 사용할 수 있으며, 5~10분이라는 짧은 시간 내에 여러 물질에 대한 의존성이나 문제 행동을 선별할 수 있다. 이러한 특징들로 인해 SBIRT는 효율적이고 효과적인 물질사용장애 관리

도구로 널리 인정받고 있다.

한국중독정신의학회(2019)에 따르면, SBIRT는 단기간에 여러 물질사용 문제를 다룰 수 있고, 18세 이상의 모든 성인을 대상으로 실시할 수 있으며, 중독의 가능성이나 위험성이 있을 수 있는 다양한 대상(청소년, 대학생, 직장인 등)에게 공공보건 및 일반 의료 환경 등 다양한 세팅에서 적용 가능하다.

SBIRT는 위험 수준을 다음과 같이 4단계로 분류해 맞춤형 개입을 제공한다(SAMHSA, 2013).

- Low Risk: 개입이 필요 없는 단계
- Moderate Risk: 단기 개입(Brief Intervention)—동기 강화 및 위험 감소 교육이 필요한 단계
- Moderate to High Risk: 단기 치료(Brief Treatment) 또는 필요시 전문 치료 연계—단기적인 구조화된 상담(4~12회기)을 통해 행동 변화 지원이 필요한 단계
- Severe Risk/Dependency: 전문 치료 의뢰—DSM-5-TR 물질사용장애 진단기준에 부합하며 전문적인 치료(외래, 집중 외래, 입원 등)가 필요한 단계

3. 초기사정 및 계획 수립

초기사정(Initial Assessment)은 마약 중독에 대한 개입 과정에서 중요한 첫 단계로, 대상자에 대한 포괄적이고 구조화된 평가를 수행하는 과정이다. 국립정신건강센터(2023)의 『중독정신건강 표준 사례관리 매뉴얼』에 따르면, 이 과정은 초기상담과 선별검사 후 지속적인 개입이 필요하다고 판

단된 대상자에게 실시된다. 초기사정은 광범위하게 포괄적으로 시행되며, 특성상 중독 문제 심각도에 따라 사정평가의 방향이나 개입의 목표가 달라질 수 있기 때문에 연속적인 관점에서 유연성 있게 진행되어야 한다.

초기사정 단계에서 수집되는 정보는 매우 다양하다. 국립정신건강센터(2023)에 따르면, 이는 인적 정보, 병력 정보(발달력, 병력, 가족력, 자살시도력), 치료 정보(신체질환, 진단력, 치료력, 치료약물, 중독 문제), 재활 정보(정신건강 서비스 이용 경험, 직업력) 등을 포함한다. 또한 정신상태 평가(Mental Status Examination)를 통해 대상자의 기분, 정동, 인지기능, 판단력, 병식 등을 평가한다. 김승래(2018)는 사례관리의 범위가 중독자 개인을 넘어 가족과 이웃, 그리고 대상자가 속한 환경까지 포함해야 한다고 강조한다. 따라서 초기사정 단계에서는 대상자 가족의 욕구, 강점, 활용 가능한 자원, 그리고 잠재적 장애물도 함께 파악해야 한다.

국립정신건강센터(2023)는 이 과정을 통해 수집된 정보가 이후의 계획 수립 단계에서 중요한 역할을 한다고 설명한다. 초기사정은 마약 중독 개입의 성공을 위한 중요한 첫걸음이다. 이 과정을 통해 대상자의 복잡한 상황을 종합적으로 이해하고, 개별화된 효과적인 개입 전략을 수립할 수 있는 기반을 마련할 수 있다.

계획 수립(Treatment Planning)은 사정 단계에서 수집된 포괄적 정보를 바탕으로 개별화된 서비스 제공 방향과 구체적 목표를 설정하는 중요한 단계이다. SAMHSA(2015b)에 따르면, 이 과정에서는 측정 가능하고 시간에 따른 단계를 포함한 치료 목표를 수립하며, 전문가와 클라이언트 간 합의를 반영해야 한다. 계획 수립 시 가족 관계, 신체 및 정신건강, 직업, 교육, 영성, 법적 요구사항 등 치료에 영향을 미칠 수 있는 다양한 요인들을 고려해야 하며, 서비스 제공 과정에서 발생할 수 있는 장애 요인도 명확히 분석해야 한다고 강조한다.

국립정신건강센터(2023)에서 제시한 개별 서비스 계획(Individual Service Plan, ISP) 과정은 다음과 같은 3단계로 구성된다.

① **욕구사정 및 평가**: 상태 평가, 기본 생활 관리 영역, 사회적 기능 평가, 사회서비스 평가 등 다양한 영역에 대한 평가가 이루어진다.
② **서비스 계획 수립 및 연계**: 평가 결과를 바탕으로 구체적인 서비스 제공 계획을 수립한다. 이 단계에서는 대상자의 강점, 가족의 욕구와 협조 가능성 등을 고려해 명확한 목표, 달성 기간, 지역사회 연계 등 구체적인 치료 서비스 계획을 수립한다.
③ **결과 요약 및 장단기 계획 수립**: 대상자의 관리 수준을 설정하고, 욕구사정 결과를 요약한 후, 장단기 목표를 수립해 개입 단계로의 전환을 준비한다.

SAMHSA(2015b)는 계획 수립 시 중독 상담가의 역할을 종합해 다음과 같이 설명했다.

- 치료 계획 과정을 지도하기 위해 적절한 사정 정보를 활용한다.
- 클라이언트와 중요한 주변인에게 사정 정보에 대해 설명한다.
- 필요한 경우, 클라이언트와 중요한 주변인에게 명확한 설명과 추가 정보를 제공한다.
- 클라이언트와 중요한 주변인과 협의해 치료 방법을 점검한다.
- 치료 참여에 대한 클라이언트와 중요한 주변인의 준비도를 살펴본다.
- 클라이언트의 욕구가 강조될 수 있도록 클라이언트의 욕구를 우선한다.
- 측정 가능하고 상호 합의된 치료 목적과 목표를 수립한다.

- 각 목표에 대한 적절한 전략을 찾는다.
- 클라이언트의 진단 및 현재의 치료 배치 수준에 따라 치료 활동과 지역사회 자원을 조정한다.
- 클라이언트와 상호 수용 가능한 치료 계획과 모니터링 및 평가 과정에 대한 방법을 결정한다.
- 비밀보장의 권리, 클라이언트 보호 절차, 예외사항을 클라이언트에게 알린다.
- 정기적으로 또는 상황 변화에 맞춰 치료 계획을 재사정한다.

이 단계에서는 대상자의 관리 방법의 구분이 결정된다. 국립정신건강센터(2023)의 『중독정신건강 표준 사례관리 매뉴얼』에 따르면, 중독 사례관리 욕구사정 도구를 활용해 대상자의 관리 수준을 구분해 설정한다. 중독 사례관리 욕구사정 문항은 다음과 같다.

- **상태 평가**: 자해 및 타해 위험, 정신과적 증상, 정신약물관리, 스트레스 상태, 신체질환, 알코올 사용 문제, 약물 사용 문제, 인터넷 사용 문제, 도박 문제
- **기본 생활 관리 영역**: 개인 위생 관리, 일상생활 관리
- **사회적 기능 평가**: 가족 지원, 가족 관계, 사회적 관계, 공공서비스 활용 능력
- **사회서비스 평가**: 주거, 경제 활동 지원, 취업 및 학업 욕구, 고용 및 교육 가능성, 벌금 및 법률적 문제

『중독정신건강 표준 사례관리 매뉴얼』에 제시된 계획 수립 단계에서의 중독 상담가의 핵심 역할 중 하나는 사례관리의 강도를 명확히 하는 것이

다. 이는 각 클라이언트의 고유한 상황에 맞춘 개별화된 관리를 가능하게 하기 위함이다. 사례관리자는 대상자의 욕구와 기능 수준을 종합적으로 평가해 관리 강도를 위기, 집중, 유지, 일시관리로 구분한다. 각 관리 수준의 특징은 〈표 11〉과 같다.

〈표 11〉 욕구 강도에 따른 관리의 구분과 특징

구분	특징
위기관리 (Crisis Management)	■ 대상: 자·타해의 위험이 심각한 경우. 단, 경미한 우울장애, 단순 주취 상태, 기질적 정신장애가 주된 문제인 경우, 또는 중독이나 정신질환과 관련성이 낮은 자해 사례는 제외 ■ 기준: 욕구도 평가 결과 심각도 4 이상 ■ 개입: 24시간 이내 긴급 서비스 제공, 매우 빈번한 접촉, ISP 미수립
집중관리 (Intensive Management)	■ 대상: 초기 정신질환, 폭력 위험, 낮은 치료 순응도, 이중진단 등 ■ 기준: 욕구도 평가 결과 심각도 3 이상 ■ 개입: 주 1회 이상 대면 상담, 월 4회 이상 집중 서비스, 3개월마다 ISP 조정
유지관리 (Maintenance Management)	■ 대상: 지속적 관리 필요하나 집중관리 수준 미만 ■ 기준: 욕구도 평가 결과 심각도 2 이상 ■ 개입: 월 1회 이상 대면 상담, 6개월마다 ISP 수립
일시관리 (Temporary Management)	■ 대상: 정기적 평가나 점검 필요 사례 ■ 기준: 욕구도 평가 결과 심각도 모두 1 ■ 개입: 3~6개월에 1회 대면 상담

12장

치료 및 재활

중독은 치료와 예방이 가능하다. 마약 중독 역시 치료할 수 있지만 재발 위험이 항상 있어 평생 동안 노력이 필요하다. 또한 모든 사람에게 적합한 단일 방법은 없으며, 중독 치료 및 재활에서는 여러 요소를 결합해 사용한다.

이 장에서는 먼저 미국중독의학회(American Society of Addiction Medicine, ASAM)에서 제시한 치료 수준에 따른 치료 유형을 살펴본다. 이어서 마약 중독에 효과가 입증된 증거기반 개입 방법을 설명한다. 해독치료, 약물보조치료, 인지행동치료, 동기강화상담, 마음챙김, 12단계 접근법, 자조집단, 치료공동체, 수반성 관리, 스마트 리커버리, 가족 기반 개입 등 각 방법을 세부적으로 다룬다.

이에 더해 마약 중독 재활 치료에 사용되기 시작한 첨단 기술과 신체, 예술, 영성의 전인적 개입 방법을 소개한다.

1. 치료 수준과 치료 유형

중독 분야의 대표적 임상 지침서인 The ASAM Criteria(제4판)(2024)는 중독 및 공존질환을 가진 성인 환자에게 적합한 치료 수준(Levels of Care)을 결정하기 위한 포괄적인 지침을 제공한다. 이 체계는 환자의 상태에 따라 적절한 치료 강도와 환경을 결정하는 데 도움을 준다.

The ASAM Criteria(제4판)는 중독 치료의 연속성(Continuum of Care)을 기반으로 체계적인 치료 수준 체계를 제시한다. 각 수준에 대해 인력 요구사항, 치료 환경, 핵심 요소 등을 상세히 정의해 환자의 상태에 가장 적합한 치료를 제공할 수 있도록 한다. 주요 치료 수준은 1부터 4까지 번호가 매겨져 있으며, 각 수준 내에는 하부 수준이 존재한다. 이 하부 수준은 치료 강도에 따라 더욱 세분화된 것으로, 예를 들어 x.1 수준은 해당 주요 수준 내에서 가장 낮은 강도의 치료를 나타낸다. 치료 수준은 치료의 단계를 나타내는 반면, 치료 강도는 집중 치료의 정도를 의미한다. 이러한 체계를 통해 환자의 상태 변화에 따라 적절한 치료 수준을 유연하게 조정할 수 있다.

결과적으로, The ASAM Criteria(제4판)는 중독 치료의 전 과정을 포괄하는 네 가지 주요 치료 수준과 그에 따른 하부 수준을 통해 개별화된 치료 계획 수립과 실행을 가능하게 한다. 이는 환자의 회복 과정에 맞춘 연속적이고 체계적인 치료를 제공하는 데 중요한 지침이 된다. 중독 치료 수준(단계)을 살펴보면 〈그림 13〉과 같다.

치료 수준에 따른 치료 유형에 대해 보다 자세히 설명하면 다음과 같다.

The ASAM Criteria(제4판)에서 제시하는 중독 치료 수준은 중독 및 공존질환을 가진 환자의 다양하고 변화하는 임상적 필요에 맞춰 개별화되고 연속적인 치료를 제공하기 위한 체계이다.

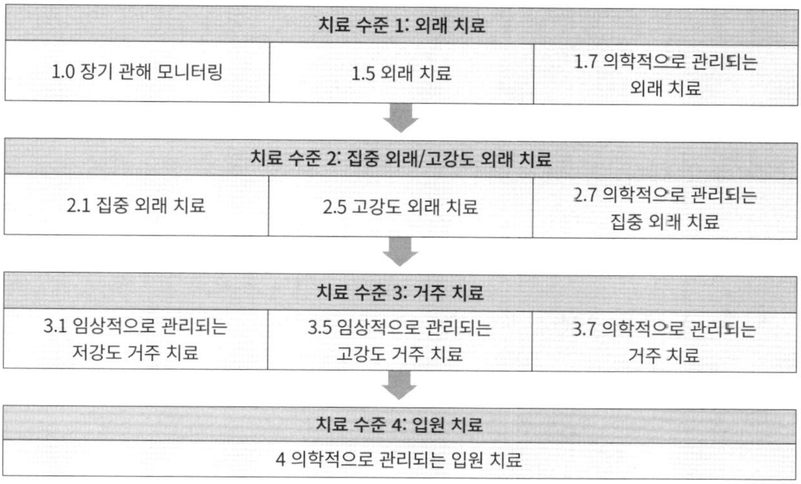

〈그림 13〉 중독 치료 수준(단계) (출처: ASAM, 2024 재구성)

환자는 포괄적인 평가를 통해 현재 상태에 가장 적합한 치료 수준으로 배치된다. 회복 과정과 상태 변화에 따라 치료 강도를 유연하게 조정하며 치료 연속체상에서 이동하게 된다. 이는 환자에게 필요한 최소한의 제한적인 환경에서 최적의 치료 효과를 얻도록 지원하는 것을 목표로 한다.

각 수준별 구체적인 특징, 대상, 치료 강도 및 서비스 유형은 다음과 같다.

1) 치료 수준 1: 외래 치료(Outpatient Treatment)

치료 수준 1은 중독 치료 단계에서 가장 낮은 단계의 치료 수준이다. 환자가 자신의 거주지에서 생활하며 독립적인 상태를 유지하는 가운데 치료 기관을 정기적으로 방문해 서비스를 받는 형태이다. 전반적으로 주당 9시간 미만의 치료가 제공된다.

① **주요 특징**: 치료 환경의 제한성이 가장 낮으며 유연하다. 일상생활(직장, 학업, 가정 생활 등)과 치료를 병행할 수 있으며, 가장 낮은 수준의 구조와 감독이 제공된다.

② **주요 대상**: 심각한 금단 증상이 없거나 외래에서 안전하게 관리가 가능한 환자, 급성기 신체적/정신과적 문제가 없거나, 문제가 있음에도 잘 통제되는 환자, 안정적이고 지지적인 생활환경을 가지고 있으며, 치료 참여에 대한 충분한 동기와 기본적인 자가 관리 능력을 가진 환자, 중독 문제의 초기 단계 또는 더 집중적인 치료 후 회복 유지 단계에 있는 환자를 대상으로 한다.

③ **하부 수준 및 상세 설명**:

- 치료 수준 1.0: 장기 관해 모니터링(Long-Term Remission Monitoring)
  - ✓ 목표: 장기간 안정적인 회복 상태를 유지하고 있는 환자의 회복 지속 지원 및 잠재적인 재발 위험 조기 감지
  - ✓ 특징: 가장 낮은 빈도의 접촉과 최소한의 서비스가 제공하며, 정기적인 상태 확인 및 필요시 개입에 초점
  - ✓ 대상: 장기간(예: 1년 이상) 주요 기능에 문제없이 안정적인 회복 상태를 유지하고 있는 환자
  - ✓ 치료 강도: 매우 낮은 수준의 접촉 빈도(예: 한 달에 한 번 또는 그 이하)
  - ✓ 서비스 유형: 정기적인 상태 점검, 약물 치료 지속 관리(필요시), 회복 자원과의 연결 상태 확인, 필요시 간략한 상담

- 치료 수준 1.5: 외래 치료(Outpatient Therapy)
  - ✓ 목표: 중독 문제 및 관련 어려움에 대한 상담 및 치료를 통해 문제 해결 능력 향상 및 회복 기술 습득

✓ 특징: 일반적인 외래 상담 및 치료 프로그램으로 개별 및 집단 치료가 핵심적인 서비스

✓ 대상: 심각한 급성 증상이나 복합적인 문제가 없어 치료 수준 1의 강도로 충분히 치료 가능한 환자

✓ 치료 강도: 주당 9시간 미만의 계획된 치료 시간을 제공하며, 주로 상담 및 치료 세션으로 구성

✓ 서비스 유형: 개별 상담, 집단 상담, 교육(중독의 이해, 회복 기술 등), 가족 상담

■ <u>치료 수준 1.7: 의학적으로 관리되는 외래 치료(Medically Managed Outpatient)</u>

✓ 목표: 외래 환경에서 안전하게 경미하거나 안정적인 금단 증상 관리, 중독 치료 약물 처방 및 관리, 외래에서 가능한 의학적/정신과적 공존질환 관리

✓ 특징: 치료 수준 1.5의 임상 치료와 함께 의학적 평가 및 관리의 통합. 의료 인력의 지원하에 특정 의학적 필요 충족

✓ 대상: 금단 증상이 있으나 입원이 필요하지 않고 외래에서 안전하게 관리가 가능한 환자, 약물보조치료가 필요하거나 외래에서 관리가 가능한 의학적/정신과적 공존질환을 가진 환자

✓ 치료 강도: 주당 9시간 미만의 임상 치료와 함께 의사 또는 숙련된 의료 인력에 의한 정기적인 의학적 평가, 모니터링, 약물 관리 포함

✓ 서비스 유형: 개별/집단 상담, 교육, 가족 상담, 약물 치료 관리(중독 치료 약물 포함), 의학적 평가 및 모니터링, 경미한 금단 증상 관리

2) 치료 수준 2: 집중 외래/고강도 외래 치료(Intensive Outpatient/ High-Intensity Outpatient Treatment)

치료 수준 2는 치료 수준 1보다 더 높은 강도의 외래 기반 치료 수준을 의미한다. 환자는 자신의 거주지에서 생활하지만, 주중에 더 많은 시간을 치료 기관에서 집중적인 치료 서비스에 할애한다. 전반적으로 주당 최소 9시간 이상의 치료가 제공된다.

① **주요 특징**: 치료 수준 1보다 치료가 더 구조화되고 치료 시간도 길다. 환자는 치료 일정에 따라 규칙적으로 기관을 방문하며 집중적인 임상적 개입을 받는다. 치료 시간 외에는 일상생활을 유지하며 회복 기술을 실제 환경에서 적용하는 연습이 가능하다.

② **주요 대상**: 외래 치료(치료 수준 1)만으로는 충분한 진전을 이루기 어렵거나 재발 위험이 높은 환자, 중등도 이상의 중독 문제나 공존질환을 가지고 있으나 입원 치료가 필요할 정도는 아닌 환자, 안정적인 주거 환경을 가지고 있으며, 치료 참여를 위해 주중에 상당 시간을 할애할 수 있는 환자를 대상으로 한다.

③ **치료 강도**: 치료 수준 1보다 높고 치료 수준 3보다 낮은 중간 수준의 치료 강도를 갖는다. 주당 최소 9시간에서 20시간 이상의 계획된 치료 서비스가 제공된다. 의료적/임상적 관리 및 감독 수준도 치료 수준 1보다 높지만 24시간 제공되지는 않는다. 하부 수준은 제공되는 치료 시간의 양과 의학적 관리 통합 여부에 따라 구분된다.

④ **하부 수준 및 상세 설명**:

- 치료 수준 2.1: 집중 외래 치료(Intensive Outpatient Treatment)

  ✓ 목표: 치료 수준 1.5보다 더 집중적인 임상 치료를 통해 중독 문

제 해결 가속화 및 회복 초기 단계 진입 지원

✓ 특징: 일반적인 집중 외래 치료 프로그램으로 주당 치료 시간이 치료 수준 1.5보다 많음. 집단 및 개별 치료에 상당 시간 할애

✓ 대상: 치료 수준 1.5로는 충분한 효과를 보기 어렵거나 더 많은 치료 시간이 필요한 환자

✓ 치료 강도: 일반적으로 주당 9시간에서 19시간 사이의 치료 서비스 제공

✓ 서비스 유형: 강화된 빈도와 시간이 요구되는 개별 및 집단 치료, 교육, 가족 치료, 회복 지원 그룹 연계

■ 치료 수준 2.5: 고강도 외래 치료(High-Intensity Outpatient Treatment)

✓ 목표: The ASAM Criteria 제3판에서 제시되었던 낮병원(Partial Hospitalization) 수준에 해당하는 강도로 집중적인 임상 치료를 제공해 복합적인 문제 해결 및 재발 위험 관리 능력 향상

✓ 특징: 주당 더 많은 시간 동안 치료에 참여해야 하며, 보다 집중적이고 다양한 임상 서비스 제공. 거의 매일 치료 기관 방문이 요구됨.

✓ 대상: 치료 수준 2.1보다 더 많은 치료 시간이 필요하거나, 치료 수준 3에서 낮은 수준의 단계로 이동하는 환자 중 비교적 높은 강도의 외래 치료가 필요한 경우

✓ 치료 강도: 주당 최소 20시간 이상의 임상 서비스가 제공. 치료 시간 동안 상당한 수준의 구조와 감독 제공

✓ 서비스 유형: 집중적 개별 및 집단 치료, 교육, 가족 치료, 활동 치료, 사례관리, 회복 지원 서비스와의 강력한 연계

- 치료 수준 2.7: 의학적으로 관리되는 집중 외래 치료(Medically Managed Intensive Outpatient)
  - ✓ 목표: 집중 외래 치료와 함께 의학적 관리 및 모니터링을 통합해 환자의 의학적/정신과적 필요 충족 및 안전성 확보
  - ✓ 특징: 치료 수준 2.1 또는 2.5의 임상 치료 강도와 함께 의학적 관리 기능 강화
  - ✓ 대상: 금단 증상 관리가 필요하거나, 복잡한 의학적/정신과적 문제가 있어 외래 환경에서 의학적 모니터링 및 관리가 필요한 환자
  - ✓ 치료 강도: 임상 치료와 함께 의사 또는 숙련된 의료 인력에 의한 정기적이고 계획된 의학적 평가, 모니터링, 약물 관리 포함
  - ✓ 서비스 유형: 개별/집단 치료, 교육, 가족 치료, 약물보조치료 관리, 의학적 평가 및 모니터링, 경미하거나 안정적인 금단 증상 관리, 공존질환 관리 연계

3) 치료 수준 3: 거주 치료(Residential Treatment)

치료 수준 3은 환자가 치료 기관에 입소해 24시간 생활하며 치료와 지원 서비스를 받는 수준을 의미한다. 외부 환경으로부터 분리된 구조화되고 안전한 환경에서 집중 치료가 이루어진다.

① **주요 특징**: 24시간 구조화된 생활환경과 임상 직원의 지원이 제공된다. 일상적인 스트레스 요인과 약물에 대한 접근으로부터 벗어나 치료와 회복에 집중할 수 있도록 한다. 다양한 종류의 거주 프로그램(저강도, 고강도, 의학적 관리 통합 등)의 형태를 포함한다.

② **주요 대상**: 외래 환경에서는 안전하게 금단 관리가 어렵거나 약물 사용을 중단하기 어려운 환자, 심각한 생활환경의 어려움, 지지 체계 부족, 또는 공존질환으로 인해 24시간 치료 환경과 관리가 필요한 환자, 재발 위험이 높거나 자가 관리 능력이 부족해 구조화된 환경이 필요한 환자를 대상으로 한다.

③ **치료 강도**: 치료 수준 2보다 높고 치료 수준 4보다 낮은 수준의 치료 강도를 갖는다. 24시간 생활 및 지원 환경이 제공되며, 임상 또는 의료 전문가의 상주를 통해 지속적인 관찰과 지원이 이루어진다. 하부 수준은 주로 제공되는 임상 서비스의 양과 의학적 관리의 수준에 따라 구분된다.

④ **하부 수준 및 상세 설명**:

- <u>치료 수준 3.1: 임상적으로 관리되는 저강도 거주 치료(Clinically Managed Low-Intensity Residential)</u>
  - ✓ 목표: 임상 직원의 관리하에 구조화된 환경에서 기본적인 임상 서비스와 함께 회복 지향적인 생활을 지원
  - ✓ 특징: 다른 입원 수준에 비해 치료 강도가 상대적으로 낮음. 주거 환경과 유사한 편안한 환경에서 회복 초기 단계 또는 회복 유지를 위한 구조 제공
  - ✓ 대상: 급성기 문제가 해결되었으나 회복 초기에 구조화된 환경의 지원이 필요하거나, 외래 치료 환경에서 회복을 유지하기 어려운 환자, 금단 증상 관리가 필요 없는 환자
  - ✓ 치료 강도: 24시간 지원 환경과 함께 구조화된 일과 및 임상 서비스가 제공되지만, 치료 수준 3.5보다 임상 서비스 시간과 강도가 낮음.
  - ✓ 서비스 유형: 기본적인 개별 및 집단 치료, 교육, 회복 활동, 생

활 기술 훈련, 회복 지원 그룹 연계

- 치료 수준 3.5: 임상적으로 관리되는 고강도 거주 치료(Clinically Managed High-Intensity Residential)
  - ✓ 목표: 임상 전문가의 관리하에 집중적인 임상 치료와 구조화된 환경을 통해 중독 문제 해결 및 회복 기술 습득에 주력
  - ✓ 특징: 임상 치료 강도가 높은 거주 프로그램으로 구조화된 일과와 함께 다양한 임상 서비스가 집중적으로 제공됨.
  - ✓ 대상: 중등도 이상의 중독 문제 및 관련 어려움을 가지고 있으며, 집중적인 임상 치료와 구조화된 환경이 필요한 환자, 외래 환경에서 회복을 유지하기 어려운 환자, 의학적 관리가 필요하지 않은 금단 증상을 보이는 환자
  - ✓ 치료 강도: 24시간 지원 환경과 함께 주 7일 제공되는 구조화된 일과 및 상당한 시간의 임상 서비스가 제공됨. 금단 증상에 대한 임상적 모니터링이 포함될 수 있음.
  - ✓ 서비스 유형: 집중적인 개별 및 집단 치료, 교육, 가족 치료, 활동 치료(미술, 음악, 레크리에이션, 원예 등), 약물보조치료 관리, 금단 증상에 대한 임상적 모니터링, 생활 기술 훈련, 사례관리, 회복 지원 서비스와의 강력한 연계

- 치료 수준 3.7: 의학적으로 관리되는 거주 치료(Medically Managed Residential)
  - ✓ 목표: 입원 치료와 함께 의학적 관리 및 모니터링을 통합해 금단 증상 관리 및 의학적/정신과적 공존질환 관리
  - ✓ 특징: 24시간 의료 및 간호 인력이 상주하며, 환자의 의학적 상

태에 대한 지속적인 모니터링과 관리 제공. 임상 치료와 의학적 치료의 통합적 제공

✓ 대상: 금단 증상이 의학적 관리가 필요하거나, 의학적/정신과적 공존질환이 있어 입원 환경에서 의료적 지원과 임상 치료가 동시에 필요한 환자, 치료 수준 3.5보다 높은 수준의 의학적/정신과적 지원이 필요한 경우

✓ 치료 강도: 24시간 의료 및 간호 인력이 상주하며, 환자의 의학적 상태에 대한 지속적인 모니터링과 관리 제공. 임상 치료와 함께 의학적 관리의 강도가 높음.

✓ 서비스 유형: 개별/집단 치료, 교육, 약물보조치료 관리, 금단 증상에 대한 의학적 관리 및 모니터링, 의학적/정신과적 평가 및 처치(경미한 수준), 생활 기술 훈련, 회복 지원 서비스 연계

4) 치료 수준 4: 의학적으로 관리되는 입원 치료(Medically Managed Inpatient Treatment)

치료 수준 4는 중독 치료 연속성 단계에서 가장 높은 강도의 치료 수준이다. 병원이나 이에 준하는 시설에서 24시간 의사와 간호사를 포함한 다학제팀에 의한 집중적인 의학적 관리와 치료가 제공된다.

① **주요 특징**: 24시간 의료 인력이 상주하며 환자의 상태를 지속적으로 모니터링하고 필요한 의학적 처치를 제공한다. 가장 높은 수준의 구조와 감독이 제공되며, 환자의 안전 확보에 최우선 순위를 둔다. 급성기 치료에 초점을 맞추며, 상태 안정 후에는 하부 수준으로 이동을 고려한다. 치료 수준 4 내에는 별도의 숫자로 구분되는 하부 수

준은 명시적으로 제시되지 않는다.

② **주요 대상**: 심각하고 잠재적으로 치명적인 금단 증상[예: 진전 섬망(Delirium Tremens)]을 보이거나, 기저질환이나 공존질환으로 인해 즉각적인 의학적 관리가 반드시 필요한 환자, 심각한 정신과적 불안정성이나 자해/타해 위험이 높아 안전한 환경에서 집중적인 관찰 및 개입이 필요한 환자, 치료 수준 3 환경에서 안전하게 관리될 수 없는 고도의 의학적/정신과적 불안정성을 가진 환자를 대상으로 한다.

③ **치료 강도**: The ASAM Criteria에서 가장 높은 수준의 치료 강도이다. 24시간 의학적 관리, 간호, 집중 치료가 필수적으로 제공된다. 의료진이 상시 대기하며 환자의 변화에 즉각적으로 대처하고 생명을 보호하기 위한 모든 필요한 개입을 수행한다. 가장 높은 수준의 구조와 감독이 제공되며, 환자의 이동 및 활동이 제한될 수 있다. 치료의 초점은 주로 의학적 안정화와 해독에 맞춘다.

④ **서비스 유형**: 집중적인 의학적 모니터링 및 관리, 약물보조치료(금단 증상 관리 약물, 기타 필수 약물 투여 및 조정), 신체 및 정신 건강 상태에 대한 지속적인 평가 및 진단, 필수적인 의학적 처치, 정신과적 평가 및 치료, 급성기 안정화를 위한 기본적인 상담 및 교육, 사례관리, 상태 안정 후 다음 치료 단계(일반적으로 치료 수준 3.7 이하)로의 연계 계획 수립이 제공된다.

이처럼 The ASAM Criteria(제4판)은 치료 수준에 따라 외래 치료, 거주 치료, 입원 치료와 같이 다양한 세팅에서의 치료 제공을 통해 중독 문제에 접근하고 있다. 한편 이러한 치료 수준의 중요성에도 불구하고, The ASAM Criteria(제4판)과 같이 개인의 중독 수준에 따라 치료의 유형을 결정할 수 있는 기준이 국내에는 아직 존재하지 않는다. 다만 국립부곡병원(2024)에서는 치료 관리의 연속성을 '치료 전 개입-사례관리-주치료-연속적인 케어'와 같이 개입 과정에서의 연속성으로 정의하고 있으며, 최근 대검찰청, 법무부, 식약처가 마약류 투약사범의 치료와 재활을 위해 공동으로 발표한 '사법-치료-재활 연계모델'(법무부, 2024)에서도 치료의 연속성을 제시하고 있다. 하지만 현재 우리나라 마약 중독 치료 현장은 개입 순서의 연속성만을 논할 뿐, 구체적으로 마약 중독 수준에 따른 치료 기준의 연속성에 대한 언급은 찾아볼 수 없는 실정이다. 따라서 보다 면밀한 마약 중독 치료를 위해서는 치료 연속성을 기반으로 국내에 적용될 수 있는 세부적인 치료 수준과 수준별 개입 기준이 마련되어야 한다.

2. 마약 중독 치료의 주요 접근법

1) 해독치료

일반적으로 물질 사용을 중단하면 해당 약물에 의존하고 있던 신체 상태가 변화하게 되어 다양한 금단 증상이 동반된다. 따라서 물질 남용으로 인해 발생한 신체적 손상을 최소화하기 위해 집중치료가 이루어져야 하는데, 이때 중심이 되는 것이 해독치료(Detoxification)이다. 해독치료는 약물 중단 시 발생하는 금단 증상과 급성 중독을 관리하는 의료적 과정이다. 이는 신체적 의존 상태에서 남용 물질의 독소를 체계적으로 제거하고, 신체적·정신적 안정화를 도모하는 것을 목표로 한다(SAMHSA, 2015a).

SAMHSA(2015a)는 해독치료 과정을 세 가지 핵심 구성 요소로 설명하며, 이들은 동시에 또는 순차적으로 진행될 수 있다고 제시한다.

첫 번째 구성 요소는 평가(Evaluation)이다. 이 단계에서는 혈액 검사를 통해 남용 물질의 잔류 여부와 농도를 측정하고, 동반되는 정신적, 신체적 상태에 대한 종합적인 스크리닝을 실시한다. 평가는 단순한 신체검사를 넘어 환자의 의료적, 심리적 상태와 사회적 환경을 광범위하게 사정해 해독치료 이후의 적절한 치료 수준을 결정하는 데 필수적인 정보를 제공한다. 이러한 포괄적 접근은 초기 마약 중독 치료 계획의 근간을 형성한다.

두 번째 구성 요소는 안정화(Stabilization)이다. 이 과정은 급성 중독과 금단 증상을 경험하는 환자를 의학적으로 안정적이고 마약을 사용하지 않는(Drug-Free) 상태로 전환시키는 것을 목표로 한다. 안정화는 의료적 개입뿐만 아니라 심리적 지원을 포함하는 총체적 과정으로, 필요에 따라 환자의 가족, 고용주, 기타 중요한 관계자들을 참여시켜 사회적 지지 체계를 강화할 수 있다.

세 번째 구성 요소는 치료적 개입의 촉진(Fostering Patient Readiness for and Entry into Treatment)이다. 이는 치료 연속성 원칙에 기반해, 중독자가 마약 관련 치료를 시작하고 끝까지 마칠 수 있도록 준비시키는 과정이다. SAMHSA(2015a)에서는 이러한 접근법의 일환으로 서면 치료 계약을 권장한다. 해독치료를 마쳤음에도 추가적인 치료를 거부하는 중독자를 지속적인 치료 과정에 포함시키기 위해 서면 치료 계약이 효과적인 도구가 될 수 있기 때문이다. 이 계약은 중독자가 충분히 안정된 상태에서 자발적으로 서명하도록 하며, 이는 해독치료가 끝나기 전에 지속적인 치료 계획에 동의하는 것을 의미한다.

이러한 세 가지 구성 요소는 해독치료가 단순한 신체적 독소 제거를 넘어, 환자의 전인적 회복을 위한 포괄적이고 체계적인 과정임을 보여준다. SAMHSA(2015a)의 접근은 해독치료를 마약 중독 치료의 시작점으로 보고, 이를 통해 장기적이고 지속 가능한 회복의 기반을 마련하는 것을 강조한다.

해독치료는 중독 치료의 초기 단계에서 신체적 독소 제거를 중심으로 하는 의학적 개입이다. 이는 단순히 약물을 체외로 배출하는 과정을 넘어, 신체적 의존성과 금단 증상을 과학적으로 관리하는 데 목적을 둔다. 중독자의 건강 상태와 약물 의존 심각도에 따라 치료 환경이 결정되며, 외래, 낮병원, 입원 치료 등 다양한 형태로 진행될 수 있다. 또한 의학적 수퍼비전은 해독치료의 핵심 요소로, Craft(2019)는 전문가의 감독 없이는 생명을 위협하는 합병증이 발생할 수 있음을 경고한다. 해독치료 과정에서 불안, 불면증, 메스꺼움과 같은 부작용이 발생할 수 있으나, 전문가의 감독은 안전한 환경 조성과 합병증 예방을 통해 환자의 회복을 지원한다.

입원 치료는 의학적으로 보조되는 해독치료를 시작으로 하며, 환자의 몸에서 중독 물질이 배출되는 동안 내과 의사와 중독 전문가가 활력 징후를 관찰하고 갈망과 금단을 완화할 수 있도록 필요한 약물치료를 시행한다. 즉, 입원 해독치료는 24시간 지원과 모니터링이 가능하며, 재발이 일어나지 않도록 전문가의 의학적 도움을 집중적으로 받을 수 있다는 장점이 있다(Addiction Center, 2024d).

한편 외래 해독치료는 경증에서 중증도의 금단 증상이 있는 환자에게 더 적합하며, 전문가의 판단하에 유연하게 적용될 수 있다. 단, 외래 해독치료는 심각한 중독이나 다른 복합적인 건강 문제를 경험하고 있는 경우에는 권장되지 않는다. 외래 해독치료를 하는 동안 환자는 신체건강 및 정신건강 검진을 위해 병원이나 다른 치료 시설을 반드시 방문해야 하며, 의사는 금단 증상을 완화시키기 위해 현장에서 약물을 투여할 수 있다(Addiction Center, 2024d; The Recovery Village, 2021b).

해독치료가 이루어지는 치료기관에서는 변화 유지나 추가적인 치료에 대한 참여도를 높이기 위해서 해독치료 과정 내에 심리교육이나 다른 개입 방법을 결합시키기도 한다. 이는 해독치료가 즉각적으로 신체를 정화하는 반면, 보다 장기적인 회복을 위해서는 신체적 의존뿐만 아니라 이외의 요인들도 다루어야 하기 때문이다(The Recovery Village, 2021b).

2) 약물보조치료

약물보조치료(Medication Assisted Treatment, MAT)는 중독 치료의 혁신적 접근법으로, FDA 승인 약물을 통해 뇌의 신경회로 균형을 회복시키고 갈망과 금단 증상을 완화하는 통합적 방식이다. 이는 단순히 약물 사용을 중단시키는 대신 메타돈, 부프레노르핀, 날트렉손과 같은 대체 약물을 사용하며, 동시에 인지행동치료 등 심리사회적 개입을 병행한다(American Addiction Centers, 2024a).

약물보조치료는 중독 치료의 현실적 도전에 대응하기 위해 개발되었다. 이 접근법은 완전한 단약이 어렵고 금단 증상이 일상생활을 심각하게 저해한다는 인식에서 출발했다. 약물보조치료는 대체 약물을 사용해 중독 약물의 효과를 일부 모방하면서도, 갈망을 감소시키고 금단 증상을 완화시켜 환자가 정상적인 일상을 유지할 수 있게 돕는다(National Association of Counties, 2022). 이 치료의 핵심 목표는 중독자들이 약물 남용 없이 삶의 질을 향상시키고 장기적인 회복을 달성할 수 있도록 다양한 지원 수단을 제공하는 것이다. 이러한 접근은 중독을 만성 질환으로 인식하고, 환자의 전반적인 삶의 질 향상에 초점을 맞추는 현대적 중독 치료 철학을 반영한다(Addiction Center, 2024a).

오피오이드 사용장애의 약물보조치료에 사용되는 보조약물로는 FDA 승인을 받은 메타돈, 부프레노르핀, 날트렉손 등이 있다. 약물보조치료에 사용되는 주요 약물들은 각각 고유한 메커니즘과 효과를 가지고 있다. 메타돈은 합성 오피오이드 작용제로, 하루 60~120mg 용량으로 오피오이드 갈망과 금단 증상을 효과적으로 억제한다. 이를 통해 환자는 일상 기능을 유지하며 심리사회적 안정을 도모할 수 있다. 부프레노르핀은 부븐 오피오이드 작용제로, 메타돈보다 부작용이 적으며 금단 증상 완화에 특히 효과적이다. 이는 해독 단계나 치료 전환기 환자에게 적합한 선택지가 될 수 있다. 날트렉손은 오피오이드 수용체 길항제로, 약물의 보상 효과를 차단해 재발을 방지한다. 주사형과 비강 스프레이 형태로 사용되며, 오피오이드 과다 복용으로 인한 사망을 막는 데 효과적이고, 비용적인 부분에서도 효율적이다. 미국의 일부 주에서는 처방전 없이 약사에게 응급처치에 주로 사용되는 날록손을 구매할 수도 있고, 지역사회 프로그램이나 보건 단체 등에서 무료로 구할 수 있다(Carley & Oesterle, 2021; NIDA, 2022)

약물보조치료의 제공 방식은 환자의 복합적 욕구를 반영해 진화해왔다. SAMHSA(2012)에 따르면, 초기에는 주로 외래 오피오이드 치료 프로그램에 국한되었으나, 점차 환자의 의료적, 심리적, 사회적 필요를 종합적으로 고려하는 다양한 프로그램이 등장했다. 이러한 다양한 치료 환경은 환자의 개별적 상황과 필요에 따라 맞춤형 치료를 가능하게 하며, 중독 회복의 전인적 접근을 강화한다.

현재 약물보조치료는 다음 세 가지 주요 형태로 제공된다(SAMHSA, 2012).

- **병원 기반 외래 치료 프로그램**: 병원 기반으로 운영되며, 연속적이고 집중적인 치료가 가능하다. 특히 만성 질환자나 치료 순응도가 낮은 환자에게 적합하다.
- **거주형 치료 프로그램**: 불안정한 주거 환경으로 인해 치료 중단 위험이 높은 환자를 위한 프로그램이다. 치료 완료 후에는 지속적인 관리

를 위해 외래 치료로 전환된다.

- **외래 치료 프로그램**: 안정적인 상태의 환자를 대상으로 하며, 주로 재발 예방을 위한 심리사회적 서비스에 중점을 둔다. 이 접근법은 중독 치료와 관련된 사회적 낙인을 최소화하는 장점이 있다.

약물보조치료의 효과성에 대해서는 일부 비판이 존재한다. 한국중독정신의학회(2019)에 따르면, 메타돈과 부프레노르핀이 오피오이드계 약물로 분류되어 있어, 이 치료법이 단순히 한 중독을 다른 중독으로 대체하는 것에 불과하다는 비판이 제기되고 있다. 그러나 이러한 우려에도 불구하고, 국제적인 연구 결과들은 약물보조치료의 긍정적 효과를 지지하고 있다. 많은 해외 연구에서 위의 약물들이 기존 중독 약물로 인한 행복감, 금단 증상, 갈망을 효과적으로 감소시킨다는 것이 입증되었다. Bart(2012)는 약물보조치료제인 세 가지 약물(메타돈, 부프레노르핀, 날트렉손)에 관한 효과성을 연구했는데, 이 중 메타돈과 부프레노르핀이 아편계 약물중독 치료에 효과적이었음을 밝혀냈다. 이 연구는 약물보조치료가 마약 중독 치료에 실질적인 효과가 있다는 것을 보여준다. 더욱이 Addiction Center(2024a)에 따르면, 약물보조치료는 생존율 증가, 치료 유지율 향상, 불법 오피오이드 사용 감소, 취업 능력 개선 등의 긍정적인 결과를 나타냈다.

이러한 결과들은 약물보조치료가 단순히 약물 의존성을 대체하는 것이 아니라, 환자의 전반적인 삶의 질을 향상시키는 데 기여한다는 것을 시사한다. 따라서 약물보조치료는 과학적 근거에 기반을 둔 중독 치료의 중요한 접근법으로 자리 잡고 있다고 볼 수 있다.

3) 인지행동치료

인지행동치료(Cognitive Behavioral Therapy)는 1960년대 아론 벡(Aaron T. Beck)이 개발한 이후 마약 중독 치료에서 가장 널리 사용되는 기법 중 하나로 자리 잡았다. 인지행동치료는 인지적 전략과 행동적 전략을 결합한 접근법으로, 마약 중독 치료에 효과적으로 적용되고 있다.

Jhanjee(2014)에 따르면, 인지행동치료의 인지적 전략은 마약 관련 역기능적 사고를 인식하고 직면하는 것, 그리고 재발을 유발할 수 있는 결정들을 파악하는 것을 포함한다. 행동적 전략으로는 마약 갈망에 대처하는 방법, 마약과 무관한 활동을 증가시키는 것, 재발 방지를 위한 준비와 대처 등이 있다. 또한 인지행동치료는 효과적인 의사소통, 거절 기술 등의 사회 기술 훈련과 문제 해결 기술 향상도 포함한다.

Addiction Center(2024d)는 인지행동치료를 통해 중독자들이 마약 사용을 유발하는 생각-감정-행동의 연결고리를 파악하고, 부정적인 자동적 사고를 인식할 수 있게 된다고 설명한다. 이러한 자동적 사고는 주로 오해와 내재화된 부정적 감정에서 비롯되며, 이로 인한 고통을 완화하려는 시도로 마약을 남용하게 된다. 인지행동치료는 이러한 자동적 사고의 패턴을 중단시키고, 효과적인 의사소통 기술을 교육함으로써 마약 남용의 악순환을 끊는 데 도움을 준다.

한국중독정신의학회(2019)에 따르면, 인지행동치료는 마약 사용 충동을 극복하기 위한 다음과 같은 전략을 포함한다.

- **주의 분산**: 신체 활동, 대화, 이완 등을 통해 마약 사용 충동에서 주의를 돌린다.
- **충동의 파도타기**: 충동이 최고조에 달했다가 서서히 사라지는 과정을

관찰한다.

- **부정적 결과 집중**: 마약 사용의 부정적 결과를 상기하고 단약의 이점을 강조한다.

마약 남용으로 이어지는 감정과 생각을 다루고 완화하기 위해 다음과 같은 인지행동치료 기법을 사용한다.

- **인식하기**: 마약 사용 상황을 파악한다.
- **피하기**: 촉발 상황을 회피한다.
- **대처하기**: 마약 남용으로 이어지는 감정과 생각을 관리한다.

Addiction Center(2024d)에 따르면, 인지행동치료는 마약 중독 회복을 돕기 위해 다음과 같은 추가적인 기법들을 활용한다.

- **생각 기록하기**: 부정적인 자동적 사고를 기록하고 이를 지지하거나 반박하는 증거를 비교해 더 균형 잡힌 사고를 할 수 있도록 돕는다.
- **행동 실험하기**: 긍정적인 생각과 부정적인 생각에 따른 행동의 결과를 비교해 마약 사용 감소에 더 효과적인 방법을 찾는다.
- **즐거운 활동 계획하기**: 마약 사용 습관을 대체할 수 있는 건강하고 즐거운 활동들을 계획해 부정적 사고와 마약 사용 충동을 줄인다.

인지행동치료의 효과성은 여러 연구를 통해 입증되었다. Nurlita 외(2023)의 문헌 고찰에 따르면, 인지행동치료는 마약 남용자의 부정적 사고와 감정 변화, 재발 예방에 효과적이다. Magill와 Ray(2009)의 메타분석은 인지행동치료가 대마 중독에서 중간 정도의 효과(Hedges' g=0.51)를 보이며, 다른 약물에 비해 더 효과적임을 보고했다. Polak 외(2020)의 연구에서는 통합적 집단 인지행동치료(Group Integrative Cognitive Behavioral Treatment)를 받은 군인 집단에서 마약류 소변검사 양성 반응이 나타나지 않아, 그 효과성을 입증했다.

4) 동기강화상담

동기강화상담(Motivational Interviewing)은 클라이언트의 양가감정과 동기를 탐색해 행동 변화를 이끌어내는 클라이언트 중심의 치료 기법이다. 이 접근법은 중독 치료에서 널리 사용되며, 개인의 변화 동기를 강화하는 협력적인 방법으로 인정받고 있다.

동기강화상담의 핵심은 변화에 대한 양가감정, 변화에 대한 저항, 반영적 경청에 있다. 변화에 대한 양가감정은 정상적인 현상으로 간주되며, 저항은 클라이언트의 특성이 아니라 양가감정의 표현으로 이해된다. 반영적 경청은 상담의 전 과정에서 가장 기본이 되는 요소이다(SAMHSA, 2019).

이 접근법은 협동정신, 수용, 연민, 유발성의 네 가지 요소를 포함한다. 조성남 외(2023)에 따르면, 협동정신은 클라이언트와 상담가의 열망을 조화시키고, 수용은 클라이언트의 내재적 가치를 존중하며, 연민은 클라이언트의 안녕과 복지에 관심을 가진다. 유발성은 클라이언트의 변화 동기를 강화하는 데 중점을 둔다.

동기강화상담에서 강조하는 네 가지 주요 원칙은 다음과 같다(Miller & Rollnick, 2002; SAMHSA, 2019).

① **공감 표현하기**: 중독 클라이언트의 양가감정을 문제로 보지 않고, 클라이언트의 감정과 관점을 비난·판단·비판하지 않으며 있는 그

대로 이해하는 것이다. 상담자는 수용적 태도를 가지며, 반영적 경청을 통해 클라이언트의 이야기를 들으나, 수용이 동의나 찬성을 의미하지 않음을 주의해야 한다.

② **불일치감 증가시키기**: 변화를 촉진하기 위해, 클라이언트가 현재 상태와 원하는 상태 사이의 불일치감을 인식하도록 돕는 것이다. 이는 변화의 중요성을 강조하는 데 필수적이며, 클라이언트가 스스로 변화에 대한 의견을 내는 것이 중요하다.

③ **저항과 함께 구르기**: 상담자가 클라이언트에게 모든 답이나 해결책을 제공하기보다는, 클라이언트가 스스로 문제 해결에 참여하도록 하는 것이다. 상담자는 클라이언트의 저항을 직접적으로 반대하지 않고, 저항과 함께 구르도록 한다.

④ **자기효능감 지지하기**: 클라이언트가 변화할 수 있다는 희망과 가능성을 인식하도록 돕는 것이다. 상담자는 "내가 당신을 변화시켜주겠습니다"가 아닌 "당신이 원한다면, 변화하도록 도움을 줄 수 있습니다"라는 관점을 가진다.

동기강화상담은 변화대화와 변화에 대한 신념을 강조하며, 다음의 네 가지 핵심 과정을 기반으로 한다(SAMHSA, 2019).

① **관계 형성하기**: 이 단계에서는 OARS(Open Questions, Affirming, Reflecting, Summarizing) 기법을 활용해 클라이언트와 라포를 형성한다. 상담자는 클라이언트와 신뢰 관계를 구축하고, 클라이언트가 자신의 이야기를 편안하게 할 수 있는 환경을 조성한다. 동기강화상담은 단약을 강제하지 않고, 클라이언트가 충분히 숙고해 행동을 선택할 수 있도록 지원한다.

② **초점 맞추기**: 이 단계에서는 클라이언트와 함께 구체적인 목표를 설정한다. 클라이언트는 목표에 대한 실천 의지를 강화하고, 상담자는 클라이언트가 원하는 변화의 방향과 목표를 명확히 하도록 돕는다.

③ **유발하기**: 이 과정에서 클라이언트의 변화 동기를 본격적으로 이끌어낸다. 클라이언트의 동기는 '전숙고 → 숙고 → 준비 → 행동 → 유지 → 변화'의 단계를 거치며 강화된다. 상담자는 클라이언트의 변화에 대한 열망을 자극하고, 클라이언트가 스스로 변화를 인식하고 실천하도록 지원한다.

④ **계획하기**: 마지막 단계에서는 클라이언트가 구체적인 행동 계획을 수립한다. 상담자는 클라이언트가 실현 가능한 계획을 세우고 실행할 수 있도록 지원하며, 변화 과정을 지속적으로 모니터링한다.

SAMHSA(2019)는 동기강화상담에서 유지대화를 줄이고 변화대화를 늘리는 전략을 강조하며, 무엇보다 클라이언트의 양가감정을 탐색하고 다루기 위해 유지대화와 변화대화를 인식하는 것은 중요하다고 주장한다. 왜냐하면 유지대화와 변화대화는 변화에 대한 양가감정의 두 측면을 표현하며 마약 사용과 관련된 변화를 두고 클라이언트가 어떤 방향으로 나아가는지를 확인할 수 있게 해주기 때문이다. 요컨대, 변화에 대한 양가감정이 있는 클라이언트는 유지대화를 더 많이 하게 되는 한편, 변화에 준비된 클라이언트는 변화대화를 더 많이 하게 되는 것이다.

동기강화상담의 효과성은 청소년을 대상으로 한 물질 남용 치료에서도 입증되었다. Barnett 외(2012)가 수행한 체계적 문헌고찰에서는 39개 연구 중 26개(67%)에서 동기강화상담이 청소년의 물질 남용을 유의미하게 감소시켰음을 보고했다. 이는 동기강화상담이 청소년 대상 중독 치료에서 상당한 효과를 가지고 있음을 시사한다. 더욱 광범위한 증거는 Schwenker 외(2023)의 연구에서 제시되었다. 이 연구는 미국, 유럽, 호주, 남미, 아프리카 등 11개국에서 수행된 93개의 연구를 분석했다. 분석 결과에 따르면, 동기강화상담은 약물 사용 수준을 효과적으로 감소시켰으며, 개입이 없는 경우와 비교했을 때 중간 정도의 효과 크기를 보였다. 이러한 연구 결과들은 동기강화상담이 청소년 및 성인의 물질 남용 치료에 있어 과학적으로 검증된 효과적인 접근법임을 입증하고 있다. 특히 다양한 문화권에서의 일관된 효과는 동기강화상담의 보편적 적용 가능성을 시사한다.

5) 마음챙김

마음챙김(Mindfullness)은 불교의 위빠사나 명상에서 유래한 심리치료 방법으로, 지금 이 순간, 있는 그대로에 대해 비판단적인 주의 집중에 따라 이루어지는 자각으로 정의된다. 마음챙김 기반 치료는 인지치료와 같은 다른 심리치료 이론과 접목되어 다양하게 중독치료와 재활에 적용되고 있다(김성진 외, 2019; Bowen et al., 2021).

특히 중독 치료 분야에서는 '마음챙김 재발 예방 프로그램(Mindfulness-Based Relapse Prevention for Addictive Behaviors, MBRP)'이 주목받고 있다. MBRP는 마음챙김의 전통적 명상 수행과 인지행동치료의 재발 예방 요소를 결합한 프로그램으로, 약물 중독자를 위해 특별히 개발되었다(Bowen et al., 2021). 이 프로그램은 명상을 통해 자기조절 능력을 향상시켜 중독 행동에 대한 조절력을 높이는 것을 목표로 한다(Grant et al., 2017).

MBRP는 다음의 네 가지 주요 의도를 가지고 개입한다(Bowen et al., 2021).

① 자신의 몸, 마음, 행동, 생각, 감정, 특성과 반응을 인식하기
② 자동적 행동을 인식하고 중단해 주체성과 선택의 기회 만들기
③ 불편함에 대해 개방성, 관심, 수용성을 가지고 새로운 관계 맺는 방법 탐색하기
④ 모든 경험에 대해 친절과 연민 키우기

이를 위해 MBRP는 약물 중독자에게 명상 수행, 일일 과제 등을 부여하고 이 과정에서 금단으로 인해 겪을 수 있는 어려운 감정적, 인지적, 신체적 상태에 대한 인식을 촉진시켜 적절하게 대응할 수 있게 한다(Bowen et al., 2021).

MBRP의 효과성은 여러 연구를 통해 입증되고 있다. Cavicchioli 외(2018)의 메타분석에 따르면, MBRP는 알코올 및 물질사용장애 치료에서 단약 유지에 효과적인 것으로 나타났다. 또한 Bowen 외(2009)의 연구에서는 MBRP 참여자들이 통상적 치료를 받은 집단에 비해 갈망이 유의하게 감소하고, 개입 후 4개월 동안 약물 사용률이 현저히 낮았음을 보고했다. 이러한 연구 결과들은 MBRP가 중독 치료에 있어 효과적인 접근법임을 시사하며, 특히 재발 예방과 장기적인 회복 유지에 중요한 역할을 할 수 있음을 보여준다.

6) 12단계 접근법

12단계 접근법(12-Step Approaches)은 마약 사용 중단과 중독 상태에서의 해방을 주요 목표로 하는 중독 치료 방법이다. 이 접근법의 기원은 1935년 '알코올 중독자들의 자조모임(Alcoholics Anonymous, AA)'에서 찾을 수 있다. AA는 옥스퍼드 그룹이라는 기독교 부흥조직의 영향을 받아

영적 체험과 영성(spirituality)을 핵심으로 하는 12단계를 확립했다(김한오, 2016; 천덕희, 2011; Donovan et al., 2013).

12단계 접근법의 효과성이 입증되면서, 이 방법은 알코올 중독을 넘어 다양한 중독 분야로 확장되었다. 특히 '익명의 약물중독자들(Narcotics Anonymous, NA)'에서도 이 접근법을 채택해 마약 중독 치료에 적용하고 있다. NA 참여자들은 '단약 원칙에 대한 강력한 지지', '영성의 중요성에 대한 동의', 'NA 모임에의 정기적인 참여'를 중요한 철학으로 받아들인다(Emmelkamp & Vedel, 2012).

12단계 접근법은 중독을 잘 이해하고 이로 인한 문제를 해결하기 위한 명확한 틀을 제공하며, 회복 과정에서 따라야 할 구체적인 단계를 제시한다. 이에 특히 12단계 접근법은 단약을 막 시작해 이에 대한 도움을 받고자 하는 개인과, 물질 남용이나 중독 행동으로 인한 문제를 인식하고 받아들인 개인에게 유용할 수 있다(The Grove Estate, 2024).

12단계 프로그램의 주요 특징 중 하나는 공동체와 동료의 지지를 강조한다는 점이다. 참여자들은 정기적인 집단 모임을 통해 회복 경험을 공유하고 상호 지지를 제공한다. 12단계 프로그램에서는 후원자가 있는 것이 장기적인 단약을 유지하는 데 도움이 되는 것으로 나타났기 때문에 후원자를 찾는 것이 중요하다. 이때 후원자는 이전에 중독자였던 사람으로서 단약을 유지한 경험과 시간이 있어야 하며, 중독자가 마약 사용 충동을 느낄 때 도움을 줄 수 있어야 한다(Reid et al., 2024).

약물 중독에 대한 12단계 접근법의 구체적인 내용은 다음과 같다(한국 익명의 약물중독자들 모임, n.d.-a. 재구성).

① **1단계**: 우리는 중독에 무력했으며, 우리의 삶을 스스로 수습할 수 없게 되었다는 것을 시인했다.

② **2단계**: 우리보다 위대하신 힘이 우리를 건전한 정신으로 돌아오게 해 주실 수 있다는 것을 믿게 되었다.

③ **3단계**: 우리가 이해하게 된 대로의 그 신의 돌보심에 우리의 의지와 생명을 맡기기로 결정했다.

④ **4단계**: 우리는 면밀하고 두려움 없이 우리 자신에 대한 도덕적 검토를 끝냈다.

⑤ **5단계**: 우리는 우리 잘못들의 정확한 본질을 신과 자신, 그리고 다른 사람에게 시인했다.

⑥ **6단계**: 우리는 신께서 이러한 모든 성격상의 결점을 제거해 주시도록 모든 준비를 했다.

⑦ **7단계**: 우리는 겸손한 마음으로 신께서 우리의 약점을 없애 주시기를 간청했다.

⑧ **8단계**: 우리가 해를 끼친 모든 사람들의 목록을 만들고 그들에게 기꺼이 보상할 마음을 갖게 되었다.

⑨ **9단계**: 우리는 누구에게도 해가 되지 않는 한 어디서나 그들에게 직접 보상했다.

⑩ **10단계**: 우리는 계속해서 자신을 반성했고 잘못이 있을 때마다 즉시 시인했다.

⑪ **11단계**: 우리는 기도와 명상을 통해서 우리가 이해하게 된 대로의 신과 의식적인 접촉을 증진하려고 노력했다. 그리고 우리를 위한 그의 뜻을 알도록 해주시며, 그것을 이행할 수 있는 힘을 주시도록 간청했다.

⑫ **12단계**: 이러한 단계들로 생활해 본 결과, 우리는 영적으로 각성했고, 약물 중독자들에게 이 메시지를 전하려고 노력했으며, 우리 생활의 모든 면에서도 이러한 원칙을 실천하려고 노력했다.

12단계 접근법의 핵심 철학인 영성은 '초월적인 힘'에 의지함을 의미한다. 이는 종교적 의미보다는 '개인보다 더 큰 존재의 힘을 믿는다'는 일반적 의미로 해석된다. 이러한 철학을 통해 중독자들은 자신의 무력함을 인정하고, 더 높은 차원의 힘을 받아들임으로써 회복을 시작한다.

12단계 접근법의 철학은 회복 과정에 있어 다음과 같은 특정한 관점을 강조하고 있다(Donovan et al., 2013; Humphreys et al., 2004).

- 중독을 억제시킬 수는 있지만 결코 없앨 수 없는 질병으로 받아들이는 것
- 개인의 성숙도와 영적 성장을 증진시키는 것
- 자기중심성을 감소시키는 것
- 집단 모임에서 회복 경험을 나누고 새로운 회원을 후원하는 것을 통해 다른 중독자에게 도움을 주는 것

12단계 접근법의 효과성은 여러 연구를 통해 입증되고 있다. Moos 외(1999)의 연구에서는 12단계 프로그램 참여자의 단약 가능성이 다른 치료 프로그램 참여자들과 비교해 가장 높았으며, Humphreys 외(2004)의 연구에서는 NA 참여가 단약 가능성과 자기효능감 증진에 긍정적 영향을 미치는 것으로 나타났다. 또한 여러 선행연구에서는 12단계 기반 자조집단 참여가 마약 사용 감소에 유의미한 효과가 있음을 보고하고 있다(Laudet et al., 2002; Moos & Moos, 2005, 2006).

이러한 12단계 접근법은 중독을 단순한 의지의 문제가 아닌 영적, 정서적, 사회적 차원의 복합적 문제로 인식하고, 전인적 회복을 추구한다는 점에서 중독 치료의 중요한 패러다임을 대표한다.

7) 자조집단

자조집단(Self-Help Group)은 전문가의 개입 없이 참여자들이 서로를 지지하며 알코올이나 약물 의존 문제로부터 회복을 도모하는 모임이다. 대표적인 예로 AA, NA가 있으며, 특히 마약 중독 회복을 위해서는 NA와 Cocaine Anonymous(CA)가 주요한 역할을 한다.

이러한 자조집단들은 AA의 12단계 접근법과 원칙을 기반으로 운영되며, 정기적인 모임을 통해 회복자들에게 필요한 지원을 제공한다. 자조집단의 핵심 철학은 지속적인 개인의 성장과 책임감 강화에 있다.

자조집단은 마약 사용 중단을 원하는 사람들에게 지속적이면서 접근이 용이한 사회적 지지를 제공한다. 다시 말해, 마약 중독 회복을 지원하는 자조집단은 전 세계적으로 지역사회 내에서 접근성이 높으며 무료로 이용 가능한 자원이라고 할 수 있다. 또한 자조집단은 중독 문제를 가진 모든 사람에게 열려 있고, 중독자 자신은 물론 유사한 경험을 가지고 있는 타인을 도울 수 있다는 점 때문에 오랜 시간 동안 단약 및 단약 유지에 긍정적

〈그림 14〉 자조집단

이라는 평가를 받아왔다(조근호 외, 2011; Donovan et al., 2013).

자조집단의 구성원들은 대개 비슷한 어려움을 경험했기 때문에 다른 치료 환경에서와는 다르게 그 어려움에 대한 깊이 있는 이해와 상호 지지가 가능하다. 이러한 환경에서는 다른 사람에 의해 판단받을 것이라는 두려움 없이 자신의 어려움이나 문제를 공개적으로 이야기할 수 있게 된다. 보다 구체적으로, 자조집단이 갖는 긍정적인 측면에 대해 NA를 예로 들어 설명하면 다음과 같다(한부식, 황인욱, 2017 재구성).

- 중독자들은 자신과 동일한 상황에 있는 회원들의 격려와 지지를 받아 회복에 대한 희망을 얻는다.
- 지식과 대처 기술을 서로 공유하고 피드백을 주고받으며 자신의 변화를 인식하고 평가한다. 이 과정을 통해 스스로 중독자임을 인정해 약물치료 및 재활치료를 시작하게 되기도 한다.
- 구체적인 소속감을 가지게 됨에 따라 중독자가 느낄 수 있는 소외감과 고립감이 최소화될 수 있다.
- 타인에 대한 이타적 관심을 가지게 되고 대인관계에서 긍정적인 상호작용 경험을 하게 되는 등 재발을 예방하는 보호 요인으로 작용한다.

NA는 가장 널리 알려진 마약 중독 관련 자조집단으로, 모든 종류의 약물 남용 문제에 접근한다. NA는 연령, 교육, 인종, 사회경제적 지위, 선호하는 약물의 종류와 관계없이 누구나 참여할 수 있으며, 전 세계 140개국 이상에서 매주 7만 개 이상의 모임이 진행되고 있다(Reid et al., 2024).

자조집단의 효과성은 여러 연구를 통해 입증되고 있다. Vederhus와 Kristensen(2006)의 연구에 따르면, 자조집단에 정기적으로 참여한 환자의 81%가 6개월 동안 단약에 성공한 반면, 비참여 환자는 26%만이 성공했다. 더욱이 자조집단 참여는 2년 후의 단약 유지율을 39%에서 59%로 유의미하게 높였으며, 단약 상태 유지를 예측하는 유일한 요인으로 밝혀졌다. 이러한 연구 결과는 자조집단이 마약 중독 회복에 있어 효과적이고 지속 가능한 접근법임을 보여준다. 자조집단은 전문적 치료와 병행될 때 더욱 강력한 회복 지원 체계를 구축할 수 있을 것으로 기대된다.

8) 치료공동체

치료공동체(Therapeutic Community)는 마약 중독자들의 회복을 위한 거주형 치료 프로그램으로, 영국의 맥스웰 존스(Maxwell Jones)에 의해 시작되어 지역사회를 중심으로 발전해왔다. 치료공동체는 공동체 생활을 통해 개인의 중독적 사고와 행동을 치료하고 사회적 기술과 규범을 학습하는 장소로 기능한다. 마약 중독으로부터의 회복에 있어 치료공동체는 오랫동안 중요한 역할을 해왔다. 치료공동체는 AA의 철학을 일부 채택해, '과거 중독자는 없고, 현재 마약을 사용하지 않는 중독자만 있다'는 개념을 포함한다(NIDA, 2002; Vanderplasschen et al., 2014).

Vanderplasschen 외(2014)는 치료공동체의 네 가지 핵심 특징을 다음과 같이 제시한다.

① **자조**: 치료의 주체는 개인 자신이며, 타인은 조력자 역할을 한다.
② **공동체**: 집단 생활과 소속감이 사회적 학습과 치료적 변화의 핵심이다.
③ **체계**: 구조화된 환경에서의 일상 활동과 롤 모델링이 중요하다.
④ **직면**: 공동체 규칙과 가치관에 어긋나는 행동에 대해 상호 피드백을

제공한다.

치료공동체의 주된 목적은 마약 사용에 취약하게 만드는 부정적인 행동·사고·감정 패턴을 변화시키고, 마약 없는 생활 습관을 책임감 있게 형성하는 것이다. 이를 위해 공동체 모임, 심리교육, 심리치료 등 포괄적인 접근법을 활용한다.

Sierra(2022b)에 따르면, 치료공동체에서는 다음과 같은 활동들이 이루어진다.

- **집단 치료**: 공동체 모임으로 불리는 집단 치료 세션에 참여해야 하며 각 집단은 10명에서 15명으로 구성된다. 주로 치료 전문가나 공동체 리더에 의해 진행된다.
- **개인 치료**: 회복과 관련된 진행 사항과 직면하고 있는 어려움에 대해 치료 전문가와 개별적으로 상담할 기회가 주어진다.
- **교육 수업**: 정신건강, 약물 남용, 생활 기술과 같은 주제를 다루는 수업에 참여해야 하며 마약 사용에 영향을 미치는 부정적인 행동 패턴을 알아차리는 것이 목적이다.
- **공동체 운영 업무**: 요리, 청소, 정원 가꾸기 등 공동체를 운영하기 위해 필요한 다양한 업무들을 할당받게 되며, 이를 통해 생산적인 대처 기술을 배울 수 있다.
- **여가 활동**: TV 시청, 미술 수업 참여 등 여가 활동을 즐기거나 휴식을 취할 수 있다.

이렇듯 치료공동체에서 이루어지는 모든 활동은 긍정적이고 의미 있는 방향으로 치료적이면서 교육적인 변화를 이끌어내고자 한다. 다른 중독자의 회복 과정과 경험을 가까이에서 접할 수 있는 치료공동체의 특성이 좋은 본보기가 되어 회복 과정에 동참하는 효과를 만들어낸다. 여기에 속해 있는 중독자들은 동료의 회복에 책임감을 느끼는데, 이는 자신을 변화시키기 위해서도 중요하다.

치료공동체의 효과성은 여러 연구를 통해 입증되고 있다. Salleh와 Aidalina(2015)의 체계적 분석에 따르면, 프로그램 종료 14주 후 참여자의 69%, 15주 후 50%가 단약을 유지했으며, 6개월 후에도 마약 사용이 유의미하게 감소했다. 이는 치료공동체가 마약 중독 치료에 효과적인 개입 방법임을 시사한다. 결론적으로 치료공동체는 개인의 심리 및 사회적 변화를 총체적으로 촉진한다는 점에서 다른 치료 접근법과 차별화되며, 중독 회복을 위한 효과적인 모델로 자리 잡고 있다.

9) 수반성 관리

수반성 관리(Contingency Management)는 1970년대에 알코올 및 마약 중독 치료를 위해 도입된 심리사회적 접근법으로, 긍정적 보상을 통해 단약 기간을 연장하는 것을 목표로 한다. 이 방법은 행동주의의 조작적 조건화[1] 원리에 기반해, 마약 사용 여부에 따라 강화나 처벌이 발생하는 환경을 조성한다(Emmelkamp & Vedel, 2012; Sierra, 2022a).

1 스키너(Burrhus F. Skinner)가 제안한 조작적 조건화는 실험 쥐를 이용한 실험을 통해 설명된다. 실험 쥐가 우연히 지렛대를 누른 후 먹이를 얻거나, 전기가 흐르는 상자 바닥에서 지렛대를 눌러 전기 자극이 멈추는 결과가 이에 해당한다. 먹이와 같은 보상이 행동(지렛대를 누름) 뒤에 제공되어 그 행동을 수행할 경향성을 증가시키는 경우 이를 '정적 강화물(보상)'이라 한다. 반면, 전기 자극과 같은 불쾌한 자극이 행동(지렛대를 누름) 뒤에 제거되어 그 행동을 수행할 경향성을 증가시키는 경우 이를 '부적 강화물(처벌)'이라 한다(한국중독정신의학회, 2019).

수반성 관리에서는 바우처가 주요 강화물로 사용된다. 단약과 같은 목표 행동을 수행하면 바우처를 얻고, 마약 사용과 같은 원치 않는 행동을 하면 바우처를 얻지 못하게 함으로써 해당 행동의 소거를 유도한다. 즉, 중독 치료에서 수반성 관리는 단약을 촉진하고 독려하는 방법이며, 긍정적인 변화를 만드는 개인에게 보상을 제공하는 치료적 개입이라고 할 수 있다. 이러한 수반성 관리에서 목표로 하는 긍정적인 행동 변화에는 소변 검사 및 약물 스크린 검사에서의 음성 반응, 상담 세션 참여, 회복 관련 활동 완료, 그리고 처방된 회복 지원 약물의 규칙적인 복용 등이 포함된다(Buffo, 2024; Withe, 2024).

수반성 관리의 네 가지 핵심 목표는 다음과 같다(Miltenberger, 2016; Thombs & Osborn, 2019).

① **목표 행동의 명확화**: 변화시켜야 할 행동을 구체적으로 정의
② **현재 환경적 사건 분석**: 마약 사용을 지속 또는 중단하게 만드는 요인 파악
③ **환경적 사건의 변경**: 행동 변화를 위한 직접적 환경 조정
④ **행동 변화의 측정**: 개입 전후 행동 평가 방법 결정

수반성 관리는 중독 치료에 있어 여러 가지 중요한 이점을 제공한다. Valley Spring Recovery Center(2024)에 따르면, 이 접근법은 다음과 같은 장점을 가진다.

① 바우처와 같은 즉각적이고 가시적인 보상을 통해 중독자의 치료 세션 참여와 치료 계획 준수를 촉진함으로써 회복을 위한 치료 참여율을 높인다.

② 단약과 같은 회복 행동에 대한 보상 제공은 중독자의 장기 치료 유지와 단약 결심 강화에 효과적이다.
③ 수반성 관리를 통해 습득한 기술과 긍정적 행동을 일상생활에 적용할 수 있게 된다.
④ 가치 있는 즉각적 보상 제공은 치료 목표 달성을 위한 강력한 동기를 부여한다. 치료 전문가가 제공할 수 있는 가치 있는 즉각적인 보상으로 바우처 혹은 다른 특권이 있다.

종합하면, 중독 치료에서 수반성 관리가 가지는 이점으로는 치료 참여율 향상, 치료 유지율 증가, 단약 촉진, 행동 변화 및 기술 습득, 긍정적 행동의 일반화, 그리고 동기 증진, 비용 효과성이 있다.

수반성 관리는 마약 사용을 효과적으로 감소시키고 고용 및 주거 안정성과 같은 다른 영역의 기능들을 향상시키는 것으로 알려져 있다. 또한 수반성 관리의 효과성은 높은 치료 유지율로 설명할 수 있으며, 높은 치료 유지율은 긍정적인 치료 결과로 이어질 가능성을 높이기 때문에 중요한 의미를 가진다(Sierra, 2022a; Thombs & Osborn, 2019).

보다 구체적으로, 수반성 관리는 아편제제와 코카인 사용장애 치료에 효과적인 것으로 나타났다. 불법 자극제와 다른 마약에도 효과가 있는 것으로 보고되었는데, 수반성 관리 개입을 받은 경우 단약 가능성이 더 높아졌다(Ginley et al., 2021; Prendergast et al., 2006).

또한 코카인 사용장애가 있는 성인을 대상으로 어떤 치료가 가장 효과가 있는지를 살펴본 Bentzley 외(2021)의 체계적 문헌고찰 및 메타분석은 수반성 관리, 심리치료, 위약, 아편류제, 정신자극제, 항경련제, 도파민 작용제, 항정신병 약물, 항우울제 약물 등의 치료적 개입의 효과성을 평가한 총 157개의 연구를 분석했다. 그 결과, 수반성 관리만이 통계적으로 유의미하게 코카인에 대한 요분석 음성 반응 결과를 나타냈다. 이와 같이 선행연구들은 성인의 코카인 사용장애 치료에서 수반성 관리의 효과성을 입증했다.

10) 스마트 리커버리

스마트(SMART)는 'Self-Management and Recovery Training'(중독자의 자기 주도적 회복 훈련)의 약자이다. 이 접근법은 1985년 미국에서 Rational Recovery로 시작되어, 1994년 앨버트 엘리스(Albert Ellis)의 합리적 정서치료행동(Rational-Emotive Behavior Therapy) 이론을 바탕으로 스마트 리커버리(SMART Recovery)로 발전했다(허은정 외, 2019; Horvath, 2000).

스마트 리커버리는 12단계 접근법의 영적 관점과 개인의 무능함 강조에 대한 대안으로, 과학적 기반의 회복 방법을 강조한다. 이 프로그램은 인지행동치료 원리를 자조 활동에 통합해 지속적인 단약 상태를 촉진한다. 스마트 리커버리는 12단계 접근법과 비교했을 때 몇 가지 중요한 차이점을 가지고 있다. 먼저, 스마트 리커버리는 후원자 제도를 채택하지 않으며 영성의 역할을 강조하지 않는다. 또한 12단계 접근법이 완전한 단약을 요구하는 반면, 스마트 리커버리는 단약을 필수 목표로 설정하지 않는다(Addiction Center, 2024d; Reid et al., 2024).

스마트 리커버리 모임은 주로 '코디네이터'라 불리는 비전문적 자원봉사자나 훈련된 전문가에 의해 진행된다. 이때 코디네이터가 반드시 중독으로부터 회복 중이거나 회복자일 필요는 없다는 점이 특징적이다. 다만, 비전문가 코디네이터일 경우 전문가로부터 지속적인 지원과 지침을 받을 수 있는 체계가 마련되어 있다(Horvath & Yeterian, 2016).

스마트 리커버리 모임은 자조모임의 형태로 운영되며, 약 90분 동안 진행된다. 개인이 토론에 충분히 참여할 기회를 보장하기 위해 참여자는 최대 12명으로 제한된다. 이 모임은 일반적으로 참여자 소개, 그룹 토론, 후원 요청, 그룹 리뷰 등의 순서로 구성된다. 그룹 토론에서는 참여자들이 자신의 고민과 생각을 공유하며, 때로는 특정 주제에 초점을 갖춰 토론을 진행한다. 이는 12단계 접근법의 독백 형식과 달리, 스마트 리커버리가 상호작용적인 토론 형태를 채택하고 있음을 보여준다. 그룹 리뷰 단계에서는 참여자들이 모임을 통해 얻은 교훈을 공유하며, 이 과정을 통해 토론에서 학습한 내용을 강화하는 기회를 갖는다. 이러한 구조는 참여자들이 서로의 경험을 통해 배우고, 자신의 회복 과정을 반영할 수 있는 환경을 조성한다(Horvath & Yeterian, 2016).

스마트 리커버리는 모임을 통해 4-Point Program을 제공한다. 이 프로그램은 훈련된 전문가에 의해 진행되며, 다양한 동기부여적, 인지행동적 도구를 활용해 과학적이고 증거 기반의 접근을 촉진한다. 또한 중독 회복 과정에서 필요한 핵심 영역들을 체계적으로 다루며, 참가자들이 자신의 회복을 주도적으로 관리할 수 있도록 지원한다. 4-Point Program은 동기 구축 및 유지, 충동 다루기, 생각, 감정, 행동의 관리, 균형 잡힌 생활 유지의 내용으로 구성되어 있다(SMART Recovery organization, n.d.).

스마트 리커버리는 국내에서 아직 생소한 접근법으로 많은 연구가 이루어지지는 않았으나 유럽, 호주 및 북미에서는 다양한 연구가 꾸준히 이루어지고 있으며, 효과성 또한 입증되고 있다(Beck et al., 2023; Kelly et al., 2023; Lum et al., 2023). 최근 들어서는 국내에서도 알코올 및 약물 중독자들의 회복을 위한 접근법으로 사용되기 시작했다.

11) 가족 기반 개입

가족 기반 개입은 중독 치료 및 재활에서 중요한 접근법으로, 대표적으로 가족 치료, 가족 심리교육, 가족 자조집단 등이 있다.

먼저, 가족 치료는 중독 문제 해결에 핵심적인 역할을 한다. 이는 중독과 가족 체계 간의 상호 순환적 관계를 끊는 데 효과적인 방법으로 인식되고 있다. 중독은 개인의 문제를 넘어 가족 전체의 기능과 정서적 안정성에 중대한 영향을 미치기 때문에, 가족 치료는 이러한 복잡한 관계를 이해하고 긍정적 변화를 유도하는 필수적 접근 방식으로 간주된다.

가족의 역할은 중독치료 과정에서 다음과 같은 측면에서 중요성이 강조되어왔다(Kusumawaty et al., 2021; Shanmugam, 2020; Yuan et al., 2024).

- **정서적 지원**: 환자에게 안정감을 제공하고 치료 동기를 강화한다.
- **치료 참여**: 중독의 원인과 회복 과정을 이해하고, 가족 내 의사소통을 개선한다.
- **재발 방지**: 유발 요인을 제거하고 재발 징후를 조기에 인식해 대처한다.
- **사회적 연결**: 환자의 고립을 방지하고 긍정적 삶의 모델을 제시한다.

가족 심리교육은 가족 시스템을 치료에 참여시키는 것을 중요한 가치로 간주한다(SAMHSA, 2020). 이는 개인 또는 가족 구성원이 함께하는 집단 세션, 단일 및 여러 가족이 참여하는 집단 세션 등 다양한 형태로 진행될 수 있다. 이를 통해 가족들은 마약 중독의 생물심리사회적 영향을 이해하고, 회복 과정에서 가족 지지의 중요성을 인식하게 된다.

가족 심리교육의 효과를 보다 구체적으로 설명하면 다음과 같다(SAMHSA, 2020).

- 중독과 회복, 그리고 다른 가족 구성원의 약물 오남용에 대응하는 방법을 배울 수 있게 한다.
- 지지받는다는 느낌을 증가시키고, 고립감과 수치심을 감소시킨다.
- 클라이언트의 치료 결과를 향상시키며 약물 사용률을 감소시킨다.
- 가족 전체의 기능과 안녕감을 증진시킨다.

가족 자조집단은 중독자 가족이 경험하는 복잡하고 다양한 어려움을 공유하고 지원하는 중요한 역할을 한다. 대표적인 가족 자조집단으로는 알코올 중독자 가족 자조모임(Al-Anon), 마약 중독자 가족 자조모임(Nar-Anon), 코카인 중독자 가족 자조모임(Co-Anon) 등이 있으며, 이들은 12단계 접근법을 기반으로 운영된다. 또한 청소년 자녀를 위한 Al-ateen, Nar-ateen, 부모를 위한 Parents of Addicted Loved Ones(PAL), 그리고 가족과 친구를 위한 Families Anonymous(FA) 등 다양한 자조집단이 존재한다(조근호 외, 2011; SAMHSA, 2020; The Recovery Village, 2021a). 국내에는 약물중독자 가족협의체인 '민들레가족'이 있으며 한국중독당사자지원센터, 함께한걸음센터 등에서 진행되는 가족 자조모임이 있다.

이러한 가족 기반 개입은 중독자의 회복 과정을 지원하는 동시에 가족 구성원들의 심리적, 정서적 안정을 도모하는 데 중요한 역할을 한다. 따라서 중독 치료에 있어 가족의 적극적 참여와 지속적 지원은 회복의 핵심 요소로 강조되고 있다.

「Our American Family」

〈그림 15〉 영화 「Our American Family」 포스터

영화 「Our American Family」(2021)*는 미국 필라델피아에 거주하는 마약 중독자 Nicole과 그 가족의 이야기를 다룬 다큐멘터리이다. 딸 Nicole은 오피오이드 중독에서 회복 중인 인물로, 이 영화는 그녀의 중독 회복 과정에서 경험하는 가족 간의 갈등과 재활 과정, 그리고 세대 간 전수되어온 중독이라는 뿌리 깊은 문제를 극복하고자 고군분투하는 모습을 담고 있다. 감독 Hallee Adelman은 이들의 일상을 약 1년에 걸쳐 밀착 촬영해, 중독이 중독자 개인뿐만 아니라 주변인들에게까지 미치는 영향을 생생하게 그려낸다. 중독을 극복하려는 모습을 사실적으로 담아낸 이 영화를 통해 감독은 중독자와 가족이 중독을 이겨내기 위해 얼마나 힘들게 싸우는지를 보여주고자 했다. 이를 통해 중독이 개인 차원을 너머 가족 전체에 악영향을 미치는 복합적인 문제임을 강조하며, 회복의 과정에서 사랑과 용서, 그리고 상호 이해가 얼마나 중요한지 일깨워 준다.

* Our American Family Film-OFFICIAL. (2022). *Our American family film official trailer* [Video]. Youtube. https://www.youtube.com/watch?v=Boldti8-5N4

마약, 당신이 궁금한 모든 것
— Q&A로 알아보는 마약 이야기 ⑫

Q. 마약 중독에 관한 전화상담은 어디에서 받을 수 있을까?

A. 식품의약품안전처에서는 한국마약퇴치운동본부를 통해 '1342 용기한걸음센터'를 운영하고 있다. 마약 중독 치료를 위한 전화 상담을 원한다면 누구나 24시간 운영되는 '1342 용기한걸음센터'를 통해 상담을 받을 수 있다. 모든 상담 내용과 개인정보 등에 대해서는 철저히 비밀이 보장되며, 외부 기관 등에 정보를 제공하지 않는다.

1342 용기한걸음센터(24시 마약류 전화상담센터)

대상	마약류 사용자, 사용자의 가족 및 지인, 마약류 사범 및 관련 지식 정보를 얻고 싶은 사람 등 마약류로 인해 고민이 있는 국민 누구나
운영 업무	마약류 관련 종합 상담(마약류 불법 신고 제외) ▶ 정보 제공: 마약류 정보, 치료 서비스, 필요한 조치 정보 제공 ▶ 오남용 예방 상담: 오남용 관련 상담 ▶ 재활 상담: 마약류에 대한 갈망 상황에서 대처기술 안내, 단약 생활에 대한 공감과 지지 등 ▶ 심리 상담: 위급 상황 등에서 심리적 안정을 위한 심리지원 상담 제공 ▶ 전국 마약퇴치본부 및 유관기관(치료병원 등) 연계: 마약퇴치본부 지부 재활서비스 이용 신청, 교정시설 출소 후 재활, 가능한 서비스 및 단약지지 등 제공
운영 시간	연중무휴(1일 24시간, 연 365일)
상담 번호	1342

3. 마약 중독 치료 재활의 디지털 혁신과 첨단 기술

마약 중독 문제 해결에는 전문 인력과 의료 인프라의 제한, 높은 치료 비용 부담이 현실적인 제약으로 작용하고 있다. 이에 따라 디지털 치료제를 비롯한 4차 산업혁명 기반의 미래기술이 대안으로 주목받고 있다. 식품의약품안전처(2020)는 디지털 치료제를 의학적 장애나 질병의 예방, 관리, 치료를 위해 환자에게 제공되는 근거 기반의 치료적 개입 소프트웨어 의료기기라고 정의하고 있다. 디지털 치료제는 다양한 질환의 예방과 치료에 활용될 수 있으며, 낮은 비용, 높은 접근성, 낙인 완화 등의 장점을 갖고 있어 마약중독 치료에 효과적으로 사용될 수 있다.

마약 중독과 관련해 최근 대표적으로 사용되고 있는 디지털 치료제로는 FDA의 승인을 받은 reSET®과 reSET-O®가 있다. 각각 물질사용장애와 오피오이드 사용장애를 대상으로 인지행동치료를 제공한다. reSET®은 알코올, 코카인, 마리화나 및 각성제 관련 약물사용장애 치료를 위해 외래 환자에게 사용되는 모바일 애플리케이션 시스템으로, 환자에게 인지행동치료를 제공함으로써 약물사용장애 치료에 도움이 되는 기술을 교육하고, 금단 증상을 개선하며 외래 치료 프로그램의 참여율을 높이기 위해 고안되었다. reSET®은 생활 기술, 치료, 감정 조절, 사회적 관계 회복, 성생활 및 감염 질환 예방과 관련한 필수 31개 세션으로 구성되며 이를 이용하는 환자들은 주당 최소 2회 이상 모바일 앱을 이용해 학습과 훈련을 하게 된다(임지연, 2021).

reSET-O®는 앞서 설명한 reSET®에서 포함하지 못한 오피오이드 사용장애 환자들을 위해 개발된 처방형 디지털 치료제로, 인지행동치료, 수반성 관리 등 과학적으로 검증된 개입 기법을 디지털 플랫폼을 통해 제공한다. Velez 외(2021)의 연구 결과에 따르면, reSET-O®는 인지행동치료를

〈그림 16〉 애플리케이션을 활용한 중독 치료

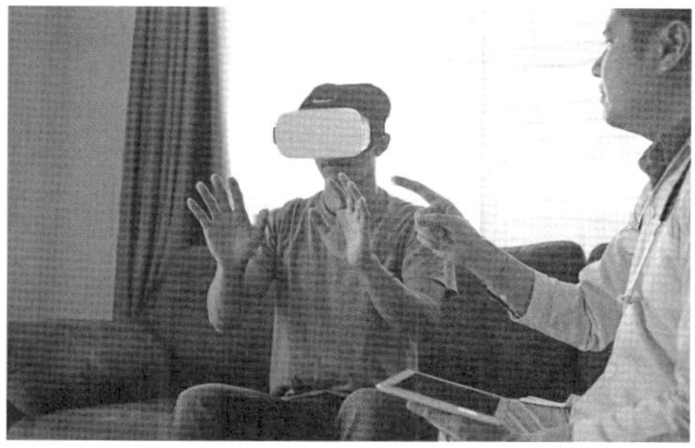

〈그림 17〉 VR 기기를 활용한 중독 치료

보다 쉽게 접근 가능한 방식으로 제공함으로써, 오피오이드 사용장애 환자 집단에서 치료의 질을 향상시키고, 단기적으로 의료비를 절감했다.

이 밖에도 게임 요소를 활용한 게이미피케이션 기반 개입, AI 기반 중독 치료 플랫폼, 마음챙김 치료사 챗봇의 지도를 통한 감정조절 훈련, VR과 웨어러블 기기를 활용한 갈망 억제 및 재발 방지 개입, 그리고 마약 복용을 실시간 감지하는 생체 모니터링 기술 등을 포함한 다양한 최첨단 기술들은 기존 중독 치료의 한계를 보완하고 있으며, 지속적으로 개발 및 적용되며 발전하고 있다.

4. 회복을 향한 전인적 개입: 신체 활동부터 예술과 영성까지

앞서 언급한 마약 중독 치료 및 재활의 주요 접근법 외에도 회복을 향한 전인적 개입을 위해 다양한 시도들이 이루어지고 있다. 대표적인 접근으로 신체 활동, 식습관 및 영양 관리, 예술 및 창작 활동, 영성 개입이 있다. 각각의 접근들은 그 방법에 있어 차이가 있지만, 마약 중독 치료 및 재활에 직간접적으로 도움이 되는 것으로 나타난다.

1) 신체 활동

신체 활동은 중독자의 단약 유지율을 유의미하게 증가시키고, 금단 증상의 완화 및 중독 치료에 긍정적인 역할을 하는 것으로 보고된다. 이와 더불어 신체 활동을 통한 체력의 향상은 스트레스, 불안, 우울 증상도 유의하게 완화할 수 있는 것으로도 알려져 있다. 이에 신체 활동을 마약 중독으로부터의 회복과 접목시키고자 하는 노력들이 이루어지고 있다.

구체적으로 우리나라에서는 강은영과 신성만(2012)이 마약 중독으로부터의 재활을 위해 신체 활동 및 운동기구를 활용한 다양한 개입을 제안했다. 이들은 신체 활동과 스포츠가 그룹 활동을 통해 생활 기술을 습득하는 데에도 효과적이므로, 마약 중독 재활 프로그램에 이를 통합하는 것이 필요하다고 언급한다. 신체 활동을 통한 재활 프로그램의 예시를 들면 다음과 같다(강은영, 신성만, 2012 재구성).

- 운동을 통한 건강관리
- 스트레스 관리 및 이완 요법 활용
- 집단 치료 프로그램 시, 팀 단위 운동과 게임을 통해 참여자 간 그룹 형성
- 스포츠 참여를 통해 감정관리 기술 연습
- 운동 프로그램을 활용해 목표 설정과 관리

이 밖에도 신체 활동을 통한 마약류 중독 재활 프로그램의 예로 Fischetti 외(2020)의 다면적 신체 활동 개입(Multilateral Physical Education Intervention)이 있는데, 이는 마약 중독자의 재활에 운동을 접목한 회복 훈련이다. 이 프로그램은 체계적 운동 프로그램과 심리치료 기법을 접목해

마약류 중독자의 체력 향상 훈련에 활용되었다. 이 프로그램 참여자들은 체력 상승을 경험했고, 긍정 정서와 문제해결 기술에서도 긍정적인 결과를 나타냈다.

신체 활동이 마약 중독자에게 어떻게 영향을 미치는지는 Piché 외(2024)의 연구에 잘 나타나 있다. 이 연구에서 마약류 중독자들은 긍정적인 신체 변화를 경험하면서 건강관리의 중요성을 인식하게 되었으며, 운동을 통해 마약에 대한 사고와 갈망이 줄어드는 한편, 함께 운동하는 사람들과 치료 동맹을 맺거나 서로 단약 의지를 강화시키는 긍정적 사회관계의 확장을 경험했다.

종합해보면, 신체 활동은 마약 중독 치료 및 재활 과정에서 여러 가지 긍정적인 역할을 한다. 신체 활동을 통해 건강한 생활 습관을 기를 수 있고, 단약 의지를 강화하며, 재발에 대처하는 자신감도 높일 수 있다. 또한, 회복 과정에서 사회적 지지를 얻고, 치료 및 재활 프로그램에 꾸준히 참여하는 데에도 도움이 된다. 이러한 이유로 치료 및 재활 프로그램에 신체 활동을 통합하는 것은 효과적인 회복 전략이 될 수 있다.

〈그림 18〉 그룹 신체 활동

다면적 신체 활동 개입 프로그램
(Multilateral Physical Education Intervention)

1. 프로그램 구성

① 중재 기간: 총 8주

② 운동 빈도: 주 3회, 1회당 60분

③ 운동 구성

—준비운동(10분): 자세 교육 운동, 주요 근육 스트레칭

—본 운동(40분): 유산소 운동(걷기/조깅), 근력운동(프리웨이트 및 밴드)

—정리운동(10분): 스트레칭 및 자세 교육 운동

2. 유산소 운동

① 형태: 걷기 및/또는 조깅

② 강도: 심박수 예비량(HRR)의 40~60%

③ 시간: 16분으로 시작 → 매주 2분씩 증가 → 8주 차에 30분 도달

3. 근력 운동

① 도구: 웨이트 기구 등

② 강도: 하체는 최대 반복 횟수(1RM)의 50~70%, 상체는 1RM의 40~70%

③ 운동: 주요 부위들을 대상으로 8~10개 운동, 1~2세트, 8~12회 반복

④ 휴식: 세트 및 운동 사이 1~3분

⑤ 강도 증가: 2회 세션 이후 1~2kg씩 증가

4. 유연성 및 자세 교육

① 스트레칭: 주요 부위를 중심으로 통증 없이 최대 가동 범위 내에서 수행함.

② 구성: 부위별로 1~3세트, 각 스트레칭은 10~30초, 총 60초 되도록 1~3회 반복

③ 자세 교육: 호흡, 균형 운동 등(준비운동 및 정리운동이 포함)

5. 집단 훈련 구성 요소

① 형태: 주 1회, 15~20분간의 인지 · 행동 기반 집단 프로그램

② 진행자: 운동 전문가와 심리 전문가가 함께 진행

③ 내용: 운동 동기 강화, 행동 변화 유도, 운동 지속성 향상 등

(출처: Fischetti 외, 2020 재구성)

2) 식습관 및 영양 관리

마약 중독은 식습관과 영양 상태에도 부정적인 영향을 미칠 수 있다. 최근 연구들은 마약 사용이 식욕 저하, 영양 불균형, 그리고 건강하지 못한 식습관으로 이어질 수 있음을 보여주고 있다. 따라서 적절한 영양 섭취는 마약으로부터의 회복 과정에서 보호 요인으로 작용할 수 있다.

이러한 맥락에서 Angeles-Agdeppa 외(2021)는 재활센터에 입소한 마약 중독자들에게 영양관리 프로그램을 제공하는 것이 입소자들의 생활에 어떠한 변화가 있는지 살펴보았다. 이 프로그램에서는 영양관리지침에 근거해 재활센터 입소자들에게 120일간 표준화된 8주간의 순환식단과 함께 영양사를 동반한 개인 맞춤형 영양교육을 제공했다. 이후 센터 입소자들의 삶의 질, 심리적 상태 등을 측정한 결과, 삶의 질이 상승하고 우울 및 스트레스는 현저히 낮아졌음을 보고해 일상의 균형 있는 식사가 중독 회복에 중요하다는 것을 시사했다.

따라서 마약 중독으로부터의 회복을 위해서는 식습관 개선 및 영양 관리가 반드시 병행되어야 하며, 이는 재활의 효과를 높이고 재발을 예방하

는 데 중요한 역할을 할 수 있다.

3) 예술 및 창작 활동

예술 및 창작 활동은 마약 중독 치료에서 언어적 표현이 어려운 클라이언트들에게 비언어적 매체를 활용해 내면의 감정과 경험을 안전하게 드러내도록 해 심리적 치유와 회복 동기 강화에 중요한 역할을 한다는 점에서 효과적인 접근법으로 자리매김해 왔다.

대표적인 개입 중 하나인 미술치료는 다양한 미술매체의 질감과 표현 특성을 활용해 클라이언트가 자신의 무의식과 감정을 자유롭게 표현하도록 돕는다. 이를 통해 중독자는 무기력감과 통제 불능의 삶을 인정하고, 중독 경험에서 비롯된 수치심을 치유하며, 깊은 자아 성찰을 경험할 수 있다. 실제로 미술치료는 중독자의 분노 조절, 정서적 안정, 사회적 기술 회복 등에도 긍정적인 영향을 미치는 것으로 보고되고 있다. 구체적인 미술치료 활동의 예로는 마약 사용 경험을 그림으로 표현하기, 감정 그리기, 미술 일기, 조각 등이 있다(Aletraris et al., 2014).

음악치료는 마약 중독 치료에서 대표적인 예술 활동 중 하나이다. 구체적인 예로 Winkelman(2003)의 연구에서는 반복적인 리듬을 활용한 드럼 연주와 같은 활동이 뇌파를 일정한 패턴으로 동기화해 이완을 유도하고, 중독자의 회복을 촉진하는 효과가 있었다. 또한 영국의 New Note Projects(2016)는 알코올 및 마약 중독 회복자를 대상으로 오케스트라 활동을 운영했으며, 참여자들은 삶의 태도와 인간관계에서 긍정적인 변화를 경험했다.

다른 창작 활동으로 글쓰기 활동이 있다. Meshberg-Cohen 외(2014)의 연구에서는 거주형 재활시설에 입소한 여성 마약 중독자들을 대상으로

〈그림 19〉 미술치료

'표현적 글쓰기' 프로그램을 20분씩 총 4회 진행한 결과, 참여자들의 부정적 감정이 완화되었다. 특히 이러한 글쓰기 프로그램은 저비용으로 누구나 쉽게 접근할 수 있다는 점에서 매우 유용한 접근법이 될 수 있다.

연극치료는 자신의 몸에 대한 새로운 인식과 잠재성 개발을 통해 회복에 긍정적 영향을 미친다. 이선형(2017)에 따르면, 다양한 정체성을 연극적으로 경험함으로써 치료가 된 나, 약물로부터 해방된 나를 연극을 통해 경험할 수 있고 이러한 간접 경험은 현재의 중독된 나의 모습과 직면할 수 있도록 함으로써 치료와 자기 인식에 도움을 준다.

이처럼 다양한 예술 및 창작 활동은 마약 중독자들이 부정적 감정을 완화하고 자기 만족감과 자신감을 회복하도록 도우며, 잃어버렸던 삶의 의미를 되찾고 회복에 대한 동기를 강화하는 데 중요한 역할을 한다.

4) 영성 개입

대부분의 중독 치료의 근간으로 사용되는 전통적인 12단계도 영성에 근거한 개입이라 할 수 있다. 최근에는 종교적 신념이 없더라도 명상, 마음챙김, 요가 등과 같은 영적 개입을 통해 자기성찰, 감정 및 충동 조절, 스트레스 및 갈망 관리에 도움을 주는 프로그램이 확산되고 있으며, 이러한 비종교적 영성 개입이 중독 회복 과정에서 긍정적 효과를 보이고 있는 것으로 나타난다.

이와 더불어 종교적 신앙에 기반을 둔 영성 개입 프로그램들도 다수 존재한다. 예배, 기도, 성서/경전 읽기, 영적 상담 등 신앙생활을 통한 영성 개입이 이루어진다. 실제로 마약 중독자들이 금단의 고통이나 갈망이 올 때 신에게 기도하거나, 매달리는 경험을 통해 심리적 안정과 삶의 의미 회복, 회복의 동기를 얻는다. 또한 이러한 활동들을 통해 재발 위험에서 자신을 보호하고, 가족과의 관계 회복 및 공동체 네트워크를 형성한다.

이처럼 마약 중독자들을 위한 영성 개입은 종교적 신앙 실천과 비종교적 영성 실천의 다양한 형태로 이루어지며, 회복 동기 강화와 재발 방지, 삶의 의미 회복에 중요한 역할을 한다.

〈그림 20〉 그룹 명상

마약, 당신이 궁금한 모든 것
— Q&A로 알아보는 마약 이야기 ⑬

Q. 마약을 투약한 환자를 진료한 의사가 그 환자를 경찰에 신고할 수 있을까?

A. 마약에 대한 부정적인 인식과 낙인으로 인해 마약 중독자들은 신분 노출을 꺼려하고, 투약 사실이 밝혀졌을 경우 처벌에 대한 우려가 높다. 따라서 병원에 치료를 받으러 가면 신고를 당하게 될까 봐 치료를 기피하는 경우가 많다. 이러한 상황을 고려하여 치료를 활성화 하고자 하는 취지에서 2000년 「마약류 관리에 관한 법률」에 따라 의료인의 마약류 중독자 보고 의무 규정이 폐지되어 신고의 의무가 사라졌다. 따라서 의료기관에서 치료를 받아도 신고하지 않는다.

13장

사례관리

1. 사례관리의 개념 및 이해

중독자의 재발을 방지하고 예방하기 위해 정신건강 외래서비스 이용률을 증가시키는 효과적인 방법이 사례관리(Case Management)이다. 사례관리와 비슷한 뜻을 가진 용어로는 사회적 지지망(Social Support Network)을 비롯해, 관리의료(Managed Care), 돌봄 조정(Care Coordination), 지속돌봄 조정(Continuing-care Coordination), 돌봄 연속성 조정(Continuity Coordination), 서비스 통합(Service Integration), 서비스 조정(Service Coordination) 등이 있다.

이 책에서는 먼저 학자들이 정의한 일반적인 사례관리의 개념을 살펴본 후, 중독 사례관리의 협의적 개념을 다루고자 한다. 사례관리에 대한 학자들의 정의는 〈표 12〉를 통해 알 수 있다.

그렇다면 중독과 관련된 사례관리는 어떻게 정의되고 있을까? 우선 한국중독정신의학회(2019)에서는 사례관리를 '서비스 자원체계 접근이 어려

〈표 12〉 사례관리의 정의

학자	사례관리에 대한 정의
Woodside & McClam (2006)	복합적인 욕구를 가진 대상자들에게 다양한 서비스를 효과적으로 전달하기 위한 실천 전략
Moxley (1989)	다양하고 복합적인 욕구를 지닌 클라이언트를 대상으로 사례관리자 또는 사례관리팀이 공식적·비공식적 지원망과 클라이언트의 기능과 복지를 최대화하기 위해 고안된 활동을 조직하고, 조정하며, 유지하는 실천 방법
Baker & Intagliata (1992)	클라이언트 옹호, 서비스 조정, 자원 통제, 서비스 구입 등의 통합적이고 효율적인 개입을 통해 기관이 클라이언트를 책임지는 활동
Anthony 외 (1988)	대상자의 목표에 따라 움직여야 하며, 대상자가 필요로 하고 원하는 서비스를 받도록 지원해주는 과정
Weil (1991)	서비스 대상자가 원하는 서비스를 통합해 효과적이며 효율적으로 제공받을 수 있도록 보장하는 과정 또는 방법

운 대상자들이 지역사회 내에서 안정적인 일상을 영위할 수 있도록 다각적이고 체계적이며 지속적인 지역사회 기반 서비스를 제공하는 통합적 개입 방법'이라고 정의했다. 국립정신건강센터(2023)의 『중독정신건강 표준 사례관리 매뉴얼』에는 중독정신건강 분야에서 사례관리란 '지역사회에서 중독 관련 문제 및 질환을 가진 대상자 또는 그의 가족이 건강한 삶을 유지하고 안정적으로 정착하기 위해 제공되는 모든 서비스를 의미한다'라고 설명하고 있다. 특히 사례관리는 사정평가를 통해 중독 대상자와 그의 가족의 욕구를 파악하고 개별 서비스 계획(ISP) 수립에 따라 서비스를 통합, 조정, 제공하는 것을 포함하는데, 이때 대상자는 지역사회 내에서 지속적인 서비스를 받을 수 있어야 한다.

즉, 사례관리의 대상은 중독자와 그 가족을 포함하며, 사례관리란 대상자의 정착이 지역사회 내에서 안정적으로 이루어지거나 유지되는 모든 과정이다. 정리하자면, 중독자와 그 가족이 지역사회 내에서 '건강히 정착하는 것'이 중독 사례관리의 핵심 목표라고 할 수 있다.

이에 국립정신건강센터는 정신건강 사례관리 서비스를 제공하는 방법을 다음과 같이 제시했다(국립정신건강센터, 2023).

- 심리사회적 상담서비스 및 가족 지원
- 대상자 욕구 및 필요에 따른 지역사회 자원 탐색
- 타 서비스 연계 및 행정절차 지원
- 기관 간의 유기적 협력체계 유지 및 자원 조정
- 사회 복귀 및 회복을 위한 재활프로그램 제공
- 기타 교육 및 훈련 서비스 제공

2. 중독 사례관리의 필요성

중독 문제는 그 심각성에 따라 가족 체계의 붕괴를 야기하며 개인의 심리사회적 기능을 저하시키고, 사회 적응을 어렵게 한다. 또한 대상자의 치료 및 재활에 있어 중요한 점은 약물 사용의 중단 및 감소뿐만 아니라 전반적 삶의 영역에서의 기능 향상과 삶의 질 향상인데, 기존 약물 치료나 입원 치료만으로는 이러한 목표 도달에 한계가 있기 때문에 중독자의 치료 및 재활에는 지역사회를 기반으로 한 접근이 필요하다. 따라서 중독자와 그 가족을 대상으로 한 지역사회 중심 사례관리는 필수적이라고 할 수 있다.

이미 서구에서는 1980년대 이후 사례관리가 중독자를 위한 주요 개입방법으로 도입되어 활용되기 시작했다. 우리나라에서는 2000년대부터 중독 문제를 해결하기 위한 지역사회 기반 프로그램 및 사례관리 서비스를 공식적으로 구축하는 등 정부의 노력이 이어지고 있다.

선행연구에 따르면, 사례관리는 대상자의 입원 횟수 감소, 브호비용 절감, 타 정신건강 서비스 이용 등의 결과와 함께 대상자의 증상 수준, 사회적 기능, 치료 순응, 주거 안정성, 삶의 질 등에도 긍정적인 영향을 가져왔다(조혜정 외, 2016; Saleh et al., 2006; Vanderplasschen et al., 2007).

이를 통해 사례관리가 단순히 중독 문제를 다루는 것에 그치지 않고, 대상자의 광범위한 복합적 욕구를 세밀하게 파악할 수 있는 접근법임을 알 수 있다. 무엇보다 사례관리는 정신건강, 노인복지, 아동복지와 같이 다양한 영역에서 복합적인 욕구를 가진 대상자가 서비스 전달체계로부터 떨어져 있을 때 효과적으로 활용되는데, 중독 문제를 가진 대상자는 타 정신질환에 비해 정신건강 서비스 이용률이 매우 낮으면서도 다층 복합적인 욕구를 표출하고 있기 때문에 중독 문제를 가진 대상자를 발굴하고 서비스 사각지대를 최소화하려는 사례관리의 필요성이 더욱 강조된다(조혜정 외, 2016; 최희수, 2000).

국립정신건강센터(2023)의 『중독정신건강 표준 사례관리 매뉴얼』에 따르면 중독자 사례관리의 특징은 다음과 같다.

① 중독자의 회복을 위한 정신건강 상담서비스와 내·외부 자원을 활용한 교육 및 훈련 등 포괄적인 재활서비스를 제공하는 것이다.
② 중독질환은 만성적이고 진행적인 특성을 가지며 재발을 반복하는 질환이므로 치료의 연속성을 유지하기 위한 지역사회 중심의 관리가 매우 중요하다.
③ 중독 관련 질환 외에도 복합적인 문제를 가지고 있기 때문에 통합적인 보건·복지 관련 서비스를 직접적으로 제공해야 한다.

④ 정확한 욕구사정 및 개별화된 계획을 수립하고 제공된 서비스에 대한 적절한 점검과 정기적인 평가가 이뤄져야 하므로 사례관리자의 전문적인 역량이 요구된다.

3. 중독 사례관리의 원칙

국립정신건강센터(2023)에서 제시한 중독 사례관리의 원칙은 다음과 같다. 첫째, 포괄적 서비스의 제공이다. 사례관리 대상자(또는 가족)의 중독 문제, 질병 등의 신체 문제, 사회적 상황 등 각 대상자의 욕구에 맞는 개별화된 서비스를 제공하기 위해서는 중독질환이 갖는 특성을 먼저 이해해야 한다. 특히, 생물학적, 심리·사회적, 환경적 요인 등 중독을 설명하는 여러 요인들이 존재하므로 치료와 재활에 있어서도 진단부터 정착까지 매우 다양한 분야의 서비스가 필요하다. 또한 가족 지원까지 고려한다면 돌봄과 상담 등의 지원이 필요하다. 따라서 중독자 사례관리는 다학제간 협업이 매우 중요하며 지역사회에서는 이에 대한 고려가 충분히 이루어져야 한다.

둘째, 지속적인 서비스 제공이다. 중독 문제는 단편적이고 단기적 치료만으로 회복되는 것이 아니다. 또한 중독자의 가족과 주변인들의 삶 전반에도 영향을 미치기 때문에 중독 문제의 수준, 대상별 수준에 따라 적합한 서비스가 지속적으로 제공되어야 한다. 예를 들어, 개인의 장점과 욕구에 서비스 계획을 맞추고 변화에 따라 서비스의 유형과 강도를 조절해 서비스를 전달할 수 있다.

셋째, 제공되는 서비스 간의 연계성이다. 사례관리자는 중독자와 그 가족이 통합적이고 긴밀히 연계된 서비스를 받도록 안내해야 한다. 또한 중독자와 그 가족을 통합적인 보건복지 서비스 및 필요한 정신건강 서비스 제공 기관에 연계함으로써 서비스 분산을 막고 유기적으로 연계된 서비스를 제공받을 수 있도록 한다. 이외에도 치료시스템의 서로 다른 기능을 통합해 제공할 수 있으며, 복잡한 정신건강 서비스 전달체계의 중개자 혹은 권익옹호자의 역할을 수행하도록 해야 한다.

넷째, 중독 사례관리 서비스의 유연성이다. 사례관리 대상자와 가족은 지역사회의 다양한 요소로 인해 중독 문제의 심각도 및 욕구가 변화할 수 있다. 따라서 대상자의 상태와 변화 정도에 따라 적절히 대응하는 것이 중요하며 계획의 조정도 필요하다.

4. 중독 사례관리의 과정

중독자의 생리적·사회적·심리적 영역의 요구 수준에 부합하는 치료적 접근을 위해서는 효율적인 협력과 일관성 있는 사례관리의 적용이 필요하다. 아울러, 사례관리가 체계적으로 이루어질수록 서비스의 효과가 증대되며, 중독자의 회복에 중요한 요소로 작용한다.

국립정신건강센터(2023)의 『중독정신건강 표준 사례관리 매뉴얼』에서는 중독 사례관리의 과정을 다음과 같이 제시하고 있다(〈그림 21〉).

- **1단계: 초기상담**(Intake)

서비스 소개 및 사례등록 여부를 결정하는 단계이다. 기본 정보(성명, 의료보장 정보), 중독 관련 정보(주호소 문제, 과거력), 정신건강 평가(우울·불안 검사) 등을 수집한다. 사례관리자는 수집된 정보를 바탕으로 사례회의를 진행하며 등록 적합성을 판단한다. 부적합 시 단기 상담이나 타 기관 의뢰

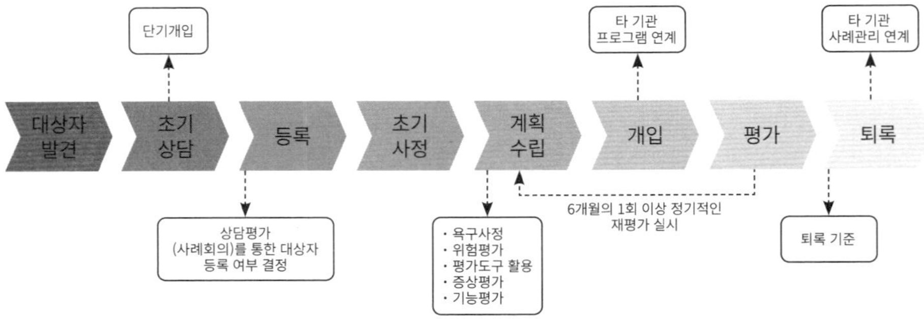

〈그림 21〉 지역사회 내 중독 클라이언트 사례관리 과정
(출처: 국립정신건강센터, 2023 재구성)

로 전환한다.

- **2단계: 사정**(Assessment)

등록된 대상자의 구체적 욕구와 강점·약점, 가족 지원 체계를 종합적으로 평가한다. 개별 서비스 계획(ISP) 수립을 위한 기초 자료로 활용되며, 구조화된 평가 도구를 사용해 객관성을 확보한다.

- **3단계: 계획**(Planning)

개별 서비스 계획(ISP)를 수립하는 단계로, 중독자의 특성에 맞춘 관리 강도(집중/일반)를 결정한다. 국내 사례관리 시스템은 지역사회·가족·의료기관을 포괄한 네트워크를 구축해 다각적 지원을 제공한다.

- **4단계: 개입**(Intervention)

계획에 따라 직접 서비스(개별 상담, 그룹 프로그램)와 간접 서비스(자원 연계, 교육)를 실행한다. 예를 들어, 중독자의 사회적 기술 훈련을 위한 워크숍이나 가족 지원 상담이 대표적이다.

- **5단계: 점검 및 평가**(Inspection and Evaluation)

서비스 효과를 주기적으로 모니터링한다. 대상자의 기능 수준과 삶의 질 향상도를 측정하며, 성공 요인과 장애 요인을 분석해 개입 전략을 수정한다. 이 과정은 재사정부터 재계획의 순환 구조로 이어져 지속적 개선을 도모한다.

14장

재발

재발은 모든 질병에서 마주하고 싶지 않은 현상이지만, 중독 치료 과정에서는 특히 빈번하게 발생한다. 중독 치료의 본질을 이해하기 위해서는 재발에 대한 깊은 이해가 필수적이다. 따라서 재발의 정의, 영향 요인, 과정, 그리고 예방 방법을 포괄적으로 이해하는 것이 중독 치료의 핵심 요소라고 할 수 있다.

1. 재발의 정의 및 요인

1) 재발의 정의

중독자들은 치료와 회복을 위해 단약을 결심하지만, 재발에 대한 불안을 자주 경험한다. 중독성이 강한 마약뿐만 아니라 다양한 중독 물질들은 뇌에 강력한 영향을 미쳐 높은 수준의 갈망을 유발한다. 이러한 갈망은 마약 관련 신호에 민감하게 반응해 단약을 방해하고 자기제어의 실패를 초래할 수 있다(Sayette, 2016).

중독에서 재발의 정의는 현재까지 합의된 바가 없지만, 가장 빈번히 사용되는 정의를 몇 가지 소개하고자 한다(한국중독정신의학회, 2019; Fisher & Harrison, 2010; See et al., 2003).

① 마약 중독에서 정의하는 재발의 기본 정의는 장기간 단약을 유지하다가 다시 마약 추구 및 사용 행동이 일어나는 것을 의미한다.
② 재발은 단약 기간 동안 마약 남용으로 돌아가 통제가 불가능한 상태에 이르는 것을 나타낸다.
③ 재발은 일정 기간 중독 행위를 중단했다가 다시 중독 행동을 하는 것으로, 양과 빈도 면에서 이전 중독 상태로 돌아가거나 치료가 필요할 정도로 심각한 부작용이 수반된 경우, 완전한 역기능 상태로 돌아간 것을 의미한다.

실수(lapse)와 재발(relapse)은 엄밀히 구분된다. 실수는 이전 남용 습관과 중독 행동의 완전한 재발이 아닌 짧은 삽화로, 중독 대처 방법을 알지만 제대로 실행하지 못한 상태를 의미한다. 반면 재발은 이전의 중독 행동으로 완전히 돌아가 신체적, 심리적, 사회적 기능이 과거 중독 상태가 되고, 중독에 대한 조절 능력과 통제를 상실한 상태를 말한다. 실수와 재발은 연속선상에 있기 때문에 실수를 즉시 개입해야 하는 신호로 간주하고, 향후 재발로 발전하지 않도록 해야 한다. 따라서 실수 발생 시 민감하게 반응하고 즉각적인 개입을 하는 것이 중요하다(Fisher & Harrison, 2010).

2) 재발 요인

중독 재발을 이해하는 것은 치료와 예방의 핵심으로, 이는 개인의 심리적 취약성부터 사회구조적 문제까지 다양한 요인이 복합적으로 작용하기 때문이다. 국립정신건강센터(2022)의 조사에 따르면, 재발의 주요 원인은 욕구/갈망(35.6%), 우울감(14.6%), 금단 증상(14.1%) 등 정서적 요인이 가장 큰 비중을 차지한다. 이와 함께 경제적 어려움(14.1%), 직무 스트레스(3.7%), 대인관계 갈등(3.0%) 등 사회적 압력이 재발을 유발하는 것으로 나타났다.

재발 위험은 특정 상황에서 급격히 증가한다. Jarvis 외(2010)는 다음 네 가지 상황을 주요 위험 요인으로 제시한다. 마약 중독자가 재발을 경험하기 쉬운 상황은 ① 부정적인 정서 상태일 때, ② 대인관계에서 갈등이 생겼을 때나 사회적으로 고립되었을 때, ③ 약물 사용에 대한 높은 사회적 압력이 가해질 때, ④ 갈망과 충동이 발생할 때이다.

재발에 영향을 미치는 요인은 다양하지만 크게는 인구사회학적 요인, 환경적 요인, 심리적 요인으로 나눌 수 있다.

- **인구사회학적 요인**: 연령, 결혼 상태, 거주 환경 등이 재발 가능성에 영향을 미친다. 특히 경제적 불안정성과 사회적 지지망의 부재는 중독자의 취약성을 가중시키는 주요 변수로 작용한다.
- **환경적 요인**: 약물 사용자와의 접촉은 갈망을 촉발시키며, 일상생활의 상실과 체계적 활동 부족은 재발 위험을 1.8배까지 높인다는 연구 결과가 있다(Mousali et al., 2021).
- **심리적 요인**: 스트레스, 우울감, 낮은 자기효능감은 재발을 유발하는 주요 심리적 취약점이다. 예를 들어, 직장 스트레스가 지속될 경우

재발 가능성이 67% 증가하며, 가족 간의 갈등을 겪고 있을 시 이 수치는 82%까지 상승한다는 데이터가 보고되었다(American Addiction Centers, 2024b).

이러한 요인들은 단순히 개별적으로 작용하지 않는다. 예컨대 경제적 어려움(인구사회학적 요인)은 우울감(심리적 요인)을 유발하고, 이는 다시 약물 사용자와의 접촉(환경적 요인)으로 이어지는 악순환이 형성된다. 따라서 재발 예방을 위해서는 심리적 회복 프로그램, 사회적 지지망 구축, 환경적 유혹 차단이 연계된 통합적 접근이 필수적이다. 재발 방지의 성공은 단순히 마약 사용을 중단하는 것이 아니라, 이러한 다층적 요인을 체계적으로 관리하는 데 달려 있다.

2. 재발의 과정

중독 재발은 단계적으로 진행되며, 그 과정을 이해하는 것은 예방과 개입에 필수적이다. American Addiction Centers(2024b)는 재발을 다음과 같이 3단계로 구분한다.

① **1단계 감정적 재발**: 이 단계에서는 마약 사용에 대한 직접적 갈망은 없지만, 부정적 감정(우울, 불안)과 고립, 자기관리 소홀이 재발 위험을 내포한다. 감정을 건강하게 다루지 못할 경우 불안과 과민성이 축적되며, 결국 마약 사용에 대한 생각을 촉발시킨다.

② **2단계 정신적 재발**: 감정적 재발이 해결되지 않으면 갈망과 단약 의지의 충돌이 시작된다. 이 단계에서 중독자는 과거 마약 사용의 긍

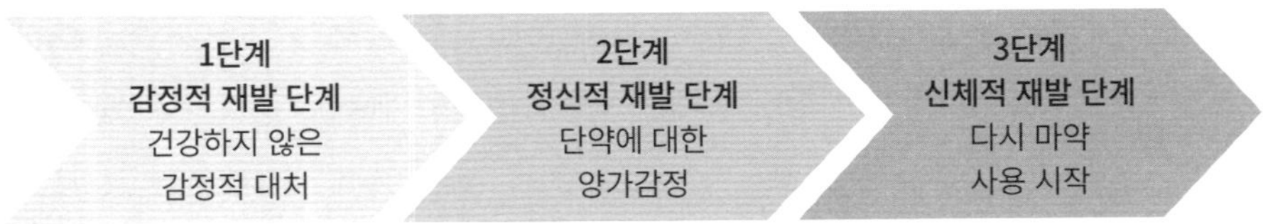

〈그림 22〉 재발의 3단계

(출처: American Addiction Centers, 2024b 재구성)

정적 경험만을 재구성하며, 효과적 대처 기술 부재로 인해 갈망이 증폭된다.

③ **3단계 신체적 재발**: 강박적 사고가 통제력을 압도하면 실제 사용으로 이어진다. 실수로 시작된 사용은 빠르게 완전한 재발로 발전하며, 중독의 악순환이 재개된다.

재발 과정을 설명하는 대표적인 두 가지 모델을 살펴보고자 한다. 먼저, Marlatt과 Donovan(2005)은 중독 행동 모델을 제시했다. 이 모델에서는 고위험 상황에서 대처 기술의 유무에 따라 재발 가능성이 달라진다고 설명한다. 대처 기술이 있는 사람은 자기효능감이 증가해 재발 가능성이 감소하지만, 대처 기술이 없는 사람은 자기효능감이 감소하면서 문제 행동으로 이어져 재발 가능성이 높아진다. 따라서 문제 행동이 발생할 시 재발로 넘어가지 않도록 치료적 개입이 필요하다.

Wright 외(1993)는 인지 모델로 재발을 설명한다. 인지 모델은 내·외적 고위험 상황에서 자극이 발생하면, 중독자들은 마약 관련 신념이 활성화되고 자동적 사고가 일어난다고 설명한다. 자동적 사고는 마약에 대한 갈망을 일으키고, 재발을 촉진하거나 허용하는 믿음을 갖게 해 문제 행동을 유발한다. 따라서 인지 모델은 중독자에게 고위험 상황에서 부정적 신념들이 어떤 영향을 미치는지, 각 단계에서 어떻게 대처할 수 있는지에 대한 정보를 제공한다.

이 두 모델은 상호보완적이다. 중독 행동 모델이 상황 대처 기술에 초점을 둔다면, 인지 모델은 인지적 취약성을 해결하는 방안을 제시한다. 실제 치료 현장에서는 두 관점을 통합해 고위험 상황 예측, 인지 편향 교정, 대처 기술 훈련의 종합적 접근이 적용된다(Kelly et al., 2020; The Grove Estate, 2024).

3. 재발 예방 및 대처

중독 치료의 성공은 재발 예방에 달려 있다. 재발은 회복 과정의 자연스러운 일부로, 대다수의 중독자가 경험하는 현상이다. 이에 재발 예방 교육은 중독자의 치료 동기 강화와 지속적 회복을 위해 필수적이다.

재발 예방은 단순한 개입을 넘어 치료 효과를 유지하는 방법론을 제시한다. 이는 재발을 유발하는 고위험 상황을 관리하고, 인지 · 행동적 대처 기술을 습득하며, 실수를 예방하는 종합적 접근을 포함한다(Marlatt & Donovan, 2005).

재발 예방의 목표는 다음과 같다(Marlatt & Donovan, 2005).

첫째, 단약 서약 및 변화에 대한 결심 강화하기. 변화 의지는 재발 예방의 시작점이다. 의식적 서약과 계약서 작성은 중독자의 동기를 구체화하는 데 효과적이며, 변화의 이유를 기록함으로써 단약 의지를 지속적으로 상기시킬 수 있다. 예를 들어, '마약 없이 얻을 수 있는 긍정적 결과'를 명시한 목록을 작성하는 것은 인지적 재구성을 촉진한다.

둘째, 고위험 상황 확인하기. 고위험 상황은 단순히 부정적 감정(우울, 분노)뿐 아니라 긍정적 상황(성공, 재정적 여유)에서도 발생할 수 있다. 자기 관찰을 통해 개인별 취약점을 파악하고, 과거 대처 방식을 분석하는 것이 중요하다. 예를 들어, '주말 밤 외로움'이 유발 요인이라면, 이를 대체할 활동(운동, 취미 모임)을 사전에 계획해야 한다.

셋째, 대처할 수 있는 인지 및 행동 전략을 배우기. 구체적으로 다음과 같은 전략이 필요하다(Jarvis et al., 2010; Urschel, 2012).

- **사전 계획 수립**: 예상되는 어려움에 대한 대비책을 마련한다. 자기대화(self-talk)를 통해 부정적 사고("한 번쯤은 괜찮아")를 인식하고, 이를 긍정적 신념("나는 충분히 통제할 수 있다")으로 전환한다.
- **경고 신호 인식**: 재발 징후(예: 마약 사용자와의 접촉 증가)를 즉각 감지하도록 훈련한다. 중독자의 책임성 인식을 강화해 '실수는 선택의 결과'임을 인지시킨다.
- **상황 회피와 기술 습득**: 취약 상황을 피하는 기본 전략과 함께, 사회적 압력 대처 기술이나 감정 조절 기법(명상, 호흡 훈련)을 결합한다.

넷째, 실수를 방지하고, 단약이나 위해감축의 치료 목표 유지하기. 단약 과정 중 발생하는 실수는 재발로 이어질 수 있는 중요한 위험 요인으로, 체계적인 관리가 필요하다. 만약 실수가 일어난 경우에는 구체적으로 다음과 같은 대처가 필요하다(Jarvis et al., 2010; Urschel, 2012).

- **즉각적 대응**: 실수 직후 현재의 치료 방법을 중단하고 전반적인 과정을 검토한다.
- **감정 조절**: 부정적 감정을 진정시키기 위해 단약의 긍정적 효과를 상기하거나 결심을 재확인한다.
- **원인 분석**: 치료제 복용 여부, 치료자 접촉 빈도, 유발 인자(친구 관계,

개인행동) 등을 점검한다.

- **계획 수정**: 유발 요인 제거, 치료 강도 조정(상담 횟수 증가 등), 고위험 상황 회피 전략을 마련한다.

이 과정에서 치료자의 역할은 중독자가 '실패자'라는 생각을 버리도록 돕는 것이다. 실수는 회복 과정의 자연스러운 일부임을 강조하며, 이를 통해 향후 전략을 개선할 수 있음을 설명해야 한다. 또한 가족, 친구, 자조집단과의 지지망 구축은 단약 유지에 결정적인 역할을 한다.

다섯째, 변화 유지에 중요한 기타 생활방식을 발견하기. 생활방식이나 그 외의 환경 요인들은 회복과 재발에 영향을 미친다. 따라서 재발 유발요인을 피하고 단약하는 데에 도움이 되는 생활방식을 발견해 꾸준히 수행할 수 있도록 도와주어야 한다.

다음은 위에서 제시된 대처 방법들을 활용해 보호관찰 여성을 대상으로 실제 약물남용 재발 예방 집단 프로그램을 실시한 사례이다.

보호관찰 여성의 약물남용 재발 예방 집단개입 프로그램

배경

집단개입은 약물 남용 대상자의 부인(denial)을 약화시키는 데 매우 효과적이고, 동료성원의 피드백을 제공받는다는 장점이 있다. 또한 약물남용 여성의 특성상, 환경적 요인에 의해 약물 사용 동기가 형성될 뿐만 아니라 약물 사용을 지속하게 되기도 한다는 점에서, 지지적 환경의 중요성이 강조된다.

프로그램 내용

- 강의를 통해 약물 사용과 관련 있는 고위험 상황을 다루고 이에 대응할 수 있는 방법에 대해 토의한 후 피드백을 제공한다.
- 강의를 통해 약물 사용의 부정적인 측면에 대해 이해하고 약물 사용의 이익과 손실에 대해 토의한다. 또한 약물 사용의 충동과 갈망에 대한 대처 계획을 수립한다.
- 효과적인 문제해결 기술과 약물을 거부하는 거절 기술을 학습한다.
- 생태도(Ecomap)를 통해 자신과 환경과의 관계를 탐색하며 지지적인 사회관계망을 발굴하고 확대하는 방법을 학습한다. 또한 고위험 상황에서 도움을 줄 수 있는 자원을 탐색한 후 이에 대해 토의한다.
- 강의와 경험 나누기를 통해 약물 사용이 여성 건강에 미치는 영향을 학습하고, 약물 사용으로 인해 악화된 건강을 향상시키기 위한 방법에 대해 토의한다.

(출처: 김용석, 장정연, 2005 재구성)

15장

마약 중독과 실천가의 역할

마약 중독 문제를 해결하기 위해서는 실천가의 역할이 매우 중요하다. 따라서 실천가의 핵심 역량과 다학제적 접근, 그리고 회복전문가의 역할에 대해 살펴보고자 한다.

1. 중독 실천가의 핵심 역량

실천가에게 요구되는 역량은 단순한 지식 습득을 넘어서는 개념이다. 역량이란 과제 수행을 위해 지식, 능력, 기술, 사고, 태도를 능동적으로 운용할 수 있는 능력을 의미한다. 또한 동기, 판단, 의지와 같은 다양한 인간적 자질도 포함한다.

SAMHSA(2021)에서는 중독 실천가의 역량을 체계화한 Technical Assistance Publication(TAP) 21을 발행했다. 이 모델은 두 가지 주요 부분으로 구성된다. 첫째는 초학제적 기반으로, 네 가지 영역, 총 23개 역량으로 구성되며 중독 관련 모든 분야에 적용된다. 둘째는 전문적 실무로 8개 영역, 총 100개 역량으로, 중독 실천가들의 구체적인 임상 실천 능력 향상을 위한 것이다. 이는 중독 분야의 과학과 기술의 진전에 따라 계속 발전할 수 있다.

초학제적 기반은 네 가지 주요 영역으로 구성된다. 첫째, '중독에 대한 이해'는 물질사용장애에 대한 기본 지식을 포함한다. 둘째, '치료에 관한 지식'은 행동 변화 및 회복 모델에 대한 이해를 의미한다. 셋째, '실천 적용'은 개입과 회복 지식의 실제 적용 방법을 다룬다. 마지막으로, '전문적인 준비 상태'는 자기인식, 다양성, 윤리, 지속적 교육 관련 이슈를 포함한다(ATTC Network, 2018; SAMHSA, 2015b). 초학제적 기반의 네 가지 주요 영역과 23개의 세부 역량을 정리하면 〈표 13〉과 같다.

〈표 13〉 초학제적 기반 네 가지 영역의 역량

<table>
<tr><th>영역</th><th>역량</th></tr>
<tr><td rowspan="4">중독에 대한 이해</td><td>중독에 대한 다양한 모델 및 이론과 약물 사용 관련 문제들에 대해 이해하기</td></tr>
<tr><td>개인, 집단, 생활 환경을 구성하는 위험 및 회복적 요소를 포함해, 중독과 약물 남용이 존재하는 사회적, 정치적, 경제적, 문화적 맥락에 대해 이해하기</td></tr>
<tr><td>향정신성 물질이 본인과 중요한 타인의 행동적, 심리적, 신체적, 사회적 건강에 미치는 영향에 대해 이해하기</td></tr>
<tr><td>물질사용장애가 다양한 의료적 · 정신적 건강 문제와 혼재되어 나타날 수 있으며, 중독과 약물 남용이 의료적 · 정신적 건강 문제와 공존할 수 있음을 인지하기</td></tr>
<tr><td rowspan="4">치료에 관한 지식</td><td>향정신성 물질의 행동, 심리, 신체 건강 및 사회적 영향을 설명하고, 가장 일반적으로 인정되고 과학적으로 뒷받침되는 치료 모델의 철학, 관행, 정책 및 결과에 대해 설명하기</td></tr>
<tr><td>중독 치료와 회복 과정에서 가족, 사회관계망, 지역사회의 중요성 인식하기</td></tr>
<tr><td>연구 및 결과 데이터의 중요성과 임상에서의 적용을 이해하기</td></tr>
<tr><td>중독 치료에서 초학제적인 접근 방법의 중요성을 이해하기</td></tr>
</table>

영역	역량
실천 적용	물질사용장애에 대한 확립된 진단기준을 이해하고, 치료의 연속성 내에서 치료 방식과 배치 기준을 설명하기
	약물 사용, 남용, 의존의 부정적인 영향을 감소하기 위한 다양한 지원 전략 설명하기
	클라이언트의 의존, 변화, 회복 단계에 따라 지원 전략 및 치료 양식 조정하기
	클라이언트의 개인적·문화적 정체성과 언어에 따라 적합한 치료 서비스 제공하기
	치료 환경 및 양식의 범위에 따라 실천 조정하기
	물질사용장애 치료에서 사용되는 의료적 및 약리학적 자원과 익숙해지기
	사용 가능한 보험 및 건강 유지 옵션을 파악하고, 허당 혜택을 이용할 수 있도록 클라이언트를 돕는 것의 중요성 알기
	위기는 근원적인 물질사용장애를 가리킬 수 있으며 변화를 위한 기회가 될 수 있음을 인지하기
	치료 결과를 측정할 필요성과 측정 방법 활용 이해하기
전문적인 준비 상태	다양한 문화를 이해하고, 장애인 등을 포함한 다양한 집단의 필요를 임상 실천에 포함하기
	개인, 직업, 문화생활에서 자기인식의 중요성을 이해하기
	클라이언트와의 관계에서 윤리적, 행동적 기준을 준수해야 하는 중독 전문가의 의무 이해하기
	클리이언트 서비스 수행에 있어서 지속적인 수퍼비전과 교육의 중요성 이해하기
	예방 및 치료 활동에 참여해야 하는 중독 전문가의 의무 이해하기
	위기 및 위험한 상황에 대처하기 위해 환경에 맞춘 정책과 절차를 클라이언트와 직원을 위한 안전조치를 포함해서 이해하고 적용하기

(출처: SAMHSA, 2015b)

마약 중독 문제 해결을 위한 실천가의 역할에서 전문적 실무 차원은 매우 중요하다. SAMHSA(2015b, 2021)가 제시한 전문적 실무 차원의 8개 주요 영역은 ① 임상 평가, ② 치료 계획 수립, ③ 의뢰, ④ 서비스 조정, ⑤ 상담, ⑥ 클라이언트·가족·지역사회 교육, ⑦ 문서 기록, ⑧ 전문적 및 윤리적 책임. 각 영역은 고유의 지식, 기술, 태도로 구성되어 있으며, 효과적인 중독 상담을 위해서는 이러한 역량들을 숙달하는 것이 필요하다. 각 영역에서 필요로 하는 역량들에 대한 보다 자세한 내용은 다음과 같다.

① **임상 평가**: 임상 평가는 선별과 평가로 이루어진 체계적 접근을 의미한다. 주요 역량으로는 신뢰 관계 형성, 체계적 정보 수집, 클라이언트의 변화 준비도 확인, 적절한 치료 옵션 점검 등이 있다.

② **치료 계획 수립**: 치료 계획 수립은 상담가와 클라이언트가 협력해 치료 목표와 방법을 설정하는 과정이다. 개별 서비스 계획(ISP)을 통해 이용자의 욕구에 맞춘 개별화된 계획을 수립한다. 이 과정에서는 마약 중독뿐만 아니라 대인관계, 교육, 건강, 법적 문제 등 다양한 측면을 고려해야 한다.

③ **의뢰**: 의뢰는 클라이언트의 요구를 충족시키기 위해 지역 내 의료기관 및 복지 서비스와 협력하는 과정이다. 이 과정에서는 클라이언트와 가족의 동의를 바탕으로 정보를 교환하며, 개인정보 보호와 기밀 유지가 매우 중요하다.

④ **서비스 조정**: 이는 클라이언트, 치료 서비스, 지역 기관 및 다양한 자원을 통합하는 활동이다. 이를 통해 클라이언트가 목표를 달성할 수 있도록 지원하며, 치료 진행 상황을 지속적으로 모니터링하고 평가한다.

⑤ **상담**: 상담은 클라이언트의 치료 목표 달성을 위한 협력적 과정이다. 이 과정에서는 클라이언트의 특성, 중요한 타인의 영향, 문화적·사회적 맥락을 고려한 민감한 접근이 필요하다. 다양한 중독 상담

모델을 이해하고 적절히 활용할 수 있는 능력이 중요하다.

⑥ **클라이언트·가족·지역사회 교육**: 이 영역은 물질 사용의 위험성과 예방·치료 자원에 대한 정보를 체계적으로 전달하는 과정을 포함한다.

⑦ **문서 기록**: 치료 과정 전반에 걸친 체계적 기록 관리는 치료의 연속성과 질 관리를 위해 필수적이다. 선별·평가 자료부터 치료 계획, 임상 경과, 퇴원 요약까지 모든 과정을 상세히 기록해야 하며, 이는 향후 치료 개선과 연구 자료로도 활용된다.

⑧ **전문적 및 윤리적 책임**: 중독 실천가는 윤리강령 준수와 지속적 전문성 개발의 의무를 지닌다. 이는 최신 연구 반영을 통한 실무 개선, 개인차 존중을 기반으로 한 감정 관리, 정기적 수퍼비전 활용, 신체·정신건강 관리 전략 수립 등 구체적 실천으로 구현된다. 특히 윤리적 자기평가는 전문가로서의 성장을 촉진하는 핵심 도구로 작용한다.

이 밖에도 조근호 외(2011)는 실천가에게 ▲중독 메커니즘에 대한 과학적 이해 ▲사회적 상황이 치료에 미치는 영향 분석 능력 ▲개인 맞춤형 개입 전략 개발 역량을 요구한다. 권자영 외(2018)의 연구에 따르면, 정신건강 분야 실천가들은 ▲개방적 의사소통 ▲역할 갈등 해결 ▲다학제적 협력 체계 구축 등을 최우선 역량으로 인식한다. 이러한 역량들은 마약 중독자가 직면한 법적·의료적·사회적 문제를 종합적으로 해결하는 데 필수적이다.

이처럼 앞서 언급된 전문적 실무 차원의 각 핵심 역량들은 상호연계적으로 작동하며, 실천가의 통합적 접근 능력을 통해 비로소 마약 중독 문제의 효과적 해결이 가능해진다.

2. 다학제간 접근

'다학제적(Multidisciplinary)'과 '다학제간(Interdisciplinary)' 접근은 개념적으로 유사해 보이지만, 실제 적용 방식과 강조점에서 중요한 차이를 보인다. 다학제적 접근은 공통된 문제에 대해 여러 분야의 전문가들이 각자의 영역에서 독립적으로 개입하는 방식을 취한다. 예를 들어, 마약 중독 환자의 치료에서 의사, 임상심리사, 사회복지사는 각각의 업무를 담당하되 서로 간의 깊은 상호작용 없이 업무를 진행할 수 있다. 반면, 다학제간 접근은 서로 다른 분야의 전문가들이 긴밀히 협력하거나 지식을 통합해 문제에 접근한다. 이 방식에서는 공유된 지식과 통합적 해결책 도출이 강조된다. 예를 들어, 마약 중독 치료 팀에서 의사, 임상심리사, 사회복지사가 정기적으로 회의를 갖고 환자의 상태에 대해 종합적으로 논의하며, 서로의 전문 영역을 넘나드는 통합적 치료 계획을 수립하는 경우가 이에 해당된다(NC State University, 2020).

이처럼 중독 치료에서 다학제간 접근은 다양한 전문가의 협력을 통해 포괄적인 해결책을 모색하는 방식을 의미한다. 이 접근법의 핵심은 의학, 심리학, 사회복지학 등 서로 다른 분야의 지식을 통합해 환자의 복잡한 요구에 대응하는 데 있다.

중독 현상은 신체적 의존성, 심리적 갈등, 사회적 관계 악화 등 다층적 요인이 복합적으로 작용한다. 따라서 단일 분야의 접근으로는 근본적인 해결이 어려우며, 이는 다학제간 협력 체계 구축의 당위성을 설명한다. 실제 치료 현장에서는 의사의 진단 결과를 바탕으로 심리학자가 인지행동치료를 진행한 후, 사회복지사가 지역사회 재활 프로그램을 제공하는 식의 단계적 협업이 빈번히 발생한다.

이에 이 책에서도 세부적으로 중독과 관련된 다학제간 접근의 필요성을 살펴보고 이에 따른 전문가들은 어떻게 구성되고 있는지에 대해 설명하고자 한다.

1) 다학제간 협력의 필요성

중독 치료에서 가장 효과적인 접근 방식은 다양한 임상 전문가들로 구성된 다학제 팀의 협력이다. 다학제간 협력이 필요한 주요 이유는 두 가지로 요약된다. 첫째, 마약 중독과 정신장애의 공존질환 문제를 통합적으로 다룰 수 있다. 둘째, 중독의 다양한 원인(심리학적, 사회적, 경제적, 의학적)에 대해 입체적인 개입이 가능해 회복을 위한 연속적인 목표 달성이 용이하다. 이러한 이유로 여러 학문 분야의 전문가들이 각자의 전문성을 발휘하며 협력하는 것이 중요하다(정진욱 외, 2014; 조근호 외, 2011; Gocdman et al., 2015).

한편 중독 문제 개입에서 요구되는 범위가 넓은 만큼, 필요한 전문가의 범위 역시 넓고 다양하다. 미국의 일반적인 다학제적 마약 관련 접근에서는 간호사, 약사, 의사, 심리전문가, 사회복지사, 법률전문가 등이 포함되며, 일반적으로 4~6명으로 팀이 구성된다(Sud et al., 2020; Zaij et al., 2023).

특히 마약 중독자는 물질사용장애와 정신질환을 동시에 가지는 공존질환의 어려움을 겪을 가능성이 매우 높기에, 다각적인 접근의 중요성이 더욱 크다. 예컨대 각 분야의 전문가는 신체적 치료와 정신적 치료, 약물 처방, 심리적 지원, 사례관리 등에서 고유한 역할을 가지고 서로 조언하고 협력하며 개입할 수 있다. 다학제 프로그램은 중독자의 자기효능감, 충동성, 자살 생각 등을 개선하는 등 재발 예방에도 효과적인 것으로 나타났다(김낭희, 서정민, 2012; 안소윤, 박완주, 2023).

한편 다학제간 협력은 실천만이 아닌 연구의 과정에서도 필요하다. 다학제 연구는 학문의 세분화 및 전문화가 급진적으로 이루어지는 시기에 각 분야의 전문가들이 가진 다각적 관점으로 중독자들의 복합적인 현실 문제를 파악할 수 있게 한다. 그러나 배재경 외(2016)에 따르면, 국내 사회의학 연구 중 다학제 연구의 비율(10.7%)은 해외(26.3%)에 비해 낮은 편이다.

2) 다학제 배경에 따른 구성과 역할

중독 치료에서 다학제간 접근은 의학, 심리학, 사회복지학 등의 전문가들이 모여 중독을 유발하는 다양한 요인들을 다루기 위해 함께 일하며, 서로 다른 분야의 전문지식들을 종합적으로 활용할 수 있는 장점이 있다. 다학제간 팀으로 구성될 수 있는 의료진, 심리전문가, 사회복지사, 법률전문가의 역할에 대해 설명하면 다음과 같다(이재완, 김용석, 2023; 정진욱 외, 2014; 조근호 외, 2011; Halvorsen et al., 2010; Zaij et al., 2023).

- **의료진**: 의료진은 중독자의 신체적·정신적 상태를 평가하고 약물 치료와 신체 회복을 담당한다. 의사(정신과를 제외한 다양한 분야의 전문의)는 신체적 문제의 진단과 치료를, 정신과 의사는 생물심리학적 관점에서의 평가와 치료 계획 수립을 담당한다. 간호사는 환자의 변화를 모니터링하고, 약사는 약물 검토와 환자 교육을 담당한다.
- **심리전문가**: 심리전문가들은 심리 검사를 통해 중독의 심리적 원인과 영향을 분석하고 다양한 치료 방법을 적용한다. 임상심리사는 객관적 평가와 정신상태 검사를 수행하며, 상담심리사들은 클라이언트와의 라포 형성, 치료 계획 수립 및 실행, 다양한 상담 기법을 통한 개입을

담당한다.

- **사회복지사**: 사회복지사, 특히 정신건강사회복지사는 중독자와 그 환경을 종합적으로 이해하고 맞춤형 재활 계획을 수립한다. 사례관리, 프로그램 개발 및 수행, 자원 연계 등의 통합적 서비스를 제공하며, 지역사회 내 안정적 복귀를 위한 장기적 개입과 옹호 활동도 수행한다.
- **법률전문가**: 마약 사용이 법적으로 금지된 행위인 만큼, 법률전문가의 역할은 중요하다. 이들은 중독자에게 관련 법률 지식, 법적 권리, 법적 절차 등에 대한 정확한 법률 조언을 제공한다. 또한 처벌 과정에서 치료적 대체 프로그램을 고려한 협상과 중재를 시도하는 역할을 한다.

3) 다학제간 접근 방식

중독 치료에서 다학제 팀의 협력은 치료 계획 단계부터 목표 달성까지 지속적인 논의와 조정을 통해 이루어진다. 치료 팀은 정기적으로 모여 환자 상태를 공유하고 치료 계획을 수정하며, 모든 구성원이 통합된 정보를 바탕으로 협업한다. 이 과정에서 각 전문가의 역할은 단순한 업무 분담을 넘어 지식과 경험의 상호 교류를 통해 집단적 성장으르 이어진다. 또한 사례관리자가 여러 명일 경우, 주 사례관리자를 지정해 서비스틀 조율하고, 필요에 따라 다양한 치료 제공자와 임시 회의를 구성하는 방식으로 유연하게 운영할 수 있다.

SAMHSA(2000)는 다학제 팀 구성을 위해 다음과 같은 사항들을 고려할 것을 강조한다.

첫째, 생물학적·심리학적·사회적 요인을 통합하는 생물심리사회적 관점하에 주 치료 제공자를 선정해야 한다. 예를 들어 정신과 의사는 생물학적 접근을, 사회복지사는 사회적 접근을 주도하는 식으로 역할을 세분화할 수 있다.

둘째, 팀의 운영 형태를 결정해야 한다. 고정된 팀의 경우에는 동일한 주요 치료자가 일관성 있는 치료를 제공하며, 임시 팀은 필요에 따라 주요 치료자가 구성되어 보다 유연한 대응이 가능하다.

셋째, 팀의 목표 설정과 함께 구체적인 운영 지침을 수립해야 한다. 회의 시작 시간 준수, 발언 권한 존중, 특정 인원의 의견 독점 방지 등의 규칙을 설정해 효율적인 협업 기반을 마련한다.

넷째, 유관기관 간의 공식적인 연계를 구축해야 한다. 이와 관련해 각 기관의 책임과 역할, 협력 방식 등을 세세하게 협의하는 것이 중요하며, 협력 안에 날짜를 명시해 주기적으로 협력의 목적을 재검토해야 한다.

다섯째, 주 사례관리자 체계를 도입해 효과적으로 서비스를 조율해야 한다. 주 사례관리자는 필요 시 다양한 전문가와 임시 회의를 소집하며, 치료 과정 전반에 걸쳐 정보의 흐름을 관리한다. 이때 구성원들은 환자의 신체적 회복부터 사회적 재활까지 포괄적인 치료 목표를 공유해야 한다.

끝으로 다학제 팀을 구성할 때 무엇보다 중요한 것은 중독자의 정보를 비밀로 하는 것이다. 한 전문가가 팀원들에게 정보를 공유해야 하는 경우 반드시 중독자의 동의를 받아야 한다. 단, 비밀보장의 한계는 자해 및 타해 위험, 사법 절차 지원, 중대한 범죄 예방 등의 상황에 적용된다. 중독 치료에서 이러한 비밀보장은 치료 전문가와 중독자 간의 신뢰 관계 형성에 필수적이며, 이는 협력과 상호 존중의 기반이 된다.

다음으로 마약 중독 치료의 목표 달성을 위해 의료진, 심리전문가, 사회복지사, 법률전문가 등으로 구성된 다학제 팀이 협력할 때 주의해야 할 사항을 간략히 소개하고자 한다.

다학제 팀의 효과적인 운영을 위해서는 정기적인 자체 평가가 필수적이다. SAMHSA(2000)에 따르면, 팀 내 협력 과정에서 발생하는 문제점들을 조기에 발견하고 해결하기 위해 주기적인 점검이 필요하다. 이를 위해 팀 구성원들은 협력 과정의 성공적인 측면과 개선이 필요한 브분을 함께 검토해야 한다. 구체적으로, '다학제 팀 운영 체크리스트'에서 '그렇다'라는 체크가 많을수록 다학제 팀 협력이 원활하지 않은 상태임을 시사한다. 따라서 정기적인 공식 평가 절차를 통해 팀 내 불만이나 우려 사항을 파악하고, 이를 해결하기 위한 방안을 모색해야 한다. 이러한 지속적인 자체 평가와 개선 노력은 다학제 팀의 협력을 더욱 원활하게 만들고, 궁극적으로 치료의 질을 향상시키는 데 기여할 수 있다.

다학제 팀 운영 체크리스트

☑ 중독자의 욕구가 계속 충족되지 못한다.
☑ 팀 구성원들 간의 참여도가 공평하지 않다.
☑ 팀 구성원 한 명이 논의를 주도한다.
☑ 논의된 내용들에 대해 팀 구성원들의 후속 조치가 충분하지 않다.
☑ 팀 구성원들이 논의에 참여하지 않는다.

(출처: SAMHSA, 2000 재구성)

3. 회복상담가

중독 치료 및 재활 서비스의 효과성을 높이기 위해서는 전문가의 역량이 중요한데, 이때 회복상담가의 역할이 특히 주목받고 있다. 회복상담가는 과거 마약 중독 경험을 극복하고 전문 교육을 이수한 자격을 갖춘 인력으로, 중독자의 장기적 회복 과정에서 독특한 기여를 한다.

앞서 설명한 것처럼 마약 중독의 회복은 장기적이고 연속적인 과정이다. 직접 중독 문제를 겪은 회복상담가는 중독자를 더 잘 이해할 수 있으며, 마약 문제와 재발 상황에 관해 잘 알고 있다는 인식은 중독자로 하여금 상담가를 신뢰하고 협력해 회복할 수 있는 기회를 제공한다. 따라서 이들이 제공하는 서비스가 중독자들에게 효과적인 것으로 나타났다. Reif 외(2014)와 Ashford 외(2018)의 연구에서는 회복상담가 중심의 멘토링과 교육 및 재활이 마약 사용 및 재발률을 감소시키며, 치료 유지 정도와 만족도 증가에 효과적인 것으로 나타났다.

회복상담가에 의한 회복 지원 서비스는 중독자뿐만 아니라 회복상담가에게도 심리정서적으로 긍정적인 영향을 미친다. 상담가로 재활 서비스에 참여하면서 자존감을 향상시키기도 하며 본인의 회복에 대한 생각도 더 견고히 할 수 있는 계기가 된다. Salzer와 Shear(2002)는 그와 동시에 회복상담가 자신도 서비스 제공 과정에서 자존감을 회복하고, 자신의 경험을 구조화함으로써 재발 방지 전략을 체계화하는 이점을 얻는다고 언급했다. 더욱이 이러한 모습은 중독자들에게 롤모델이 되어 그들의 성공적인 회복에도 긍정적인 영향을 미친다고 주장했다. 나아가 회복상담가는 단순한 개인의 재활을 넘어 지역사회 차원의 변화를 이끈다. White(2009)에 따르면, 회복상담가들은 중독자들이 사회로 복귀할 때 겪는 낙인을 줄이고, 지역사회 자원을 연계하는 과정에서 문화적 촉매제 역할을 수행한다고 주장했다.

우리나라에서는 대표적으로 약물중독 회복대상자 및 약물사용자 가족을 대상으로 하는 한국마약퇴치운동본부의 '회복지원가 양성과정'이 있다. 회복지원가 양성과정에 지원하기 위해서는 〈표 14〉에서 제시하는 조건 중

두 가지 이상을 충족해야 한다.

〈표 14〉 회복지원가 양성과정 지원자격

회복대상자	약물사용자 가족
· 약물사용회복자로 함께한걸음센터 및 병원을 이용한 적이 있는 자 · 설립 1년 미만 함께한걸음센터 사용자이면서 단약유지 1년 이상 된 자(병원장 또는 NA 자조모임 대표봉사자 추천서 제출 필요) · 설립 1년 이상 함께한걸음센터 사용자이면서 단약 1년 이상 된 자(센터장 추천서 필요)	· 함께한걸음센터 가족교육을 5회 이상 수료한 자(센터장 추천서 필요)

(출처: 한국마약퇴치운동본부, 2025 재구성)

한국마약퇴치운동본부(2025)에서 제공하는 회복지원가 양성교육의 총 교육시간은 100시간으로 기본교육 20시간, 심화교육 60시간, 실습 20시간으로 이루어져 있다. 기본교육은 오리엔테이션과 각 분야별 이해를 위한 교육으로 중독의 개념, 갈망 및 재발, 동기강화면담, 사례관리 등 생물·심리·사회적 등 다양한 방면의 교육이 실시된다. 심화교육으로는 자기이해, 집단상담, 상담이론, 12단계 촉진치료 등의 교육이 이루어지며 인턴십 20시간의 실습 교육이 이루어진다. 회복지원가 양성과정을 수료하게 되면 마약 중독자 상담, 재활교육 시 회복 경험 발표, 집단 프로그램 운영 및 보조 활동 등의 업무를 수행하는 전문가로 활동할 수 있다.

마약, 당신이 궁금한 모든 것
— Q&A로 알아보는 마약 이야기 ⑭

Q. 마약 중독 전문가를 꿈꾸고 있다면 어떤 준비를 해야 할까?

A. 그동안 마약 중독 치료를 돕는 실천가들은 위험 부담이 큰 데 비해 보상이 없는 분야라는 인식, 과중한 업무, 중독자에 대한 이해 부족, 슈퍼바이저 부재, 전문자격증 제도 관리 미흡 등으로 인해 어려움을 겪어왔다. 그러나 앞서 설명한 것과 같이 마약 중독자가 증가세를 보이고 있는 상황에서 마약 중독은 개인의 의지만으로 극복하기 힘들기 때문에 치료 및 재활을 위해서는 전문적인 도움이 필수적이다. 따라서 마약 중독 전문가의 수요는 계속해서 늘어날 전망이다.

마약 중독 전문가는 의사, 사회복지사, 심리전문가, 간호사, 약사 등 다양한 직업군을 포함할 수 있다. 따라서 각 분야에 맞는 전문 지식을 습득하고 관련 자격증을 취득함으로써 전문성을 갖춰야 한다. 또한 각 분야의 전문 지식을 종합적으로 활용하기 위해서는 협력적인 태도를 가져야 할 것이다.

더 나아가, 최근 인공지능 기술로 데이터 분석을 통해 치료를 맞춤화하고 재발 위험을 예측하거나 디지털 치료제를 개발하는 등 마약 중독 분야에서 첨단 기술이 적극적으로 활용되기 시작했다. 따라서 이러한 기술을 활용할 수 있는 능력 또한 필요하다. 그러나 무엇보다 기술이 인간을 대체할 수 없으므로, 사람에 대한 이해와 사랑을 바탕으로 마약 중독자들을 진심으로 이해하고 돕고자 하는 진실된 마음가짐이 기본이 되어야 할 것이다.

4부

마약 중독 치료·재활 서비스와 정책

16장. 국내 마약 중독 치료 및 재활 서비스

17장. 해외의 마약 중독 서비스 관련 주요 기관

18장. 마약 관련 법과 정책

16장

국내 마약 중독 치료 및 재활 서비스

실제 국내 마약 중독 치료 및 재활 기관들을 중심으로 어떠한 공공 및 민간 서비스들이 제공되고 있는지 살펴보고자 한다. 구체적으로 중독관리통합지원센터, 마약 중독 치료보호기관, 한국마약퇴치운동본부 및 함께한 걸음센터, 국립법무병원, 한국 NA와 기타 지역사회 재활시설에 대해 소개한다.

1. 중독관리통합지원센터

중독관리통합지원센터는 다양한 중독 문제에 대한 종합적인 지원을 제공하는 기관으로, 그 역사와 발전 과정이 주목할 만하다. 2000년 보건복지부는 「정신보건법」 제13조와 제52조에 근거해 알코올상담센터를 시범사업으로 설치했다. 이후 사회적 요구가 변화함에 따라 2014년, 기존의 알코올상담센터를 중독관리통합지원센터로 확대 개편했다. 이는 알코올뿐만 아니라 도박, 마약(약물), 인터넷 등 더 다양한 중독 문제에 대응하기 위한 조치였다(블루터치, 2024).

중독관리통합지원센터의 주요 목적은 다양한 중독 문제에 대한 예방, 상담, 치료, 재활 및 사회복귀를 종합적으로 지원하는 것이다. 이 센터는 마약, 알코올, 인터넷 게임, 도박 문제로 어려움을 겪는 개인과 그 가족, 그리고 지역주민을 대상으로 서비스를 제공한다.

보건복지부(2024)에 따르면, 2024년 7월 기준으로 중독관리통합지원센터는 전국 16개 지역에 걸쳐 총 60개소가 운영되고 있다. 지역별 분포를 살펴보면, 서울 3개소, 부산 3개소, 대구 2개소, 인천·광주·대전 각 5개소, 울산 2개소, 경기 10개소, 강원 4개소, 충남 2개소, 충북 2개소, 전남 2개소, 전북 4개소, 경남 6개소, 경북 2개소, 제주 3개소가 운영되고 있다. 이러한 전국적 네트워크는 중독 문제에 대한 접근성을 높이고, 각 지역의 특성에 맞는 맞춤형 서비스 제공을 가능하게 한다.

2. 마약 중독 치료보호기관

마약 중독 치료보호기관은 보건복지부가 지정해 치료보호제도가 적용되는 병원을 의미한다. 보건복지부(2024)에 의하면, 지정 병상 수는 341개이며, 이 중 서울의 국립정신건강센터를 비롯해 대구, 인천, 대전, 경기, 강원, 전북, 경남, 제주 지역의 9개 기관은 권역 치료보호기관으로 지정되었다. 2024년 현재 전국 마약 중독 치료보호기관 현황을 좀 더 구체적으로 살펴보면 〈표 15〉와 같다.

인천참사랑병원은 국내 유일의 중독 전문병원으로, 2016년 치료보호기관으로 지정된 이후 중요한 역할을 수행하고 있다. 2022년 기준으로 전체

〈표 15〉 전국 마약 중독 치료보호기관 현황

지역 (지정 병상 수)	병원명	지역 (지정 병상 수)	병원명
서울 (27)	서울특별시 은평병원, 국립정신건강센터	경기 (43)	경기도의료원의정부병원, 용인정신병원, 경기도립정신병원, 계요병원, 아주편한병원, 이천소망병원, 더블유진병원
부산 (10)	부산의료원, 부산시립정신병원	강원 (12)	원주세브란스기독병원, 국립춘천병원
대구 (27)	대구의료원, 대동병원	충북 (2)	청주의료원
인천 (52)	인천광역시의료원, 인천참사랑병원	충남 (2)	국립공주병원
광주 (5)	광주시립정신병원	전북 (38)	원광대학교병원, 신세계병원, 전라북도마음사랑병원
대전 (6)	참다남병원, 마인드병원	전남 (10)	국립나주병원
울산 (10)	마더스병원	경북 (3)	포항의료원
제주 (4)	연강참병원	경남 (92)	국립부곡병원, 양산병원

(출처: 보건복지부, 2024 재구성)

치료보호 환자의 약 65%를 담당하고 있어 그 중요성이 더욱 부각되고 있다(메디파나뉴스, 2023).

그러나 마약 중독자 수가 매년 급격히 증가하는 데 비해 관련 예산과 전문 인력의 수는 턱없이 부족한 실정이다. 이로 인해 인천참사랑병원 측은 과도한 부담과 어려움을 겪고 있다. 이러한 문제는 인천참사랑병원에만 국한된 것이 아니라 국내 마약 중독 치료 시스템 전반의 과제로 지적되고 있다.

이러한 어려움에도 불구하고, 인천참사랑병원은 다양한 마약 중독 치료

〈표 16〉 인천참사랑병원의 마약 중독 치료 프로그램

프로그램	내용
입원 치료 프로그램	■ 중독교육, 약물집단치료, 스트레스 관리 훈련, 중독집단상담, 중독영성훈련 등의 교육 및 프로그램을 제공함. ■ 개방재활병동은 퇴원을 계획하고 있는 환자를 위한 병동으로 재발과 회복에 초점을 둠. ■ 중독재활병동은 급성기 해독치료를 마친 남성 중독 환자를 위한 병동으로 중독에 대한 회복 의지를 높이고 일상생활을 유지할 수 있도록 개별화된 개입을 제공함.
외래 치료 프로그램	■ AA 모임, NA 모임의 주간 자조모임과 약물집단치료 프로그램 등이 있음. ■ 전문의 혹은 약물중독 회복상담가와 함께 회복과 단약, 그리고 재발 경험을 자유롭게 공유하는 시간임.
중독가족 프로그램	■ 입원 기간 동안 가족들의 적극적인 지지와 도움을 이끌어내기 위해 가족교육을 제공함. ■ 가족의 역할과 중독에 대한 이해를 돕는 내용 등으로 구성되어 있음.

(출처: 인천참사랑병원, 2023 재구성)

프로그램을 제공하고 있다. 이 프로그램들의 일부를 〈표 16〉에 소개했는데, 중독자들의 회복을 위한 체계적인 접근을 보여준다.

서울특별시(2024)에서는 서울특별시 은평병원 내에 마약류 중독자를 위한 통합적 서비스를 제공하는 전국 최초의 공공시설인 '서울시 마약관리센터'를 2025년 설립했으며, 단계적으로 서비스를 확대해 제공할 예정이다. 이 센터는 기존에 분절적으로 제공되던 '검사-치료-재활-사후관리 서비스'를 원스톱으로 통합해 제공함으로써, 급증하는 마약류 위협으로부터 시민들을 보호하는 것을 목표로 한다.

서울특별시(2024)가 계획하는 '서울시 마약관리센터'의 주요 기능은 크게 세 가지로 나눌 수 있다. 첫째, 마약류 중독자 선별검사 및 평가를 실시하고, 청소년 및 성인 대상 마약류 중독 치료클리닉을 운영한다. 둘째, 병원형 재활프로그램과 지역사회 연계 프로그램을 통해 사회적 치료·재활 서비스를 제공한다. 셋째, 마약류 문제에 대한 전문 상담 전화를 운영하고,

관련 정보 제공 및 신속한 치료체계 연결을 담당하는 게이트키퍼 역할을 수행한다.

제공하는 서비스를 구체적으로 살펴보면, 마약류 검사와 더불어 해독 및 금단 증상, 공존질환을 다루기 위해 단기입원-일반외래-집중외래 서비스를 제공한다. 또한 마약류 유형을 반영한 뇌파검사 기반 치료, 약물치료, 가족 교육 및 가족 프로그램, 청소년·여성 맞춤형 치료 서비스, 동기 강화, 재발 방지, 12단계 촉진, 대처방식 훈련 등 다양한 서비스 및 사후관리를 제공하고자 한다(서울특별시 은평병원, n.d.). 이는 우리나라, 특히 공공영역에서 마약 중독 예방부터 치료, 사후 관리까지 치료의 연속성을 고려한 통합적 서비스 모델의 토대가 될 것으로 기대된다.

3. 한국마약퇴치운동본부와 함께한걸음센터

한국마약퇴치운동본부는 「마약류 관리에 관한 법률」 제51조의2에 근거해 1992년 4월 설립된 기관으로, 마약 없는 사회 구현을 목표로 운영되고 있다. 2024년 2월 기타 공공기관으로 지정되며 중앙본부와 12개 지역지부로 조직을 확장했으며, 주요 사업으로 ▲마약류 남용 예방 캠페인 ▲중독자 치료·재활 프로그램 ▲사회복귀 지원 ▲식약처 위임 업무 수행 등을 진행하고 있다.

함께한걸음센터는 한국마약퇴치운동본부에서 진행하는 마약 중독 재활사업의 일환이며, 마약 중독자를 조기에 발견해 상담 및 치료를 제공하고 더 나아가 회복 및 사회복귀를 위한 중독통합관리 체계를 구축하는 것을 목적으로 한다. 이 기관은 법적 근거하에 30년 이상 활동해온 국내의 대표적인 조직이지만, 최근 마약사범 급증에 대응하기 위한 인력·예산·

시설 확보가 주요 과제로 지적되고 있다.

이러한 맥락에서 국내 마약 문제에 대한 대응의 일환으로 정부에서는 함께한걸음센터 추가 설립을 계획했으나, 서울 동부 지역에 개소 예정이었던 함께한걸음센터가 주민들의 반발로 무산되었다. 이에 현재 함께한걸음센터는 2024년 10월 기준 전국에 총 17개소가 있다.

4. 국립법무병원(구 공주치료감호소)

법무부 산하 국립법무병원은 「치료감호 등에 대한 법률」 제16조의2에 근거해 지정법무병원과 함께 치료감호시설로 지정되어 있으며, 동법에 의해 치료감호처분을 받은 자의 수용·감호와 치료 및 이에 관한 조사·연구, 법원·검찰·경찰 등의 의뢰를 통한 정신감정을 의무로 규정하고 있다. 2015년에는 국립부곡병원 내에 부곡법무병원을 개소해 현재 2개소가 운영되고 있다.

국립법무병원에서는 마약 중독과 관련해 정신과적 치료, 정신재활 치료 등을 제공하고 있으며 세부적인 내용은 〈표 17〉과 같다.

〈표 17〉 국립법무병원의 주요 치료 활동

유형	내용
정신과적 치료	■ 정신요법, 약물요법, 환경요법 ※ 환경요법: 과거 또는 현재의 병적인 대인관계로 인한 갈등 및 환경에 대한 부적절한 적응에 의해 고통이나 증상이 발생한 경우에 환경을 재구성함.
정신재활 치료	■ 소집단 치료: 심리극, 음악치료, 미술치료, 작업치료 등 15명 내외로 진행됨. ■ 대집단 치료: 영화 상영, 음악제, 미술대회, 체육대회 등 50명 이상 병동 단위로 진행됨.

(출처: 국립법무병원, 2023 재구성)

5. 한국 익명의 약물중독자들 모임(NA Korea)

익명의 약물 중독자들(NA) 모임은 약물 중독의 회복을 목표로 하는 모든 약물 의존자들의 국제적인 모임이다. 이를 근거로 우리나라에서도 1999년에 단약 모임을 시작으로, 2002년부터 한국마약퇴치운동본부의 지원하에 정기적인 모임을 시작했으며, 이후 2004년에 한국 NA가 공식적으로 발족했다. 2025년 현재 국내 NA 모임은 약 20개 내외로 운영되고 있다.

NA 모임에 대한 Q&A

Q1. NA 모임에 참석하려면 돈을 내야 하나?

A. NA 모임은 비영리적인 모임이며, 가입비나 사례금 및 보증서약을 필요로 하지 않는다.

Q2. NA 모임은 마약 중독 문제가 심한 사람만 참석할 수 있나?

A. 마약 중독 문제의 심각도와 무관하다. NA 모임에 참석하기 위한 유일한 조건은 '약물을 끊고자 하는 의지 혹은 열망'이다.

Q3. NA 모임에 참석하려면 약을 끊고 가야만 하나?

A. NA 모임에 올 때 반드시 단약을 할 필요는 없지만 첫 번째 모임 이후에는 단약을 하고 모임에 지속적으로 참석할 것을 권장한다.

Q4. NA 모임에 참석하고 싶은데 어떻게 하면 되나?

A. '한국 익명의 약물중독자들 모임'을 검색해 홈페이지(http://nakorea.org)에 접속하면, 상단의 '모임알림표' 탭에서 모임명, 요일, 시간, 장소, 대표봉사자의 연락처 등 참석할 수 있는 모임에 대한 정보를 확인할 수 있다. 참석을 희망한다면, 각 모임의 대표봉사자에게 문의하면 된다.

(출처: 한국 익명의 약물중독자들 모임, n.d.-a, n.d.-b, n.d.-c)

NA 모임의 필요성

"병원에서 모임을 해서 참여하게 되었고 퇴원 후 정기적으로 참여하고 있다. 당시 한 달에 한 번 NA 모임이 있는 날 재발하지 않고 잘 사는 것에 대해 신기해하며 어떤 환우는 나와 똑같이 해보겠다는 사람도 있었다. 그러면서 '내가 회복에 본보기가 되고 있구나!'라는 생각이 들어 정말 열심히 살아야겠다는 생각에 10년 가까이 NA 모임에 나가고 있다."

연구대상자 1

연구대상자 2

"친구의 권유로 단약을 하는 사람을 보고 싶어 참석하게 되었다. 처음에는 가식적이라 생각했고 나 자신을 드러내지도 못했다. 모임에 참석한 날 한 멤버가 써 온 편지를 읽는데 모두 공감하면서 격려해주는 모습에 감동되어 지속적으로 참여하게 되었다. 나에게 있어서 NA 모임은 일주일 동안 약을 안 하고 살았다고 검사받으러 가는 곳이며 재발에 대한 예방주사와 같은 모임이다."

"시설에 있을 때 의무적으로 처음 참석했다. 많이 어색하고 나는 중독자가 아닌데 저런 이야기 들어야 되나 싶어 자신의 문제를 감추고 혼자 해결할 수 있다는 교만과 모순 때문에 스트레스를 받다가 다시 재발하게 되었다. NA 모임은 자신을 드러내는 자리다. 그것만으로도 도움이 많이 된다. 모임을 통해 내가 중독자임을 인정하고 받아들이게 되면서 회복이 가능했다."

연구대상자 3

연구대상자 4

"병원에 봉사 온 NA 모임 리더를 통해 처음 NA 모임에 참석하게 되었다. 술김에 그동안 힘들었던 거 다 이야기했다. 가슴이 후련했다. 술주정 부린다고 생각할 수 있는 말들을 그분들이 다 들어주는 게 고맙고 해서 미안하다고 했더니 박수를 쳐주면서 오히려 자신들이 나를 기다렸다는 것이었다. 솔직함에 분명 회복할 수 있을 거라고 격려해주었다. 그동안 나만 힘든 줄 알았다. 자신들도 그랬다고 했다. 그게 좋아 매주 다니다 보니 7년이 흘렀다."

NA 모임이 중독 회복에 긍정적인 효과가 있다는 것은 국내 연구에서도 입증되었다. 한부식과 황인옥(2017)은 서울과 부산 지역의 NA 모임 참여자들을 대상으로 마약 중독자의 회복과 사회 복귀에 관한 사례연구를 수행했는데, 이 연구에 참여한 대상자들은 NA 모임의 필요성에 대해 앞의 박스에 제시된 바와 같이 언급했다.

이에 한부식과 황인옥(2017)은 NA 모임의 효과를 다음의 세 가지로 종합했다. 첫째, 약물 중독자들은 자신과 동일한 상황에 있는 회원들과 교류하며 자신의 현재 상태에 대한 지식을 얻게 되고, 다른 이들의 경험을 통해 대처 기술을 학습하고 문제해결 행동을 모방할 수 있게 된다. 둘째, 각자 개인이 가지고 있던 지식과 대처 기술을 공유하고 서로 피드백하면서 스스로 변화를 인식하고 평가하게 되며 구체적인 소속감을 바탕으로 소외나 고립을 최소화할 수 있다. 셋째, 모임에 참석함으로써 타인에 대한 이타적 관심을 가지게 되고 긍정적인 상호작용을 경험하게 된다.

6. 지역사회 재활시설

중독 치료의 패러다임이 병원 중심에서 지역사회 중심으르 전환됨에 따라, 치료공동체 모델이 중독 환자들을 위한 새로운 치료 환경으로 부상했다(최미경, 2022b). 마약 중독자들은 회복 후 지역사회 복귀를 위해 노력하지만, 범법자라는 사회적 낙인으로 인해 재적응에 어려움을 겪는다. 이러한 상황에서 지역사회 내에 위치한 재활시설은 마약 중독자들의 단약 유지와 재범 억제를 돕고(Leon, 1995), 초기 회복 과정에서 가정이나 사회로의 복귀를 지원하는 중요한 역할을 한다.

지역사회 내 대표적인 재활시설인 다르크(DARC)는 'Drug Addiction

Rehabilitation Center'의 약자로, 1985년 일본 도쿄에서 시작된 마약류 중독자를 위한 24시간 치료 생활공동체이다. 한국에서는 2012년 서울을 시작으로 경기도, 김해, 인천, 대구에 다르크가 설립되었다. 그러나 운영상의 어려움과 주민들의 반대로 인해 대부분의 시설이 폐쇄되어, 2025년 현재 김해 다르크만이 유일하게 운영되고 있다.

다르크는 민간 시설로 각 시설의 운영자에 따라 재활 프로그램의 세부 내용은 다소 차이가 있다. 그러나 공통적으로 다르크 모임, NA 자조모임 참여, 중독 회복 관련 교육, 상담, 취업 관련 훈련 등 사회복귀 준비에 초점을 맞춘 프로그램을 제공한다. 이러한 접근은 중독자들의 장기적인 회복과 사회 재통합을 위한 종합적인 지원을 목표로 한다(최미경, 2022b).

마약, 당신이 궁금한 모든 것

— Q&A로 알아보는 마약 이야기 ⑮

Q. 혼자서는 마약을 끊기가 너무 어렵고, 주변에 도와줄 사람도 없는데 어떻게 해야 할까?

A. 먼저 가까운 지역 내의 중독관리통합지원센터, 정신건강복지센터, 마약 중독 치료보호기관, 한국마약퇴치운동본부 및 함께한걸음센터 등 다양한 기관에서 도움을 받을 수 있다. 중독으로 고통받고 있다면 주저하지 말고 전문 기관들에 문의해 필요한 도움을 받기 바란다. 이와 더불어 우리나라에서는 현재 전국적으로 약 20개의 NA 모임이 운영되고 있다. 만약 혼자서 마약을 끊는 것에 어려움을 느끼고 있고, 또 전문가의 도움을 받을 수 있는 상황이 아니라면, NA 모임을 적극적으로 활용해보는 것을 추천한다. NA 모임은 유사한 상황에 처해 있는 회원들과 교류하면서 지지와 공감을 받을 수 있고 단약과 문제 상황 대처 기술에 대한 정보도 얻을 수 있는 등의 장점이 있다.

17장

해외의 마약 중독 서비스 관련 주요 기관

이미 마약이 오랜 사회적 문제로 대두된 국가들에서는 국가가 주도하는 마약 중독관련 서비스 제공 및 총괄 기관과 연구소들을 적극적으로 운영하고 있다. 대표적으로 미국 연방정부에서는 '물질남용 및 정신건강 서비스국(SAMHSA)'과 '국립약물남용연구소(NIDA)'를 운영하면서 정부 차원에서 서비스와 정책 및 연구를 적극적으로 주도하고 있다. 캐나다의 경우에는 연방정부 산하 '물질사용 및 중독 센터'가 중심이 되어 정책 수립과 치료서비스 제공에 초점을 맞추고 있으며, 아시아 지역인 싱가포르에서는 '국가중독관리서비스'에서 국가 주도하에 중독치료 서비스를 제공하고 있다.

이 밖에도 다양한 국가에서 정부차원에서 마약 중독 관련 서비스, 정책, 연구를 총괄하는 기관들을 가지고 있으나, 우리나라에는 아직 국가차원에서 위와 유사한 기관이 부재한 상황이다. 따라서 앞서 언급한 해외의 대표적인 정부 산하 기관들의 주요 역할에 대해 살펴보고, 이를 통해 향후 우리나라에 필요한 정부 차원의 관련 기관들에 대한 시사점을 얻고자 한다.

1. 미국 물질남용 및 정신건강 서비스국

미국 물질남용 및 정신건강 서비스국(SAMHSA)[1]은 보건복지부(Department of Health & Human Services) 산하의 주요 연방 기관으로서, 이 서비스국의 미션은 "약물 사용과 정신질환의 영향을 줄이는 리더십과 실무를 발전시켜 미국의 행동 건강을 선도하는 것"이다. 이를 구체화하면 물질사용장애 및 정신질환의 예방 강화, 효과적인 치료 서비스 접근성 확대, 회복과정 지원, 낙인 해소, 인식 개선, 취약 계층 서비스 개선 등 다양한 목표를 포함한다. 이와 더불어 질병의 치료를 넘어, 개인의 전반적인 웰빙, 지역사회의 건강, 그리고 회복의 중요성을 강조하는 포괄적인 접근 방식을 지향한다.

미국 물질남용 및 정신건강 서비스국(SAMHSA)은 네 개의 주요 센터들로 구성되어 있으며, 주요 센터는 다음과 같은 역할을 한다.

- **약물남용 예방센터**(Center for Substance Abuse Prevention): 물질사용장애 발생을 예방하기 위한 전략과 프로그램을 개발, 지원, 평가한다. 학교 기반 예방 프로그램, 지역사회 예방 연합 지원 등을 포함한다.
- **약물남용 치료센터**(Center for Substance Abuse Treatment): 물질사용장애의 치료 서비스 접근성, 품질, 효과성을 개선하는 데 주력한다. 증거기반 치료 실무를 확산하고, 치료 시스템을 강화하며, 서비스 제공자를 지원한다.
- **정신건강 서비스 센터**(Center for Mental Health Services): 성인과 아동·청소년의 정신 질환 예방 및 치료 서비스 시스템을 지원하고 발

1 https://www.samhsa.gov

전시키는 역할을 한다. 지역사회 기반 정신건강 서비스, 위기 개입 등 다양한 서비스 영역을 포괄한다.

- **행동건강 통계 및 품질 센터**(Center for Behavioral Health Statistics and Quality): 미국 국민의 약물사용 및 정신건강 상태, 서비스 이용현황 등에 대한 국가 데이터를 수집, 분석, 보고하는 역할을 한다. 행동건강 분야의 통계 생산 및 품질 개선 관련 정보를 제공해 증거 기반 의사결정을 지원한다.

미국 물질남용 및 정신건강 서비스국의 주요 활동은 다음과 같다.

- **재정 지원 및 보조금 제공**: 주 정부, 지역사회 단체 등에 상당한 규모의 재정 지원을 제공한다. 특히 '물질사용 예방 및 치료 서비스 블록 보조금'과 '지역사회 정신건강 서비스 블록 보조금'은 주 정부의 행동건강 서비스 운영에 핵심적인 연방 재원이다.
- **정책 개발 및 지침 제공**: 연방 차원의 행동건강 정책 방향을 제시하고, 주 및 지역 차원에서 서비스 시스템을 구축하고 개선하는 데 필요한 지침과 권고 사항을 개발하며, 증거기반 실무의 개발, 보급 및 확산을 추진한다.
- **데이터 수집 및 연구 지원**: 전국의 물질사용 및 정신건강 문제 유병률, 서비스 이용 현황 등에 대한 데이터를 수집하고 분석한다. 국가 약물사용 및 건강 조사(NSDUH), 전국 물질사용장애 치료 서비스 조사(N-SSATS) 등이 대표적이다.
- **기술 지원 및 교육**: 주 정부 기관, 서비스 제공자 등이 효과적인 프로그램을 개발하고 운영할 수 있도록 전문적인 기술 지원과 교육을 제공한다.

- **대중 교육 및 인식 개선**: 물질사용장애 및 정신질환에 대한 대중의 이해를 높이고, 관련 낙인을 줄이며, 도움이 필요할 때 지원을 요청하도록 권장하는 캠페인을 진행한다.
- **위기 개입 및 재난 지원**: 국가적 재난 시 약물사용 및 정신건강 문제 관련 위기 개입 서비스를 지원하고 조정한다.

2. 미국 국립약물남용연구소

미국 국립약물남용연구소(NIDA)[2]는 약물 사용 및 중독에 대한 과학적 연구를 선도하는 미국 연방 연구기관이다. 1974년 설립되어 1992년부터 미국 보건복지부 산하로 편입되었으며, 국립보건원(National Institutes of Health)을 구성하는 27개 연구소 및 센터 중 하나이다. 국립약물남용연구소(NIDA)는 약물 남용 및 중독의 과학적 이해를 증진시키고, 이를 바탕으로 효과적인 예방 및 치료 전략을 개발하기 위해 전 세계적인 리더십을 발휘하는 미국 연방 정부의 주요 연구 기관으로, 미국의 약물 문제 심화에 대응하기 위한 국가적 노력의 일환으로 시작되었다. 앞서 살펴본 미국 물질남용 및 정신건강 서비스국(SAMHSA)이 서비스 전달 및 시스템 구축에 초점을 맞춘다면, 국립약물남용연구소(NIDA)는 약물 사용 및 중독의 근본적인 과학적 기전과 개입의 효과성을 연구하는 데 초점을 맞춘다.

이 연구소의 미션은 "과학의 힘을 약물 남용과 중독 문제 해결에 활용해 미국이 약물 중독과 이에 따른 결과로부터 건강 및 사회적 고통을 개선하도록 이끄는 것"이다. 즉, 중독을 복잡한 뇌 질환으로 보고, 생물학적, 신

2 https://nida.nih.gov

경과학적, 유전적, 심리적, 사회적, 환경적 요인을 포괄하는 과학적 연구를 통해 이를 이해하고 해결책을 찾는 데 핵심을 둔다.

미국 국립약물남용연구소(NIDA)의 주요 기능은 다음과 같다.

- **연구비 지원**: 약물 남용 및 중독 분야의 기초, 임상, 서비스, 예방 연구를 수행하는 외부 과학자들에게 연구 프로젝트 수행을 의한 연구비를 지원하는 것이 가장 중요한 활동이다.
- **연구 수행**: 자체 연구소에서 최첨단 연구를 직접 수행해, 중독 과학 분야의 중요한 질문에 답하고 새로운 연구 방법론을 개발한다.
- **연구 전략 개발**: 약물 남용 및 중독 분야의 가장 시급하고 중요한 연구 문제를 식별하고, 연구의 우선순위를 설정하며, 분야의 발전을 이끌 장기적인 연구 전략을 개발한다.
- **연구 결과 보급 및 확산**: 복잡한 과학 연구 결과를 다양한 대상(연구자, 임상가, 정책 입안자, 대중 등)이 이해하고 활용할 수 있도록 논문 출판, 컨퍼런스 개최, 웹사이트 운영, 대중 자료 발간 등 다양한 채널을 통해 보급한다. 이는 본 연구소에서 실시한 연구가 실제 예방 및 치료 현장에 적용되는 데 필수적인 과정이다.
- **연구 인력 양성**: 약물 남용 및 중독 연구 분야의 미래를 이끌어갈 젊은 과학자들을 양성하기 위한 훈련 및 경력 개발 프로그램을 지원한다.
- **국가 데이터 수집 및 모니터링**: 약물 사용 패턴, 관련 위험 및 결과에 대한 역학 데이터를 지원하고 분석하는 연구를 수행하며, 이는 미국 물질남용 및 정신건강 서비스국(SAMHSA)의 서비스 관련 데이터와 함께 국가 약물 문제 현황을 파악하는 데 기여한다.

3. 캐나다 물질사용 및 중독 센터

캐나다 물질사용 및 중독 센터(Canadian Centre on Substance Use and Addiction)[3]는 1988년 캐나다 의회법에 따라 설립된 독립적인 비영리 법인으로, 주로 연방 정부인 캐나다 보건부의 자금 지원을 받아 운영된다.

이 센터는 캐나다 전역의 중독 문제 해결을 위한 국가적 역량 강화에 초점을 맞추며, 직접적인 치료 및 서비스 관리보다는 지식 허브, 정책 조언자, 그리고 다양한 분야의 이해관계자 간의 협력 촉진자로서 핵심적인 역할을 수행한다. 주요 활동으로는 다음과 같은 내용들이 포함된다.

- 중독 관련 연구 수행 및 국가 데이터/통계 수집 및 모니터링
- 약물 사용 및 중독에 대한 최신 지식과 증거 기반 정책 및 실무 확산을 위한 정보, 자원, 가이드라인(예: 약물 치료 가이드라인) 개발
- 대중 교육 및 중독 문제에 대한 인식 개선 캠페인 수행
- 연방 및 주/준주 정부에 대한 증거 기반 정책 자문 제공
- 연구자, 실무자, 정책 입안자, 지역사회 단체 등 이해관계자 간의 협력 증진

캐나다 물질사용 및 중독 센터는 이러한 활동들을 통해 캐나다의 물질사용 및 중독 문제 해결 분야에서 중요한 국가적 리더십을 발휘하고 있다.

---

3 https://ccsa.ca/en

4. 싱가포르 국가중독관리서비스

싱가포르 국가중독관리서비스(National Addictions Management Service, NAMS)[4]는 2008년 보건부(Ministry of Health)의 지원을 받아 정신건강연구소(Institute of Mental Health) 내에 설립된 대표적인 중독 치료 기관으로, 싱가포르의 중독 문제를 국가적 차원에서 포괄적으로 관리하는 핵심 역할을 수행한다.

국가중독관리서비스(NAMS)는 약물 중독뿐 아니라 도박, 인터넷 등 다양한 중독 문제에 대해 다학제 전문팀이 환자를 평가해 개인별 맞춤 치료 계획을 수립하며, 임상 치료와 더불어 가족 치료, 집단 교육, 사례관리, 사회복귀 서비스, 재발 방지 프로그램 등 다양하고 통합적인 서비스를 제공한다. 외래 클리닉과 입원 치료 병동을 모두 운영해, 해독부터 재활까지 환자 상태에 맞는 단계별 치료를 제공할 수 있다. 또한 지역사회 기관들과 협력해 중독 인식 개선, 예방 교육, 전문가 훈련, 연구 등을 활발히 수행하고 있다.

4 https://www.nams.sg/Pages/default.aspx

18장

마약 관련 법과 정책

세계적으로 마약 문제에 대한 국가적 개입의 중요성이 강조되어왔다. 1998년 6월 UN 특별총회에서는 약물 수요 감축에 관한 지도원칙 선언(Declaration on the Guiding Principles of Drug Demand Reduction)을 채택했다. 1999년 12월 UN(2000)은 이를 이행하기 위한 행동계획(Action Plan for the Implementation of the Declaration on the Guiding Principles of Drug Demand Reduction)을 채택하며 마약 문제에 대한 국제적 대책 논의를 기반으로 각국 정부가 이 정책선언을 국가 마약퇴치 전략과 프로그램에 반영하고 보고할 것을 권고했다. 이러한 맥락에서 먼저, 우리나라의 마약법과 정책의 발달 과정 및 현재의 정책을 살펴보고자 한다. 그다음으로는 해외의 주요 정책들에 대해 알아보고, 이를 기반으로 우리나라 마약 정책의 문제점과 개선해야 할 점은 무엇인지 살펴보기로 한다.

1. 국내 법과 정책

1) 국내 마약 관련 법과 정책의 발달 과정

(1) 개항 이후

국내 마약 관련 법과 정책의 발달 과정은 개항 이후부터 시작되었다. 조석연(2021)의 연구에 따르면, 마약 단속에 대한 내용이 처음 언급된 것은 개항기 조선이 세계 각국과 맺은 무역조약에서였다.

주요 발달 과정은 다음과 같다.

- 1876년 「조일수호조규」: 일본인의 조선 내 아편 판매 금지
- 1882년 「조미수호통상조약」: 상인의 아편 수입 금지
- 1882년 「조청상민수륙무역장정」과 1899년 「한청통상조약」: 아편의 수입 및 양국 상인 간 거래 금지

이러한 조치에도 불구하고, 청나라의 아편 문제가 조선으로 확산되면서 더욱 강력한 대응을 하게 된다.

- 1894년: 「아편연금계조례」 규정 (국내 최초 아편 금지 법규, 〈표 18〉)
- 1895년: 내무아문[1]의 아편 흡연 및 매매 행위 엄금 훈시
- 1898년: 「아편금지법」 제정 (법률로의 전환점)
- 1905년: 「형법대전」에 아편 관련 조항 포함 (처벌 강화, 최대 징역 15년)

---

1 내무아문은 갑오개혁 때 의정부 산하에 설치된 8개 아문 중 하나로, 지방행정, 호구, 지적 등 내무행정을 총괄하던 중앙관청이다.

〈표 18〉「아편연금계조례」(1894)

범죄유형	형량
아편연의 수입·제조·판매	3년 징역
아편 흡연 기구의 수입·제조·판매	2년 징역
아편연 및 아편 흡연 기구의 수입·제조·판매를 방치 또는 장소 제공	100~200냥 이하의 벌금

이러한 일련의 법적 조치들은 아편으로 인한 사회적 피해를 심각하게 인식한 조선의 대응을 보여준다. 그러나 청인의 불법적인 아편 유통과 미흡한 관리로 인해 아편 확산을 완전히 막지는 못했다고 평가된다.

(2) 일제강점기

일제강점기의 마약 정책은 일본의 식민 통치 전략과 국제 정세에 따라 변화하며 복잡한 양상을 보였다. 이 시기의 마약 정책 변화를 시대순으로 살펴보면 다음과 같다(박강, 2015; 조석연, 2021).

- **1910년대**

— 일제강점기 초기

일본은 국제사회의 비난을 피하고 조선 지배를 공고히 하기 위해 아편 단속을 강화했다. 1912년부터 1914년까지 「조선형사령」을 통해 아편 엄금정책과 중독자 점금정책을 실시했다. 엄금정책은 아편에 대한 모든 행위를 엄격히 금지한 정책을 의미하며, 점금정책은 중독자에 한해 일정량의 흡연을 허가하고, 이들의 관리를 위해 정부가 아편을 전매한 정책을 의미한다. 1914년에는 「아편연 흡식 금지에 관한 건」을 발포해 아편 관련 행위를 강력히 처벌하고 중독자를 강제 치료하도록 했다.

— 제1차 세계대전 시기

전쟁 중 의료용 아편 수요가 증가하자, 일본은 조선을 아편 생산지로 활용했다. 1919년 「조선아편취체령」을 발포해 아편의 재배와 매매를 관할했고, 「앵속재배구역」 고시를 통해 전국적으로 아편 원료 재배를 확대했다.

- **1920년대**

전쟁 후 아편 재고의 역유입과 모르핀의 무분별한 사용으로 중독자가 급증했다. 아편에 대한 단속은 엄격했지만, 모르핀에 대한 단속은 상대적으로 관대했다. 예를 들어, 아편 관련 범죄는 최대 7년의 징역형에 처해진 반면, 모르핀 관련 범죄는 최대 3개월의 금고형이나 500엔 이하의 벌금에 그쳤다.

- **1930년대~1945년 이전**

1920년대 중반, 대정제약주식회사의 마약 관련 불법 행위가 수면 위로 드러나자[2] 1930년부터 총독부가 마약류의 제조 및 판매를 직접 관리하는 마약 전매 사업을 시행했으나, 오히려 중독자가 증가하는 결과를 초래했다. 이에 1935년 「조선마약취체령」을 통해 처벌을 강화하고 중독자 치료를 확대했다. 그러나 동시에 만주사변(1931)과 중일전쟁(1937) 등으로 인해 일본은 조선을 다시 주요 아편 생산지로 활용했다.

이처럼 일제강점기의 마약 정책은 표면적으로는 단속과 규제를 강화하는 듯했지만, 실제로는 일본의 군사적·경제적 이해관계에 따라 아편 생산

---

2 1919년 조선총독부는 「조선아편취체령」을 제정하면서 일본의 대정제약주식회사에게 모르핀의 제조를 독점하게 했다. 그러나 제1차 세계대전 종전 이후 모르핀의 수출 경쟁력이 떨어져 재고가 쌓이고 운영난을 맞게 되자 대정제약주식회사는 1925년부터 1927년까지 모르핀 불법 밀매를 자행했다(박강, 2019).

을 장려하는 이중적인 면모를 보였다. 이러한 정책의 모순은 결과적으로 조선의 마약 문제를 더욱 심화시키는 요인이 되었다.

(3) 해방 이후

해방 이후의 마약 정책은 해방 직후인 1945년부터 1950년대, 1960~1970년대, 1980~1990년대, 2000년대에서 현재까지로 나눌 수 있는데, 각 시기별 특징에 대해 살펴보면 다음과 같다(김우준, 2017; 조석연, 2021; 한국일보, 2023).

- **1945년~1950년대**

해방 이후 1950년대까지의 한국 마약 정책은 식민지 잔재 청산과 새로운 법체계 수립이라는 과제 속에서 발전해왔다. 이 시기의 마약 정책 변화를 시대순으로 살펴보면 다음과 같다.

해방 직후(1945~1946)의 상황을 살펴보면, 해방 이후 혼란스러운 사회 상황 속에서 마약 중독자가 증가했다. 정부와 언론은 이 문제의 원인을 귀환 동포 중 중독자 증가와 일본의 과거 아편 정책으로 지목했다. 이에 따라 식민지 시대의 「아편단속령」을 폐지하고, 1946년 미군정 법령 제119호 「마약의 취체」를 제정했다.

정부 수립 전후(1947~1952)를 살펴보면, 1947년에는 보건후생부령 제3호 「마약규칙」이 제정되었다. 같은 해 「입법의원 의원선거법」에서 마약 중독자의 선거권과 피선거권을 제한했고, 1948년 「일반사면법」에서는 '마약취체법 위반죄'를 사면 대상에서 제외했다.

한국전쟁 이후(1953~1957)를 살펴보면, 1953년 「형법」 제17장에 '아편에 관한 죄'를 포함시켰으나 전쟁의 혼란 속에서 마약 통제는 제대로 이루어지지 못했다. 이에 이승만 정부는 1957년 4월 23일 「마약법」을 제정해 마약 관련 규제의 독립적 법체계를 확립했다. 「마약법」은 마약에 대한 정의, 마약의 관리, 마약취급자, 마약 중독자, 감독과 단속, 보칙, 벌칙 등에 관한 내용으로 이루어졌고 총 39종의 약물을 마약으로 지정했다. 그러나 「마약법」의 제정은 큰 실효를 거두지 못했다.

이 시기의 마약 정책은 식민지 시대의 법령을 폐지하고 새로운 법체계를 수립하는 과정이었지만, 사회적 혼란과 전쟁 등으로 인해 실효성 있는 정책 실행에는 한계가 있었다. 그럼에도 불구하고 이 시기의 노력은 이후 한국 마약 정책의 기초를 마련했다는 점에서 의의가 있다.

- **1960~1970년대**

군사정권 시기인 1960년대에 마약은 이전보다 엄밀히 통제되었고 처벌 수준도 높아졌다. 1961년에는 「특정범죄처벌에 관한 임시특례법」이 제정되며 상습적인 마약사범에 대한 사형 선고의 근거가 마련되었으며, 1965년의 '메사돈(메타돈) 파동'[3] 이후에는 박정희 정부가 마약, 탈세, 도벌, 폭력, 밀수를 5대 사회악으로 지명하며 마약에 대한 경각심을 촉구했다.

더불어 「마약법」의 개정도 같은 해 이루어지면서 총 63종의 마약이 추가로 지정되었고, 1970년 또 한 번의 개정을 통해 마약사범 신고자에게 벌금·몰수가격·추징금의 25%를 보상하도록 하는 규정이 추가되었다. 마약 중독자에 대한 치료보호제도는 1967년 「마약법」 제50조와 「향정신성의약품관리법」 제31조에 처음 도입되었다.

1970년대에 접어들면서 대마초 흡연이 청년들 사이에서 사회적인 이슈가 되자 정부는 1973년에 기존의 「습관성의약품관리법」[4]을 개정해 대

---

3 국내의 일부 제약회사들이 메타돈을 일반의약품에 혼합해 시판하고 있었던 사실이 밝혀진 사건이다. 더욱 자세한 설명은 1부 1장 참고.

4 기존 「습관성의약품관리법」(1970)은 대마초 자체에 대한 규제보다 그 안에 환각 성분인

마초를 습관성의약품 단속 대상으로 지정했다. 해당 개정법은 1975년 '대마초 파동'[5]에서 중요한 역할을 했다.

1976년 정부는 「대마관리법」을 제정해 대마의 수출입, 매매, 수수, 흡연, 섭취, 그리고 영리 목적의 소지를 행한 자에게 10년 이상의 징역이나 최대 사형까지 내릴 수 있도록 했고, 재배 또한 의무적으로 사전 허가를 받도록 했다. 또한 당국은 중추신경계 약물까지 규율하기 위해 「습관성의약품관리법」을 폐지하고 1979년 「향정신성의약품관리법」을 공포했다.

이 시기의 마약 정책은 강력한 처벌과 규제 중심으로 발전했다. 특히 대마초에 대한 규제가 강화되었고, 마약 중독자에 대한 치료보호제도가 도입되는 등 정책의 범위가 확대되었다. 그러나 이러한 정책들이 실제로 마약 문제 해결에 얼마나 효과적이었는지에 대해서는 추가적인 연구가 필요하다.

- 1980~1990년대

1980년대 초반, 전두환 정부는 「사회악일소 특별조치」를 발표하고 「사회보호법」을 제정해 마약사범에 대한 강력한 단속과 처벌 정책을 시행했다. 이 시기에는 마약사범에 대한 순화교육과 보호감호 제도가 도입되었으며, 「보건범죄단속에 관한 특별조치법」 등 관련 법규가 공포되었다.

1980년대 후반부터 정책에 변화가 나타나기 시작했다. 1987년에는 「마약류사범특별근절대책」이 발표되어 에페드린(필로폰 원료) 밀반입에

'테트라하이드로칸나비놀 및 그 염류 또는 유도체'를 단속 대상으로 해서 대마초 흡연자 처벌이 어려웠으나 1973년 개정 이후 즉시 처벌이 가능해졌다(양성관, 2023; 조석연, 2021).

5 「습관성의약품관리법」에 근거해 다수 연예인들이 대마 흡연 혐의로 구속되어 업계에서 퇴출된 사건이다. 더욱 자세한 설명은 1부 1장 참고.

대한 처벌이 강화되었고, 공주에 치료감호소가 설립되었다. 1989년부터는 수요 억제 대책이 도입되어 검찰이 마약 수사 및 단속을 전담하고, 보건사회부가 중독자 치료 및 재활을 담당하는 등 정책의 이원화가 이루어졌다.

1990년대에 들어서면서 '마약과의 전쟁'이 선포되고 치료 및 재활 정책이 강화되었다. 정부 차원의 국가마약퇴치전략은 1990년대 중반부터 본격적으로 체계화되면서 마약류 공급 강력 차단, 마약류 수요 철저 감축, 범국민적 협조체제 구축, 국제적 협력체제 강화의 목표가 수립되기 시작했다. 1990년 '마약과의 전쟁' 특별 선언 이후, 경찰은 마약계 형사과를 신설하고 '마약수사전담반'을 편성했으며, 검찰은 대검찰청에 마약감식실을 개설해 소변감정을 실시하기 시작했다. 1993년에는 마약사범이 4대 강력사범에 포함되었고, 1996년에는 공주치료감호소(현 국립법무병원)에 독립적인 약물중독 치료병실이 운영되기 시작했다.

이 시기 마약 정책의 특징은 강력한 단속과 처벌을 중심으로 하면서도 점차 치료와 재활의 중요성을 인식하기 시작했다는 점이다. 그러나 1986년 서울 아시안게임과 1988년 서울 올림픽 개최로 인한 유흥·향락 문화의 확산, 그리고 1997년 IMF 외환위기 이후 마약 범죄의 재증가 등 사회경제적 요인이 마약 문제에 영향을 미친 것으로 나타났다.

1999년 김대중 정부는 3단계 '국가마약퇴치전략'(〈그림 23〉)을 구축하며 보다 체계적인 마약 정책을 수립하고자 했다. 이러한 노력에도 불구하고 정책의 효과성에 대해서는 여전히 논란이 있었으며, 이는 이후 마약 정책 발전의 과제로 남게 되었다.

- **2000년대~현재**

2000년대부터 현재까지의 한국 마약 정책은 법률 통합, 치료보호제도

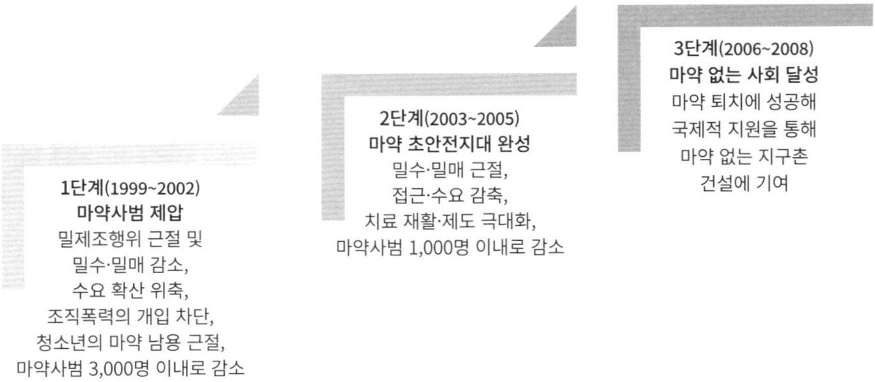

〈그림 23〉 김대중 정부의 3단계 '국가마약퇴치전략'(1999)
(출처: 김우준, 2017 재구성)

강화, 그리고 범정부적 대응 체계 구축 등의 특징을 보인다. 이 시기의 주요 정책 변화와 특징을 살펴보면 다음과 같다.

2000년 김대중 정부는 기존의 마약 관련 법률들을 「마약류 관리에 관한 법률」로 통합해 총괄적인 규제입법을 마련했다. 이 법은 치료보호제도를 활성화하고, 보건복지부를 통한 치료보호를 가능하게 해 자발적 참여를 유도했다.[6] 또한 2001년에는 마약류대책협의회가 발족되어 유관기관 간 협력체계가 구축되었다.

2004년에는 공주치료감호소 내에 약물중독재활센터가 개관하면서 약물 중독자를 위한 전문적인 치료 시설이 마련되었다. 2006년에는 관세청

6 2000년 1월 12일 제정된 「마약류 관리에 관한 법률」 제40조 제2항에는 치료보호에 관해 다음과 같이 명시되어 있다. "보건복지부장관 또는 시 도지사는 마약류 사용자에 대하여 제1항에 따른 치료보호기관에서 마약류 중독 여부의 판별검사를 받게 하거나 마약류 중독자로 판명된 사람에 대하여 치료보호를 받게 할 수 있다. 이 경우 판별검사 기간은 1개월 이내로 하고, 치료보호 기간은 12개월 이내로 한다."

과 식약청이 국제마약원료물질 통제 프로그램에 가입해 마약 원료물질에 대한 관리를 강화했다.

2008년에는 마약 중독자의 예방 및 치료재활 업무가 보건복지가족부로 이전되면서 치료의 체계화와 재활 정책의 활성화가 이루어졌다. 그러나 같은 시기에 검찰과 경찰의 마약 단속 기구가 축소되어 마약 범죄 대응에 대한 우려가 제기되기도 했다.

1999년부터 2008년까지 시행된 '국가마약퇴치전략'은 공급 차단과 국제 협력 강화에는 성과를 거두었지만, 수요 감축과 범국민적 협조체제 구축에는 한계를 보였다. 2016년에는 보건복지부가 정신건강 종합대책을 마련하기 시작했고, 2018년에는 중독관리통합지원센터가 설립되어 4대 중독에 대한 통합적 지원이 가능해졌다.

최근 마약 사용 급증에 대응해 '마약과의 전쟁'을 선포하고, 2023년 4월에는 범정부 '마약범죄 특별수사본부'가 출범했다. 이는 검찰, 경찰, 관세청 등의 마약 수사 전담 인력으로 구성된 대규모 협동 기관이다(대검찰청, 2025).

2023년 8월에는 「마약류 관리에 관한 법률」이 개정되어 마약류대책협의회의 법적 근거가 마련되었다. 마약류대책협의회는 범정부적인 마약류 종합대책을 수립하고 시행하고 있다. 최근 발표된 2025~2029년도 마약류 관리 기본계획의 4대 전략으로는 마약류 범죄 엄정 대응, 마약류 중독자 일상회복 지원, 마약류 근절을 위한 예방기반 강화, 위험 취약 대상에 대한 맞춤형 관리 강화가 있다(관계부처합동, 2025).

그러나 이러한 국가적 노력에도 불구하고 마약 사용자 수와 재범률은 크게 감소하지 않고 있으며, 여전히 처벌 위주의 정책이 중심이 되고 있다는 한계가 지적되고 있다.

2) 국내 마약 관련 법

한국은 마약류의 의학적 사용을 엄격히 제한하는 동시에 비의료적 사용을 전면 금지하고 있는, 세계에서 가장 강력한 마약 통제 정책을 시행하고 있는 국가 중 하나이다. 이는 단순한 사용 금지를 넘어 원료물질의 재배부터 제조·유통·관리 전반에 걸친 포괄적 규제를 특징으로 하며, 위반 시 「형법」과 「특별법」에 따라 중형이 부과된다(대검찰청, 2022).

이러한 정책적 기반은 다층적인 법적 체계로 구현된다. ▲「마약류 관리에 관한 법률」을 통해 생산·유통 전 과정 감독 ▲「치료감호 등에 관한 법률」로 중독자 재활 시스템 구축 ▲「정신건강복지법」에서 중독질환 관리 체계 마련 ▲「화학물질관리법」으로 전구물질 차단 ▲「청소년 보호법」을 통한 청소년 대상 예방 강화 ▲「마약류 불법거래 방지에 관한 특례법」의 수사특례 적용 등이 대표적이다(박동균, 장철영, 2019).

급변하는 사회상을 반영하기 위해 2023년에는 「마약류 관리에 관한 법률」이 개정되는 등 법제의 지속적 진화가 이루어지고 있다. 이처럼 다각도로 구성된 국내 마약 관련 법률들을 살펴보고자 한다.

(1) 「마약류 불법거래 방지에 관한 특례법」

「마약류 불법거래 방지에 관한 특례법」은 1995년 12월 6일에 제정된 법률로, 국제사회와의 협력을 통해 마약 범죄에 효과적으로 대응하기 위해 만들어졌다. 이 법의 주요 목적은 마약 범죄의 진압과 예방을 위한 국제적 노력에 동참하고, 관련 국제협약을 국내에서 효율적으로 이행하는 것이다.

특히 이 법은 기존의 「마약류 관리에 관한 법률」과 기타 관련 법률에 대한 특례 조항을 포함하고 있어, 마약 불법거래에 대해 더욱 강력하고 특화된 법적 대응을 가능하게 한다. 이 법의 제1장 제1조에서는 이러한 목적과 특례 규정의 근거를 명확히 제시하고 있다.

결과적으로 이 법은 국내 마약 통제 체계를 국제 기준에 부합하도록 조정하는 역할을 수행한다. 이를 통해 마약 범죄에 대한 국제적인 공조를 강화하고, 국내 마약 관리 정책의 효율성을 높이는 데 기여하고 있다.

(2)「마약류 관리에 관한 법률」

「마약류 관리에 관한 법률」(이하 「마약류 관리법」)은 2000년 1월 12일 제정된 법률로, 마약류의 적정한 취급과 관리를 통해 오남용으로 인한 보건상의 위험을 방지하는 것을 주요 목표로 한다. 이 법은 마약, 향정신성의약품, 대마 등을 "마약류"로 명확히 정의하고 있으며, 취급 자격 요건과 관리 절차를 세부적으로 규정해 법적 자격을 갖추지 않은 자의 마약류 접근을 원천 차단한다.

특히 해당 법률은 ▲마약류 불법 사용자에 대한 형사처벌 강화 ▲중독자 치료보호 프로그램 의무화 ▲치료기관 설치 기준 명시 등을 통해 포괄적 관리 체계를 구축하고 있다. 예를 들어, 보건복지부장관 또는 시·도지사의 허가 없이는 중독 증상 완화를 목적으로 한 마약 투약·처방이 엄격히 금지되며, 치료기관은 반드시 판별검사 실시 후 최소 6개월 이상의 치료보호기간을 부과해야 한다.

이러한 조치들은 마약류 중독자가 사회로 복귀할 수 있도록 재활을 지원함과 동시에, 무자격자의 마약류 유통을 방지하기 위한 이중적 접근을 반영하고 있다. 이 법률은 의료적 목적의 마약 사용과 비의료적 오남용 사이의 경계를 명확히 구분하는 데 초점을 두고 있다.

(3)「치료감호 등에 관한 법률」

「치료감호 등에 관한 법률」은 심신장애 상태이거나 마약류·알코올과 그 밖의 약물중독 상태 등에서 범죄 행위를 한 자로서 재범의 위험이 있고 특수한 교육·개선 및 치료가 필요하다고 인정되는 자에게 적절한 보호와 치료를 제공해 재범을 방지하고 사회복귀를 촉진하는 것을 목적으로 2005년 8월 4일 제정되었다. 동법 제2조 제2항에서는 치료감호대상자를 "마약·향정신성의약품·대마, 그 밖에 남용되거나 해독(害毒)을 끼칠 우려가 있는 물질이나 알코올을 식음(食飮)·섭취·흡입·흡연 또는 주입받는 습벽이 있거나 그에 중독된 자로서 금고 이상의 형에 해당하는 죄를 지은 자"로 규정하며, 동법 제2조의3 제3항에서는 마약류 중독자에 대한 치료와 보호에 관한 규정을 포함하고 있다.

(4) 「정신건강증진 및 정신질환자 복지서비스 지원에 관한 법률」

「정신건강증진 및 정신질환자 복지서비스 지원에 관한 법률」(이하 「정신건강복지법」)은 정신질환의 예방과 정신질환자의 의료 및 사회복귀에 관해 규정하는 법령으로 1995년 12월 30일 최초 제정되었다. 동법에서는 정신질환자를 "망상·환각·사고(思考)나 기분의 장애 등으로 인해 독립적으로 일상생활을 영위하는 데 중대한 제약이 있는 사람"으로 규정하고, 이를 근거로 약물 중독자를 포함한 중독자에 대한 「정신건강복지법」상의 치료와 지역사회 보호에 대해 규정하고 있다. 즉, 해당 법률에 따라 마약 중독자 또한 건강한 사회복귀를 위한 재활과 지역사회 및 전문기관의 도움을 제공받을 수 있고, 부당한 처우로부터 보호받을 수 있다.

(5) 「청소년 보호법」

「청소년 보호법」은 1997년 3월 7일에 청소년에게 유해한 매체물·약물 등이 유통되는 것, 청소년의 유해 업소 출입 등을 규제해 청소년을 유해한 환경으로부터 보호하고 건전한 인격체로 성장할 수 있도록 돕는 것을 목적으로 제정되었다. 동법에서는 「마약류 관리법」에 따른 마약류와 「화학물질관리법」에 따른 환각물질, 그 밖의 중추신경에 작용해 습관성·중독성·내성 등을 유발함으로써 인체에 유해하게 작용할 수 있는 약물 등을 '청소년 유해약물'로 지정하고 있다. 또한 청소년의 유해약물 접근과 이용에 대한 가정, 사회 및 국가의 책임과 유해약물의 피해를 입은 청소년의 치료에 대해서도 규정하고 있다.

(6) 「화학물질관리법」

「화학물질관리법」은 화학물질로 인한 국민 건강 및 환경상의 위해를 예방하고 화학물질로부터 모든 국민의 생명과 재산 또는 환경을 보호하는 것을 목적으로 1990년 8월 1일에 제정되었다. 동법에서는 화학물질 중에서도 환각물질의 섭취, 흡입, 판매를 금지하고 있으며 위반 시 처벌에 대한 사항도 규정하고 있다.

(7) 「형법」

「형법」 제17장에서는 아편에 관한 죄를 명시하고 있다. 아편, 모르핀 또는 그 화합물을 제조한 자는 10년 이하의 징역에 처해질 수 있으며, 아편을 흡식하거나 모르핀을 주사한 자는 5년 이하의 징역에 처해질 수 있다. 이외에도 아편의 수입·소지 등에 관한 세부적인 형벌 규정이 제198조부터 제206조까지 명시되어 있다.

위의 법령들에 근거하면 마약류를 투약하거나 단순 소지한 경우라도 처벌을 받을 수 있을 만큼 우리나라에서는 마약류 범죄에 대한 처벌이 엄격히 규정되어 있다. 〈표 19〉를 통해 국내 마약류 관련 금지 행위에 대한 형량을 한눈에 살펴볼 수 있다.

〈표 19〉 국내 마약류 관련 법률에 따른 형량

법규	행위	형량
「마약류 관리에 관한 법률」	마약, 향정신성의약품, 대마 또는 이들의 원료 물질의 수출입·제조·매매·알선·소지·소유	무기징역 또는 5년 이상의 징역 등
	미성년자 대상의 대마 수수·제공 또는 흡연·섭취의 유도	2년 이상의 징역
「마약류 불법거래 방지에 관한 특례법」	마약의 수출입·제조·매매·알선 등을 업으로 삼음	사형, 무기징역 또는 10년 이상의 징역 등 (1억 원 이하의 벌금 병과)
	마약 범죄로 인한 불법수익의 은닉·가장	7년 이하의 징역 또는 3천만 원 이하의 벌금
	불법수익의 수수	3년 이하의 징역 또는 1천만 원 이하의 벌금
	마약 범죄의 선동	
	마약 범죄에 사용될 물품·자금·시설 등의 제공·운반	3년 이상의 징역
「형법」	아편 등의 제조·수입·판매·판매 목적으로 소지	10년 이하의 징역 등
	아편흡식기의 제조·수입·판매·판매 목적으로 소지	5년 이하의 징역
	아편 흡식 및 동장소 제공	
	세관 공무원의 아편 등의 수입 또는 수입의 허용	1년 이상의 징역
	아편, 흡식기구 등의 소지	1년 이하의 징역 또는 500만 원 이하의 벌금
「특정범죄 가중처벌 등에 관한 법률」	「마약류 관리법」 제58조 제1항 제1호~제4호, 제6호, 제7호에 규정된 죄 또는 그 미수죄	무기징역 또는 7년 이상의 징역 등
	「마약류 관리법」 제59조 제1항~제3항, 제60조에 규정된 죄	사형·무기 또는 10년 이상의 징역
「화학물질 관리법」	환각물질 섭취·흡입·소지 또는 판매·제공	3년 이하의 징역 또는 5천만 원 이하의 벌금

(출처: 대검찰청, 2023 재구성)

마약, 당신이 궁금한 모든 것
— Q&A로 알아보는 마약 이야기 ⑯

Q. 친구가 몰래 음식에 마약을 탔는데 그걸 모르고 먹었다면, 이런 경우도 처벌 대상이 될까?

A. 상대방을 속여서 몰래 마약을 먹이는 행위를 이른바 '퐁당 마약'이라고 한다. 이는 명백한 범죄 행위이나 최근까지 「마약류 관리법」에 근거해 처벌할 수 있는 규정이 없었다. 그러나 퐁당 마약은 성범죄 등 2차 범죄를 유발할 가능성이 있다는 점에서 처벌에 대한 법적 근거 마련의 움직임이 있었다. 2023년 5월 기준, 다른 사람 음료에 몰래 마약을 타거나, 마약 성분이 든 음료를 속여 마시게 하는 퐁당 마약 수법을 처벌할 수 있도록 하는 「마약류 관리에 관한 법률 일부개정법률안」이 발의되었다(연합뉴스, 2023).

반면에 만약 상대방이 마약을 물이나 음료 등으로 속였고, 그것을 모르는 상태에서 마신 경우에는 처벌의 대상이 되지 않는다. 의심스러운 경우 최대한 빨리 경찰에 신고해야 하며, 속아서 먹게 된 음식이나 음료수의 잔액이 있다면 수사기관에 함께 가지고 가는 것이 도움이 된다(JTBC NEWS, 2023).

3) 국내 마약 관련 정책

앞서 살펴본 다양한 마약 관련 법률들은 국내 마약류 정책의 법적 기반을 형성한다. 이러한 법적 체계를 바탕으로, 실제 정책 집행은 크게 두 가지 방향으로 이루어지고 있는데, 공급차단 정책과 수요억제 정책으로 구분될 수 있다. 공급차단 정책은 마약류 유통의 단속 강화, 마약류 관리 체계의 보완 등을 통해 마약류의 공급을 통제하는 것을 목적으로 갖는다. 반면, 수요억제 정책은 마약 예방 활동, 마약류 중독자의 치료·재활 등을 통해 마약류의 수요를 감소시키는 것을 목표로 한다(박성수, 2022; 신재헌, 2022).

이 두 가지 정책 방향은 상호 보완적으로 작용해 마약류 문제에 대한 종합적인 대응 전략을 형성한다. 공급과 수요 양 측면에서 동시에 접근함으로써, 앞서 설명한 법률들의 취지를 실현하고 마약류 문제를 더욱 효과적으로 해결하고자 하는 것이 현재 국내 마약류 정책의 기본 방향이라고 할 수 있다.

(1) 공급차단 정책

한국의 마약류 관리 정책은 1999년 대검찰청이 수립한 '국가마약퇴치전략'과 '마약류 범죄에 대한 대응체계'를 시작으로 발전해왔다. 이 초기 정책은 주로 단속과 처벌을 중심으로 하는 범죄화 접근을 취했다.

최근 들어 정부의 마약류 관리 정책은 더욱 포괄적이고 현대화되었다. 2022년 발표된 「마약류 관리 종합대책」은 인터넷과 가상자산을 이용한 마약류 거래 단속 강화, 마약 유통 사이트 차단, 공항과 항만에서의 마약 밀반입 단속 강화, 그리고 의료용 마약류의 불법 유통 억제를 위한 실시간 모니터링 시스템 구축 등을 포함하고 있다(법무부, 2022; 외교부, 2021).

법무부(2023a)에 따르면, 정부는 또한 국제우편 마약단속 TF 구성, 특송화물 선별시스템 구축, 마약탐지 첨단장비 도입 등 새로운 대책들을 도입했다. 특히 'e-로봇' 시스템을 활용한 24시간 인터넷 마약 거래 감시는 디지털 시대의 마약 거래에 대응하기 위한 혁신적인 접근법이다.

국무조정실(2023)에서 발표한 2024년도 「마약류 관리 종합대책」에서는 더욱 강화된 조치들이 제시되었다. 입국 여행자 대상 마약 검사율을 2배 이상 확대하고, 마약 우범국 출발 여행자에 대한 전수검사를 재개하는 등 국경 관리를 강화했다. 또한 의료용 마약류 관리체계를 개편해 의사의 처방투약 금지기준 강화, 환자 투약이력 확인 의무화, 의료 목적 외 마약 투약·제공 시 의료인 자격 정지 등의 조치를 도입했다.

이러한 정책들은 마약 문제에 대한 정부의 종합적이고 적극적인 대응을 보여준다. 단순한 처벌을 넘어 예방, 관리, 국제 협력 등 다양한 측면에서 접근하고 있으며, 특히 디지털 기술을 활용한 새로운 대응 방식을 도입하고 있다. 이는 변화하는 마약 유통 및 사용 패턴에 대응하고, 더 효과적인 마약류 관리를 위한 정부의 노력을 반영한다.

다음의 〈표 20〉는 2020년부터 2024년까지 지난 5년간 발표된 「마약류 관리 종합대책」 중 공급차단 정책과 관련된 내용을 정리한 것이다.

〈표 20〉 「마약류 관리 종합대책」 중 공급차단 정책 관련 내용 요약

연도	내용
2020년	1. 불법 마약류 밀반입 유통 사전 차단 ▪ '마약전담 검사 회의' 개최 및 수사관 교육 ▪ 공항 마약 탐지 장비 추가 배치 ▪ 국제마약조직 추적수사팀, 전문수사팀 활용 마약류 유통 사범 조사 강화 ▪ 생체시료에 대한 분석기법 개발을 통한 신종마약류 차단 2. 빅데이터 기반 의료용 마약류 오남용 예방조치 및 감시 체계 고도화 ▪ 의사용 환자 투약 이력 조회서비스 시범 실시 ▪ 머신러닝을 활용한 과량·중복처방 감시기법 개발 3. 유관기관 협업 체계 강화 ▪ 아태마약법집행기관장회의 국내 개최를 통한 아태지역 수사공조 방안 논의
2022년	1. 불법 마약류 밀반입 유통 근절 ▪ 인터넷·가상자산 이용 마약 거래 집중 수사 ▪ 대규모 마약 밀수입 등 중대 범죄 집중 단속 ▪ 유관기관 간 협업 강화 2. 의료용 마약류 오남용 예방 ▪ 의사용 환자 투약 이력 조회서비스 이용 활성화 ▪ 빅데이터 기반 점검 대상 선정 ▪ 오남용 우려 의료기관에 대한 서면경고제 확대 3. 마약류 대응 역량 강화 ▪ 마약류 전담 조직·인력 확대 및 전문 검사장비 확충 단속인력 전문교육 확대 ▪ 마약사범 통계 빅데이터 분석을 통한 단속 체계 효율화

연도	내용
2024년	1. 국경단계 마약류 밀반입 차단 ▪ '마약 밀수 특별대책 추진단' 운영 및 여행자·화물 검사 강화 ▪ 수사장비 확충 및 첨단 감정장비 도입 ▪ 온라인 모니터링 고도화 및 범죄추적시스템 고도화 연구 2. 의료용 마약류 관리체계 개편 ▪ 처방금지 조치기준 강화 및 환자 투약 이력 확인 의무화 ▪ 의료인 자격정지 행정처분 신설 ▪ 마약류통합시스템 지능화를 통한 오남용 사례 자동 추출 ▪ 의료용 마약류 상시협력체계 구축 및 수사의뢰 기준 마련

(출처: 국무조정실, 2023; 식품의약품안전처, 2019; 외교부, 2021 재구성)

(2) 수요억제 정책

한국의 수요억제 정책은 마약 사용을 예방하고 중독자의 치료·재활을 통해 마약 수요 자체를 줄이는 종합적 접근을 취하고 있다. 법무부(2023a, 2023b)에 따르면, 정부는 청소년을 대상으로 참여형 스토리텔링 교육 프로그램을 개발하고 학교와 연계해 확산 중이며, 교원 연수 과정에 마약 예방 교육을 포함시키고 '학교 마약 예방교육 지원 전문위원회'를 운영하는 등 예방 활동을 강화하고 있다. 또한 시내버스, 지하철, 전광판 등에 마약 예방 캠페인 영상을 상시 송출하고 마약류 정보 통합 홈페이지 구축을 추진하며 국민 인식 개선에 나서고 있다.

수요억제 정책의 또 다른 갈래인 치료·재활을 위해 우리나라에서는 마약사범 대상의 치료보호제도와 치료감호제도를 시행하고 있다. 「마약류 관리에 관한 법률」 내 마약류 중독자 치료보호 규정에 따라, 마약사범은 국가 지정 병원에서 전액 무료로 최대 12개월까지 2개월 단위의 입원 또는 외래 치료를 받을 수 있다. 치료감호제도는 마약사범이 형집행 기간 중 일부 기간 동안은 약물중독재활센터에 수용되어 치료를 받도록 하는 처분으로, 처벌과 치료를 병행토록 한다.

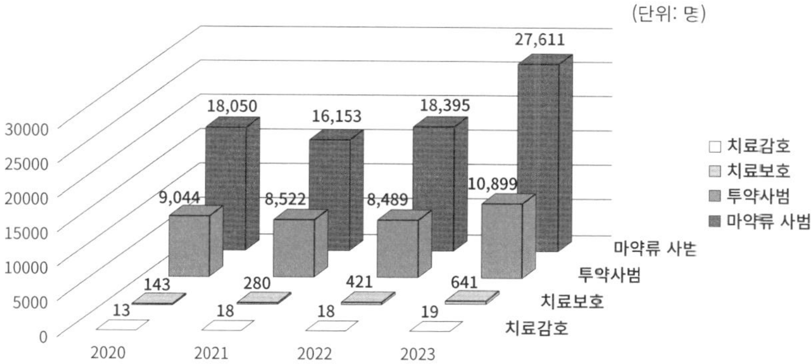

〈그림 24〉 마약류 사범 대비 치료보호 및 치료감호 비율
(출처: 대검찰청, 2021, 2022, 2023, 2024a 재구성)

그러나 대검찰청(2023) 자료에 따르면, 2022년 기준 마약 투약사범 8,489명 중 5%(421명)만 치료보호를 받았고, 치료감호는 0.2%(18명)에 그치는 등 한계가 드러났다. 치료시설도 전국 341개 병상으로 턱없이 부족하며 이용률 역시 저조한 상황이다. 〈그림 24〉는 지난 4년의 마약류 사범과 치료보호, 치료감호의 수를 그래프로 나타낸 것이다.

이러한 문제를 해결하기 위해 정부는 치료명령제도를 강화했다. 법무부(2019)는 마약류 투약사범에게 집행이 끝난 후에도 치료명령을 내릴 수 있는 제도를 신설했으며, 검사가 치료명령을 청구하기 전 객관적인 자료를 확보할 수 있도록 조사 절차를 마련했다. 또한 치료명령 집행 규정을 정비해 선고유예, 집행유예, 집행 종료, 면제, 가석방 시 치료명령을 집행할 수 있도록 했다.

2022년도의 「마약류 관리 종합대책」에서는 마약 중독자들이 지역사회에서 지원서비스를 받을 수 있도록 예산 증액과 더불어 치료기관 및 재활기관 확충을 추진했다. 또한 법무부(2022)는 마약류 중독자에 대한 치료·재활 정책으로, 보건복지부 지정 치료보호기관에서 무상 치료와 재활을 제공해 재범률을 낮추어야 한다고 강조했고, 중증 재범 중독자는 국립법무병원 약물중독 재활센터에서 치료와 재활을 받을 수 있도록 치료감호를 적극 청구할 것이라고 발표했다.

이에 더해 국무조정실(2023)에서는 정부가 2024년까지 한국마약퇴치운동본부의 중독재활센터(함께한걸음센터)를 3곳(서울, 부산, 대전)에서 전국 17개소로 확대 설치하고 운영 지원을 통해 마약 중독자 치료를 활성화할 계획이라고 발표했다. 법무부(2023c, 2024)에서는 2023년도에 '사법-치료-재활 연계모델'을 시범 운영해 중독 심각도에 따른 맞춤형 프로그램을 제공했으며, 2024년부터 전국적으로 확대 실시되었다. '사법-치료-재활 연계모델'의 절차는 〈그림 25〉와 같다(법무부, 2024).

또한 보건복지부(2023)는 2024년 상반기부터 치료보호 대상자에게 건강보험 적용을 확대해 재정 부담을 줄였다.

다음의 〈표 21〉은 2020년부터 2024년까지 지난 5년간 발표된 「마약류 관리 종합대책」 중 수요억제 정책과 관련된 내용을 정리한 표이다.

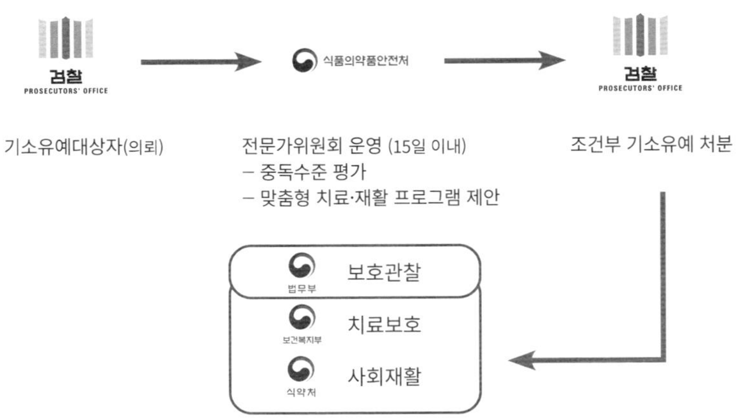

〈그림 25〉 사법-치료-재활 연계모델
(출처: 법무부, 2024 재구성)

〈표 21〉「마약류 관리 종합대책」 중 수요억제 정책 관련 내용 요약

연도	내용
2020년	1. 마약류 중독자 치료·재활 지원 확대 및 홍보 강화 ▪ 마약류 투약 사범에 대한 개인 맞춤형 중독 판별 검사 및 상담 치료 시행 ▪ 교육 프로그램 개발 및 전문 강사 인력 육성 등 시형 기반 조성 ▪ '마약류 중독자 실태조사' 실시 ▪ 보호관찰 대상 약물검사 횟수 증대 ▪ 취약계층(탈북민, 다문화가정 등)에 대한 교육 지속 ▪ 중독 상담 및 교육 분야 전문가 확대 양성
2022년	1. 마약류 중독자 치료·재활 지원 확대 ▪ 치료보호 지원 예산 확충 및 중독자 치료보호 지원 확대 ▪ 중독관리통합지원센터 추가 설치 ▪ 마약류 중독자의 치료 및 재활서비스 접근성 강화 및 재활교육 효과성 제고 ▪ 마약류 중독자 치료 및 치료재활 시설 연계, 교육 이수명령 집행 체계 강화 ▪ 재범 고위험군 대상 불시 약물검사 실시, 관계기관 협업 강화 2. 취약계층 대상 예방 교육 및 홍보 강화 ▪ 교내 마약류 예방교육 강화 및 청소년, 취약계층 대상 특화 교육 실시
2024년	1. 치료·재활·예방 인프라 확충 ▪ 권역별 치료기관 확충·지원 및 치료보호 건강보험 적용 추진 ▪ 중독재활센터 확대, 24시간 상담센터 운영, 재활전담 교정시설 운영 ▪ 청소년, 군인 등 대상의 예방교육 확대

(출처: 국무조정실, 2023; 식품의약품안전처, 2019; 외교부, 2021 재구성)

2. 해외 법과 정책

마약 문제는 전 세계적인 과제로, 각국은 자국의 상황에 맞는 다양한 정책을 시행하고 있다. 한국의 마약 정책이 주로 공급 차단과 수요 억제에 초점을 맞추고 있는 반면, 다른 국가들은 다양한 접근 방식을 채택하고 있다. 그중 미국의 사례를 중심으로 다양한 국가들의 마약 관련 법과 정책을 살펴 보려고 한다. 특히 미국은 오랜 기간 '마약과의 전쟁'을 펼쳐왔지만,

최근 일부 주에서 마리화나 합법화 같은 새로운 정책을 도입하는 등 변화의 움직임을 보이고 있어 주목할 만하다. 또한 유럽 국가들의 위해감축(Harm Reduction) 정책이나 다양한 접근 방식도 함께 검토한다. 이러한 해외 사례 연구를 통해 한국의 마약 정책에 대한 새로운 시각과 대안적 접근 방식을 모색하는 데 도움이 될 수 있을 것이다.

1) 위해감축 정책

위해감축 정책은 마약류 관련 정책 중 하나로, 1980년대 중반 유럽에서 HIV 감염 확산을 줄이기 위해 시작되었다. 이 정책의 핵심은 마약 사용의 완전한 금지보다는 마약 사용으로 인한 피해를 최소화하는 데 초점을 맞춘다. 위해감축 정책은 환경적 요인의 변화를 강조하며, 중독자들의 신체 건강상 문제 완화 및 사회경제적 비용의 경감을 목적으로 하고 있다(Friedman et al., 2007; Westhoff, 2023).

위해감축은 약물 중독자의 인권을 보호하는 것을 우선으로 삼는다. 무조건적인 단약을 목표로 하는 것이 아니라 최소화 또는 감축시키는 것이 근절보다 중독자의 인권을 보호하기 위한 최적의 방법이라고 본다. 또한 위해감축은 강압적이기보다 촉진적이며 중독자의 긍정적인 변화에 초점을 두는 접근법이라고 할 수 있다. 위해감축은 마약 사용을 완전히 없애려는 노력보다 마약에 의한 개인적, 사회적 피해를 줄이고 개선하는 것이 더 실용적일 수 있다고 주장한다. 자기결정의 관점에서 마약 사용자를 비난하거나 지지하는 도덕적 판단을 하지 않고, 마약 사용자의 존엄성과 권리를 존중한다. 즉 위해감축 정책은 단약을 강요하지 않는 대신, 마약 사용이 건강, 사회, 경제 등 다양한 측면에 미치는 부정적 결과를 줄이는 데 중점을 둔다. 이러한 위해감축 정책의 특징을 키워드로 정리해보면 실용주의, 인문학적 가치, 피해 감소에 초점 맞추기, 비용과 이익의 균형, 목표의 우선순위 설정이다(Harm Reduction International, n.d.; SAMHSA, 2023).

SAMHSA(2023)에서는 위해감축 정책이 필수적으로 갖추어야 할 6가지 핵심가치를 다음과 같이 제시했다. 먼저 위해감축은 마약 사용의 경험이 있는 사람이 주도해야 한다. 이는 마약 사용의 경험이 있는 사람이 마약 사용자의 관점에서 역동적인 현상을 이해할 수 있으며, 그것이 지역사회 내에서 빠르게 변화하는 마약 사용 환경을 파악하는 데 큰 도움을 주기 때문이다. 두 번째 핵심가치는 개인의 인권을 인정하는 것이며, 세 번째는 지역사회 참여와 구축에 전념해야 한다는 것이다. 이어서 네 번째는 형평성, 권리 및 회복적 사회정의를 촉진한다는 것이고, 다섯 번째는 가장 접근하기 쉽고, 비강압적인 지원을 제공해야 한다는 것이다. 마지막으로 여섯 번째 핵심가치는 개인이 정의한 긍정적인 변화에 초점을 맞추어야 한다는 것이다. 핵심가치들이 지켜지기 위해서는 12가지 원칙들이 실천되어야 한다. 〈그림 26〉은 위해감축의 핵심가치와 원칙을 정리한 것이다.

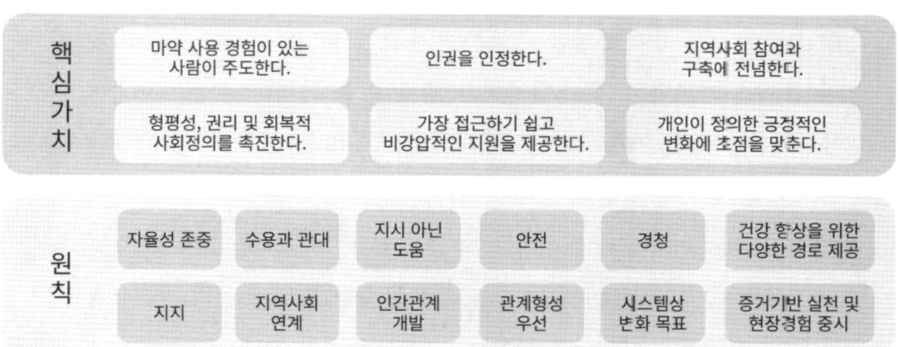

〈그림 26〉 위해감축의 핵심가치와 원칙 (출처: SAMHSA, 2023 재구성)

이러한 원칙에 근거해 Harm Reduction International에서는 위해감축 접근 시 마약을 사용하는 사람들을 있는 그대로 받아들이며 판단 없이 대해야 하고, 실천가는 낙인감을 주는 용어를 지양해야 하며, 사용하는 용어와 언어에는 존중이 담겨 있어야 한다고 주장한다.

한편 SAMHSA는 급증하는 약물중독 사망사고를 예방하기 위한 접근법으로 위해감축을 주요 전략으로 채택하고 있다. 무조건적인 단약 중심의 접근법이 그리 효과적이지 않은 데다, 무엇보다 코로나19 팬데믹을 지나며 약물 사용으로 인한 사망자 수가 급증하면서 음지에 있는 약물 사용자들의 의료서비스 접근을 강화하고 약물 사용으로 인한 폐해를 최소화하는 것이 더 낫다고 판단했기 때문이다.

대표적인 위해감축 전략으로는 주사기 교환 프로그램, 날록손 배포, 오피오이드 대체 처방 등과 같은 약물 과다복용에 대한 대처방법 교육 등이 포함되며, 펜타닐 테스트 스트립, 흡연 및 흡입 도구 배포, 주사기와 위생용품 등을 나눠주는 서비스도 제공된다. 이러한 다양한 프로그램들을 통해 주사기를 공유할 경우 나타날 수 있는 감염병과 각종 질병, 약물 과다투여로 인한 사망사고 등을 예방할 수 있다.

또한 위해감축 전략들은 비용 대비 효율적이며 개인의 건강과 지역사회 건강에 긍정적인 영향을 미치는 것으로 입증되었다. Westhoff(2023)의 연구에 따르면, 스위스에서는 특정 조건을 만족하는 중독자에게 고품질의 헤로인을 제공하는 정책을 시행하고 있으며, 이로 인해 마약 관련 사망과 범죄가 감소했다고 보고되었다. 유럽의 여러 국가들도 'Drug Information and Monitoring System'(네덜란드), 'Safer NightLife'(스위스), 'CheckIt!'(오스트리아) 등의 프로그램을 통해 마약 교육과 안전용품 제공 등의 위해감축 정책을 실시하고 있다. 대표적인 위해감축 정책과 주요 내용은 〈표 22〉와 같다.

〈표 22〉 주요 위해감축 정책

정책	내용
주사기 교환 프로그램 (Needle and Syringe Program)	▪ 주삿바늘과 주사기를 무료 또는 저렴하게 제공해 주사기를 타인과 같이 사용해 확산될 수 있는 HIV나 C형 간염을 예방하는 방법
약물 사용실 (Drug Consumption Room)	▪ 약물 사용이 가능한 장소를 제공해 공공장소에서 약물을 사용했을 때 생기는 여러 문제를 줄이는 방법 ▪ 시행국: 네덜란드, 룩셈부르크, 스페인, 노르웨이, 호주 등
오피오이드 대체 처방 (Opioid Replacement Therapy)	▪ 불법 약물 대신 비교적 활성화 정도가 약하고 효과가 오래 지속되는 메타돈을 제공해 중독자의 생활을 안정화시키는 방법 ▪ 시행국: 미국, 호주, 캐나다, 스위스, 오스트리아, 슬로베니아, 독일 등
날록손 배포 프로그램 (Naloxone Distribution Program)	▪ 경찰이나 중독자의 가족, 친지들에게 날록손을 배포해 중독자에 대한 응급처방이 가능하도록 하는 방법 ▪ 시행국: 미국, 영국, 호주, 중국, 러시아 등
펜타닐 테스트 스트립 (Fentanyl Test Strips)	▪ 다양한 형태의 펜타닐을 감지할 수 있는 스트립을 사용해 과다 복용의 위험을 줄일 수 있는 방법

(출처: 박영범, 최재욱, 2019; U.S. Centers for Disease Control and Prevention, 2024 재구성)

Harm Reduction International(2022)의 보고서에 따르면, OECD 국가들 중 칠레, 코스타리카, 일본, 한국을 제외한 대부분의 국가에서 하나 이상의 위해감축 정책을 사용하고 있다. 38개국 중 33개국이 공식 문서에서 위해감축 정책을 언급하고 있으며, 가장 널리 사용되는 정책은 오피오이드 치료 프로그램이다. OECD 가입국의 위해감축 정책의 현황은 〈표 23〉과 같다.

위해감축 정책은 마약 문제에 대해 비교적 새로운 접근 방식을 제시하며, 전통적인 금지 정책과는 다른 관점에서 문제 해결을 시도한다. 이 정책의 효과성과 윤리적 측면에 대해서는 여전히 논쟁이 있지만, 많은 국가에서 이를 채택하고 있다는 점은 주목할 만하다.

〈표 23〉 OECD 가입국가 위해감축 정책 현황

	공식문서에서 위해감축 언급	주사기 교환 프로그램	오피오이드 치료 프로그램	약물 사용실 운영	처방 없이 무료 날록손 제공	마약 경험자 주도의 날록손 배포	흡연키트 배포	각성제 처방 가능	감옥 내 날록손 배포	감옥 내 오피오이드 치료 프로그램
멕시코	O	O	O	O	O	O	X	X	X	X
칠레	X	X	X	X	X	X	X	X	X	X
콜롬비아	O	O	O	X	X	X	X	X	X	X
코스타리카	X	X	X	X	X	X	X	X	X	X
미국	O	O	O	O	O	O	O	X	X	O
캐나다	O	O	O	O	O	O	O	O	O	O
일본	X	X	X	X	X	X	X	X	X	X
한국	X	X	X	X	X	X	X	X	X	X
호주	O	O	O	O	O	O	X	X	X	O
뉴질랜드	O	O	O	X	O	O	X	X	X	O
오스트리아	O	O	O	X	O	O	O	X	X	O
벨기에	O	O	O	O	X	X	O	X	X	O
덴마크	O	O	O	O	O	X	n.d.	X	X	O
프랑스	O	O	O	O	O	X	O	X	X	O
독일	O	O	O	O	O	O	O	X	O	O
그리스	O	O	O	O	X	X	n.d.	X	X	O
아이슬란드	O	O	O	O	X	X	n.d.	X	X	O
아일랜드	O	O	O	X	O	X	n.d.	X	X	O
이탈리아	O	O	O	X	O	O	O	X	X	O
룩셈부르크	O	O	O	O	X	X	n.d.	X	O	O
네덜란드	O	O	O	O	X	X	O	X	X	O
노르웨이	O	O	O	O	O	X	n.d.	X	X	O
포르투갈	O	O	O	O	O	O	O	X	X	O
스페인	O	O	O	O	O	X	O	X	O	O

	공식문서 에서 위해감축 언급	주사기 교환 프로그램	오피오이드 치료 프로그램	약물 사용실 운영	처방 없이 무료 날록손 제공	마약 경험자 주도의 날록손 배포	흡연키트 배포	각성제 처방 가능	감옥 내 날록손 배포	감옥 내 오피오이드 치료 프로그램
스웨덴	O	O	O	X	O	X	n.d.	X	X	O
스위스	O	O	O	O	X	X	O	X	O	O
터키	X	X	O	X	X	X	n.d.	X	X	X
영국	O	O	O	X	O	O	O	X	X	O
핀란드	O	O	O	X	X	X	n.d.	X	X	O
체코	O	O	O	X	O	X	O	O	X	O
헝가리	O	O	O	X	X	X	X	X	X	X
폴란드	O	O	O	X	X	X	X	X	X	O
슬로바키아	O	O	O	X	X	X	O	X	X	X
슬로베니아	O	O	O	X	O	O	O	X	X	O
에스토니아	O	O	O	X	O	X	O	X	X	O
라트비아	O	O	O	X	X	X	X	X	X	O
리투아니아	O	O	O	X	O	X	X	X	X	O
이스라엘	O	O	O	X	X	X	X	X	X	O

* n.d.는 No Data(자료 없음)를 의미한다.
(출처: Harm Reduction International, 2022 재구성)

2) 마약 법정

마약 법정(Drug Courts)은 마약사범에게 전통적인 감옥 수감 대신 법원의 감독하에 장기적인 치료 프로그램을 제공하는 혁신적 사법 제도이다. 이 제도는 1989년 미국 플로리다주 마이애미에서 처음 도입되었으며, 1980년대 레이건 정부의 '마약과의 전쟁(War on Drugs)' 정책의 한계를 극복하기 위한 대안으로 발전했다. 당시 엄벌주의 정책은 마약 범죄자 수를 급증시켜 교도소가 과포화되었고, 치료 프로그램의 부재로 인해 재범률이 오히려 증가하는 역설을 낳았다. 이러한 실패를 계기로 사법 당국은 처벌보다 중독 치료와 사회 복귀에 초점을 맞춘 새로운 모델을 모색하게 되었다(The National Association of Drug Court Professionals & Drug Court Standards Committee, 1997).

이에 재판관들은 사법 제도와 마약 중독 치료 서비스 간의 관계를 재점검하고, 약물 오남용을 멈추고 관련 범죄를 줄이겠다는 공동 목표를 세웠다. 사법 제도와 치료 서비스가 각각의 기능과 자원을 다해 협력한다면 효율성을 높일 수 있을 것이라 판단했고, 그 결과 마약 법정의 개념이 탄생했다(The National Association of Drug Court Professionals & Drug Court Standards Committee, 1997).

마약 법정은 중독을 행동 및 충동 조절에 영향을 미치는 뇌의 만성질환으로 인식해 처벌보다는 치료에 주된 목적을 둔다. 법정마다 프로그램의 운영 방식은 다르지만, 대체로 다음과 같은 활동들이 이루어지며, 이러한 활동을 통해 마약 중독자들이 효과적으로 약물 사용을 줄이고 재범을 방지할 수 있도록 지원한다(National Institute of Justice, 2020; National Treatment Course Resource Center, n.d.; Office of Justice Programs[OJP], 2020).

- 위험 요인 및 필요에 대한 스크리닝 및 평가
- 사법 제도(판사)와의 상호작용
- 무작위 약물 사용 검사와 모니터링
- 치료 계획 유지에 대한 보상 및 규칙 위반에 대한 단계적 제재
- 마약 중독에 대한 임상치료
- 개별적인 사례관리(필요시 취업, 교육, 사회 활동 등과 연결)

■ 정기적인 법원 출두

법원은 치료 과정 전반을 감독하며 프로그램 결과에 대한 최종 결정을 내린다. 다학제적 접근을 위해 다양한 전문가들이 참여하는데, 일반적으로 판사, 검찰, 변호사, 형사사법기관, 사회복지사, 치료 전문가들이 팀을 이루어 협력한다. 마약사범이 프로그램을 성공적으로 수료하면 형량이 기각되거나 없어지지만, 프로그램을 끝까지 이수하지 않을 경우 전통적인 재판 절차에 따라 처리된다(OJP, 2020).

미국에서는 현재 4천 개 이상의 마약 법정이 운영되며, 대상에 따라 다양한 유형으로 세분화된다. 예를 들어 청소년 마약 법정은 가족 지원과 교육 개입을 강조한다. 이 외에도 군인을 위한 참전용사 법정(Veterans Treatment Court), 원주민 대상 치유·회복 법정(Tribal Healing to Wellness Court), 음주운전 또는 약물복용 운전 사범을 위한 음주·약물 운전 법정(Driving Under the Influence/Driving While Intoxication Court) 등 특정 집단의 특성에 맞춘 프로그램이 활발히 운영된다(Bureau of Justice Assistance, 2003; National Drug Court Institute & Center for Children and Family Futures, 2018; National Treatment Course Resource Center, n.d.).

마약 법정의 효과성을 분석한 연구들에 따르면, 성인 마약 법정에 참여한 약물 사범은 참여하지 않은 사범에 비해 낮은 재범률을 보인다. Guydish 외(2001)는 마약 법정 참가자의 재구속률이 마약 법정 비참가자에 비해 11~14% 감소한다고 보고했으며, Gottfredson 외(2003)는 출소 2년 후 마약 법정 비참가자 중에서는 81.3%가 재구속된 반면, 마약 법정 참가자 중에는 66.2%만이 재구속되었다고 보고했다. Shaffer(2011)의 메타분석 연구에 따르면, 마약 법정 참가자의 재범률이 평균적으로 9% 감소했고, 또 다른 메타분석 연구를 진행한 Mitchell 외(2012)에 따르면, 마약 법정 참가자의 재범률이 평균 12% 감소하며 이 효과가 최대 3년까지 지속될 수 있다고 보았다.

청소년 마약 법정의 효과성도 긍정적으로 보고되고 있다. Gummelt와 Sullivan(2016)은 청소년 마약 법정 참여 집단의 수감률이 보호관찰 집단에 비해 낮았다고 보고했고, Belenko 외(2022)는 12개월 추적 결과에서 청소년 마약 법정 참여자들의 대마 사용 및 재수감률이 전통적인 소년법원 참여자들에 비해 더 크게 감소했다고 밝혔다. 이러한 연구들은 마약 법정의 효과성을 일관되게 보여주며, 우리나라에서도 마약 법정 운영을 고려할 필요성을 시사한다.

3)「삼진아웃법」과 개정안

「삼진아웃법(Three Strikes Law)」은 1994년 미국에서 도입된 법률로, 세 번의 중범죄 유죄 판결을 받은 자에게 가석방 없이 최소 25년 이상의 중형을 부과하는 것을 골자로 한다. 이 법은 마약 범죄 급증과 기존 처벌 중심 정책의 실패를 배경으로 만들어졌다. 특히 마약 거래나 마약 관련 폭력 등 중범죄로 3회 유죄 판결을 받은 경우 종신형에 가까운 형량을 부과함으로써 범죄 예방 효과를 기대했다. 그러나 이 법은 비폭력 마약사범까지 엄격히 처벌하면서 재범률 감소보다는 교도소 과부하 등의 문제를 야기했다(김종구, 2008; 안상욱, 2009; U.S. Congress, 1994).

이러한 한계를 보완하기 위해 2000년 캘리포니아주에서는 '발의안 36(Proposition 36)'을 도입했다. 약물 남용 및 범죄 예방법인 이 법안은 비폭력적인 마약사범 또는 마약 소지로 유죄 판결을 받은 성인에게 지역사회 기반의 마약 치료를 의무화하는 법안이다. 비폭력 마약사범에게 최대 2회까지 치료 프로그램 참여 기회를 주고, 3회 위반 시에만 수감하는 방식으로 전환했다. 시행 첫해 44,043명이 치료를 명령받았으며, 69%가 실제 프로그램에 참여했다(Longshore et al., 2005).

Longshore 외(2005)의 연구에 따르면, 모든 치료 과정을 완료한 그룹은 치료를 완수하지 않거나 치료 명령을 이행하지 않은 그룹에 비해 약물 사용이 크게 줄었고, 고용률도 크게 개선되었다. Chun 외(2007)의 연구에서도 캘리포니아 발의안 36의 참여자들은 보호관찰을 받는 그룹보다 향후 재수감될 가능성이 낮았고, 마약 사용과 고용 상황에서도 큰 개선을 보였다. 캘리포니아 발의안 36은 미국의 형사 사법과 마약 치료에 대한 주 정부의 접근 방식을 전환시키는 중요한 전환점이 되었으며, 이는 치료와 재활의 중요성을 입증한 사례로, 다른 주들에게 치료 및 재활 모델을 제시하는 역할을 했다.

2018년 「첫걸음 법(First Step Act)」은 「삼진아웃법」의 문제를 해결하기 위한 연방 차원의 개혁이다. 비폭력 마약사범의 형량을 완화하고(최대 25년), 재소자 재활 프로그램을 강화하는 내용을 담았다(United States, 2018). 그러나 U.S. Department of Justice(2023)에 따르면, 전문 인력, 예산, 재활 인프라 부족 등 구조적 문제는 남아 있는 것으로 지적된다.

이러한 미국의 경험은 한국에 중요한 시사점을 제공한다. 첫째, 엄벌주의의 한계에 대한 인식이다. 이는 단순한 처벌 강화가 해결책이 아님을 보여준다. 둘째, 치료-재활 시스템의 체계화이다. 캘리포니아 발의안 36은 사법 시스템과 치료 프로그램의 연계가 성공적일 수 있음을 입증했다. 셋째, 균형적 접근의 필요성으로, 처벌과 재활의 조화를 모색하는 것이 필요함을 강조한다.

4) Law Enforcement Assisted Diversion(LEAD)

LEAD는 2011년 워싱턴주의 시애틀에서 최초로 개발된 프로그램으로, 경미한 수준의 마약 범죄에 연루된 개인을 체포하거나 징역형을 부과하지 않는 대신 지역사회와 연계된 재활프로그램으로 대상자를 연계하는 사전 체포 전환 프로그램(Pre-Booking Diversion Program)이다. LEAD 프로그램의 참여자는 경미한 수준의 마약 범죄자로, 경미한 수준의 마약 범죄란 3g 이하의 약물을 투약 목적으로 소지하거나 단순 소지하는 경우(단, 마약 거래 목적의 소지는 불가함), 전과기록이 없는 경우 등으로 한정된다. 이러한 범죄자가 LEAD로 연계되기 위해서는 경찰의 재량이 매우 중요한 역할을 한다. 특히 일선의 경찰들은 LEAD 프로그램과 관련된 충분한 교육을 받고 LEAD 대상자를 선별해 연계하는 주요한 역할을 하고 있다(LEAD National Support Bureau, 2020; U.S. Department of Justice, 2024).

LEAD 프로그램의 참여자들은 프로그램에 연계된 뒤, LEAD 사례관리자에 의한 초기면담을 거치게 된다. 이때 LEAD의 사례관리자는 개인의 약물 사용 빈도, 치료 이력, 주거 상태, 심리적 증상, 대인관계, 건강 상태 등을 사정한다. 이후 참여자는 사례관리자에 의해 위기 대응, 즉각적인 심리사회적 평가, 약물사용장애 치료를 포함한 장기적이고 포괄적인 서비스를 받을 수 있다. 이때 프로그램은 지역사회의 다양한 서비스에 대한 참여자들의 진입장벽을 낮추고 참여자의 일상생활이 건강하게 유지되도록 돕기 위해 위해감축 모델을 기반으로 한다. 이러한 과정을 통해 참가자들은 지역사회 안에서 안정성을 도모할 수 있게 되며, 형사사법 시스템은 비교적 경미한 범죄자에게까지 개입하지 않아 부담과 비용을 줄이게 되는 효과를 거두고 있다(U.S. Department of Justice, 2024).

LEAD는 다음과 같은 기본 원칙하에 운영된다(LEAD National Support

Bureau, 2020).

- **형사 사법체계 개입 최소화**: 특히 유색인종의 형사 사법체계 진입을 최소화하고 재활을 우선시한다.
- **비강압적인 참여**: 참여를 강요하지 않고 자발적인 참여를 유도한다.
- **공동 관리 및 소유**: LEAD는 어떠한 한 기관에 소유되지 않고 여러 이해관계자의 집합이 공동으로 관리하고 소유해, 특정 기관의 독점 운영을 방지한다.
- **다학제간 접근**: 다양한 분야의 전문가들이 협력해 정보를 공유하고 통합적으로 운영하기 위해 파트너십을 구축한다.
- **맞춤형 접근**: 구조적 문제로 인해 반복적으로 형사 사법체계에 들어오게 되는 참여자의 필요와 상황에 맞춘 섬세한 지원을 제공한다.
- **시작 단계로서의 전환**: 참여자가 형사 사법체계에서 벗어나 지역사회 기반 치료로 복귀할 수 있도록 지원하며, 그것이 개입의 마지막 단계가 아닌 시작 단계가 되도록 한다.
- **현장 서비스 제공**: 참여자가 있는 장소에서 직접 서비스를 제공한다.
- **트라우마 인지**: 참여자가 겪은 트라우마를 이해하고 고려한다.
- **피해 감소**: 참여자와 지역사회 모두의 피해를 줄이기 위해 노력한다.
- **변화 단계 지원**: (행동 강령을 위반하지 않는 한) 참여자를 탈락시키지 않고, 단계적인 변화 과정을 지원한다.
- **자원으로서의 관계 형성**: 참여자와의 진실된 관계와 신뢰가 변화의 가장 강력한 자원이 된다고 전제한다.
- **동료 가치**: 같은 경험이 있는 동료 직원의 역할을 강조한다.

LEAD 프로그램은 재범률 감소와 사회 복귀 지원 측면에서 실증적 효과를 입증했다. Collins 외(2017)의 연구에 따르면, LEAD 참여자들은 대조군 대비 중범죄 재구속률이 58% 감소했으며, 주거 안정성(89% 향상)과 고용률(46% 증가)에서도 유의미한 개선을 보였다. 이는 단순한 사법적 개입을 넘어 주거·고용·정신건강 등 종합적 지원이 제공되기 때문이다. Perrone 외(2021)의 연구에서는 LEAD 참여자의 중범죄 체포율이 3.5배, 경범죄 체포율이 7.2배 낮았으며, 이는 기존 형사사법 시스템 대비 매우 높은 효과성을 의미한다. 또한 12개월 추적 조사에서 참여자의 재구속률이 58% 감소해 장기적 효과가 입증되었다.

마약, 당신이 궁금한 모든 것
— Q&A로 알아보는 마약 이야기 ⑰

Q. 마약이 합법인 나라에 가서 마약을 해도 문제가 될까? 대마초가 합법인 국가를 방문할 때 주의해야 할 점이 있다면 무엇일까?

A. 마약이 합법인 나라에서도 우리나라 사람은 마약을 해서는 안 된다. 「형법」 제3조(내국인의 국외범)에서 "본법은 대한민국 영역 외에서 죄를 범한 내국인에게 적용한다"고 명시해, 자국민이 외국에서 범죄를 저질렀을 경우 국내법에 따라 처벌을 받는다. 다시 말해, 대마초 사용이 합법인 일부 해외 국가에서 대한민국 국민이 대마초를 흡연하거나 섭취한 후 귀국하면 「형법」 제3조에 규정된 '속인주의' 원칙에 따라 처벌될 수 있다. 따라서 해외여행 시 대마 제품의 섭취나 흡연을 피해야 하며, 특히 대마 성분이 포함된 젤리나 초콜릿 등 식품 형태의 제품에도 각별한 주의가 필요하다.

맺음말

더 나은 미래를 위해

현재의 도전과 미래의 과제

마약의 세계는 복잡하고 다면적이다. 우리는 이 책을 통해 마약의 역사부터 유형과 특성, 현대 사회에 미치는 영향, 마약 중독에 대한 전반적인 이해, 회복을 위한 다양한 치료와 재활 방법, 그리고 국내외 법과 정책 대응까지 광범위한 여정을 함께 했다. 마약은 단순한 불법 물질이 아니다. 그것은 인류의 오랜 동반자이자, 현대 사회의 난제이며, 동시에 과학과 정책의 최전선에 있는 도전 과제이다.

이제 우리는 이 모든 지식과 통찰을 종합해, 마약 문제에 대한 더 나은 접근 방식을 모색해야 할 시점에 와 있다. 단순한 처벌과 금지만으로는 해결할 수 없는 이 복잡한 문제에 대해, 우리는 어떤 태도를 취해야 할까? 개인의 자유와 사회의 안전, 과학적 사실과 윤리적 가치, 현실적 제약과 이상적 목표 사이에서 우리는 어떤 균형을 찾아야 할까?

맺음말에서는 지금까지 우리가 함께 탐구한 내용을 바탕으로, 마약 문제에 대한 새로운 시각과 미래 지향적 접근 방식을 제시하고자 한다. 이는 단순한 정책 제안을 넘어, 우리 사회가 마약을 바라보는 근본적인 태도의 변화를 요구하는 것일 수 있다. 함께 이 도전적인 여정의 마지막 장을 열고자 한다.

첫째, 중독을 질병으로 인식하는 사회적 패러다임의 전환: 처벌에서 치료로

마약 중독자에 대한 한국 사회의 접근 방식은 근본적인 전환이 필요한 시점에 와 있다. 현재 법적 체계는 원칙적으로 중독자를 치료가 필요한 환자로 규정하고 있지만, 실제 적용에 있어서는 여전히 처벌 중심의 접근이 지배적이다. 대검찰청(2024a)의 2023년 통계에 따르면, 마약류 사범 중 실형 선고 비율이 58.2%에 달하는 반면, 치료보호와 치료감호 실적은 각각 5.9%와 0.2%에 불과하다. 이는 정책과 현실 사이의 큰 괴리를 보여주며, 사회적 인식의 변화가 시급함을 시사한다.

신선희(2022)의 연구는 이러한 현실을 더욱 명확히 보여준다. 2015년부터 2020년까지 보도된 마약류 중독 관련 기사들을 분석한 결과, 대부분의 기사에서 마약 중독을 범죄로 다루었으며, 질병과 치료에 관한 내용은 주로 전문가들에 의해서만 언급되었다. 이는 마약 중독에 대한 사회적 인식이 여전히 처벌 중심에 머물러 있음을 보여준다. 박성수(2019)는 이러한 처벌 중심의 전략이 마약 사용에 대한 진입장벽을 높일 수 있지만, 이미 중독된 사람들에게는 오히려 치료를 꺼리게 만드는 요인이 된다고 지적한다. 결국 신재우와 이완희(2023)가 지적한 것처럼, 처벌 위주의 마약 정책은 재발률을 높임으로써 결국 마약 중독자들의 사회 복귀를 점점 늦추는 결과를 낳게 된다.

더욱 우려되는 점은 젊은 세대조차 마약 문제에 대해 처벌 중심의 인식을 가지고 있다는 것이다. 최봉실과 박정숙(2022)의 연구에 따르면, 청년층은 여전히 '강력한 처벌'을 마약 문제 해결의 가장 바람직한 방안으로 인식하고 있다. 이는 마약 중독을 범죄가 아닌 질병으로 보는 현대적 관점이 사회 전반에 아직 자리 잡지 못했음을 시사한다.

따라서 우리는 마약 중독자를 처벌의 대상이 아닌 치료와 재활의 대상으로 보는 인식 전환을 적극적으로 추진해야 한다. 많은 연구자들은 이러한 패러다임 전환의 필요성을 강조하고 있다. 특히 박진실(2017)의 연구는 마약 중독의 특성상 단순한 처벌로는 재발을 막기 어렵다는 점을 지적하고 있다.

이러한 변화는 단순히 정책 수준을 넘어 우선적으르 사회 전반의 인식 전환을 요구한다. 이는 2016년 UN마약특별총회(United Nations General Assembly Special Session on the World Drug Problem)(UN, 2016)가 강조한 "사람이 최우선이다(Put People First)"의 정신에 부합하며, 중독자의 인권 보호와 사회 복귀를 위한 종합적 지원 체계를 구축하는 데 기여할 것이다. 이를 위해서는 대중 인식 개선을 위한 홍보 및 교육이 필수적이다. 예를 들어, 마약 중독을 뇌 신경회로 장애로 설명하는 과학적 사실을 바탕으로, '중독=질병'이라는 인식이 확산되어야 한다. 이를 위해 전문가와 회복자의 경험을 결합한 공익 광고 제작, SNS를 통한 디지털 콘텐츠 확산 등 보다 다양하고 혁신적인 방식을 도입할 필요가 있다.

대중의 인식 전환과 더불어 사법 시스템의 개혁도 필요하다. 이를 위해 먼저 검사나 판사를 비롯한 법집행자들의 인식이 전환되어야 하며, 미국의 마약 법정이나 「첫걸음 법」과 같이 균형적으로 접근해 처벌과 재활의 조화를 모색해야 한다. 즉, 치료와 재활의 기회를 제공하고 치료 과정을 모니터링하고 관리하도록 사법제도와 관리체계를 개편함과 동시에 마약 중독 전문 판사와 검사의 양성도 필요하다. 이와 동시에, 2023년 시범 운영을 통해 긍정적 성과가 확인된 '사법-치료-재활 연계모델'이 2024년 4월부터 전국 확대 시행됨에 따라, 이 제도의 체계화와 적극적인 모니터링 및 관리 시스템 구축도 요구된다.

무엇보다 과학적 근거에 기반을 둔 인식 전환과 이를 기반으로 한 제도 개혁이 병행될 때, 비로소 마약 문제에 대한 지속 가능한 해결책을 모색할 수 있을 것이다. 이러한 노력을 통해 마약 중독자에 대한 사회적 낙인을 줄이고, 더 많은 중독자들이 치료와 재활의 기회를 얻을 수 있도록 해야 한다. 이는 단순히 인도주의적 차원의 문제가 아니라, 마약 문제에 대해 더 효과적이고 지속 가능한 해결책을 찾는 과정의 핵심이다.

둘째, 예방 교육의 활성화: 공급 억제와 수요 감축의 균형을 위한 과제

한국의 마약 정책은 여전히 공급 억제에 치중되어 수요 감축, 특히 예방 교육 측면에서 상당한 한계를 보이고 있다. 이러한 불균형은 대검찰청(2019, 2024a) 통계에서 청소년 마약사범이 2018년 대비 3배 증가하고 20대 마약사범 비중이 30%를 넘는 현실에서도 명확히 드러난다.

특히 청소년과 청년층을 대상으로 한 예방교육의 한계가 두드러진다. 현재 교육부는 한국마약퇴치운동본부와 협력해 학교 내 연극·캠페인 등을 진행하고 있으나, 이는 단발성 행사에 그치고 있다. 최봉실과 박정숙(2022)의 조사에 따르면, 청년층의 50% 이상이 대마·필로폰 외 신종 마약의 위험성을 인지하지 못하며, 41.1%는 약물 남용의 사회적 피해를 모르고 있다. 이는 기존 교육이 연령별 맞춤형 접근을 결여한 채 단순한 지식 전달에 머물기 때문이라 할 수 있다. 구체적으로 신선희(2022)는 중학교 예방교육이 강의 위주로 진행되어 학생들의 참여율과 이해도가 낮다고 주장했다.

이러한 문제를 해결하기 위해 이정혁과 강동욱(2018)이 제안하듯이, AI 챗봇 상담, 가상현실(VR) 체험, 역할극 훈련과 같은 참여형 교육 모델을 도입해 마약 복용 시의 부작용을 간접 체험하거나 유혹 상황 대처법을 학습하는 혁신이 필요하다. 특히 의무 예방교육을 실시하며 부모 대상 워크숍이나 교육을 병행하고, 동료 멘토링 프로그램을 활용하는 것도 중요하다. 회복 중인 중독자가 강사로 참여해 신뢰도를 높이는 방안도 고려해볼 만하다.

더 나아가, 학교·보건소·경찰서, 마약퇴치운동본부나 중독관리통합지원센터 등 전문기관이 협력하는 지역사회 네트워크를 강화해야 한다. 이러한 종합적 접근을 통해 마약 문제에 대한 사회적 인식을 개선하고, 효과적인 예방 체계를 구축할 수 있을 것이며, 궁극적으로는 공급 억제와 수요 감축 정책 간의 균형을 이루는 데 기여할 것이다.

셋째, 치료 및 재활 서비스 전달체계 구축: 인프라 확대 및 전문 인력 양성

우리나라에서 마약 중독자들이 제대로 된 치료를 받을 수 있는 환경이 충분하지 않다는 점은 여러 자료를 통해 드러나고 있다. 최근 서울경제(2023)의 보도에 따르면, 지정 치료보호기관 내 정신과 전문의 수는 2018년 173명에서 2023년 135명으로 감소했으며, 이로 인해 중독자들이 적절한 치료를 받기가 더욱 어려워졌다

또한 대검찰청(2024a) 자료를 살펴보면, 2023년 기준 치료보호제도를 이용한 641명 중 86.4%가 인천참사랑병원과 국립부곡병원 단 두 곳에 집중되어 있다. 보건복지부가 2024년에 6개 병원을 추가 지정해 치료보호기관이 31개로 늘어났으나, 입원과 외래 치료를 모두 제공할 수 있는 의료진은 5명에 불과한 것이 현실이다. 이는 정신과 전문의 부족과 병원의 과부하로 인해 치료의 질이 떨어지고 있다는 문제를 보여준다. 게다가 마약 중독자를 치료하는 보호기관 중 절반 이상이 법적으로 요구되는 인력과 시설 기준을 충족하지 못하고 있다는 점도 문제로 지적되었다(경향신문, 2024; 한국일보, 2023; 헬스조선, 2024).

의료기관뿐만 아니라 지역사회 내 마약 중독 전문 재활기관도 턱없이 부족한 상황이다. 마약 중독자들이 단순히 치료를 받는 것을 넘어 재활 과정을 거쳐 사회에 복귀하려면 지역사회 내 지속적인 지원이 필수적이지만, 현실은 그렇지 못한 상태인 것이다. 그동안 한국마약퇴치운동본부 산하 중독재활센터인 함께한걸음센터의 추가 운영이 지역주민들의 반발로 인해 무산되는 등 난항을 겪어왔다. 그러나 식품의약품안전처에서는 2024년 10월까지 전국에 '함께한걸음센터' 17곳을 설치 완료했으며, 마약 중독자를 위한 통합 서비스를 제공하는 최초의 공공시설인 서울시 마약관리센터도 2025년에 문을 열어, 단계적으로 서비스를 확충할 예정이다. 이러한 변화는 마약 중독자의 치료 및 회복과 재활의 시작을 돕는 중요한 전환점이 될 것으로 기대하고 있다.

마약 중독자 문제를 해결하려면 무엇보다 모든 치료 수준을 포괄하는 종합적인 치료 및 재활 시스템이 구축되어야 한다. 단기 치료만으로는 한계가 있기 때문에, 외래·입원·거주 치료를 단계별로 제공하는 프로그램을 도입하고, 지역사회에서도 지속적인 재활을 지원하는 네트워크를 마련해야 한다. 또한 치료 및 재활 기관들은 중독 치료 전문 인력과 충분한 시설을 갖추고, 과학적 증거에 기반을 둔 프로그램을 운영해야 한다.

이를 위해서는 마약 중독 치료 제공에 대한 기피 현상을 완화하고, 치료보호기관이 안정적으로 운영될 수 있도록 예산 및 운영 지원을 현실적으로 마련해야 한다. 특히 정부의 실질적인 지원을 통해 치료보호기관을 확충하는 것이 필수적이다. 아울러, 민간 차원에서 운영되는 중독 치료 및 재활 모델에 대한 정부 지원을 강화해, 보다 효과적인 치료 및 재활 시스템을 구축할 필요가 있다.

마약 중독 치료 문제는 단순히 인프라 확충만으로 해결되지 않는다. 중독 치료 및 재활을 담당할 전문 인력도 턱없이 부족한 상황이므로, 이를 해결하려면 전문 인력 양성 프로그램을 확대하고, 국가 차원의 마약 중독 전문 인력 양성·관리 시스템을 마련해야 한다. 또한 회복상담가 제도를 활성화해 중독 경험이 있는 사람들이 직접 상담과 멘트링을 제공할 수 있도록 하는 것도 중요하다. 이를 위해 회복상담가 양성 및 보수교육 과정을 체계적으로 운영하고, 이들의 활동을 법적·정책적으로 지원해야 한다.

마약 중독 치료와 재활 문제는 개인의 문제가 아니라 사회 전체의 책임이다. 치료-재활-예방이 선순환하는 시스템을 구축하고 인프라 확충 및 전문 인력 양성을 위해서는 정부 차원의 체계적인 지원과 정책적 의지가 반드시 필요하다. 이를 위해서는 「중독 기본법」 제정을 통해 치료 및 재활 서비스의 표준을 확립하고, 안정적인 예산 지원 체계를 마련하는 것도 중요하다. 이러한 지원은 단순히 중독자 개인의 회복을 넘어, 사회적 비용을 줄이는 데에도 기여할 것이다. 따라서 정부, 지역사회, 그리고 치료 기관이 협력해 과학적 근거와 인권을 존중하는 방식으로 종합적인 치료 및 재활 시스템을 구축해야 한다.

넷째, 효과적인 통합관리를 위한 거버넌스 구축

현재 한국의 마약 문제 관리 체계는 여러 부처로 분산되어 있어 지속적인 관리와 평가가 어렵다는 지적이 나오고 있다. 마약류 유통과 중독자 처벌은 식약처와 대검찰청이 담당하고 있으며, 마약 사용 예방 교육과 홍보는 교육부, 복지부, 식약처가 각각 맡고 있다. 또한 마약 중독 치료와 재활은 보건복지부와 식약처가 담당하는 등 각 부처가 역할을 나눠 수행하고 있다. 하지만 이러한 분산된 관리 체계로 인해 예방 사업이 부처별로 개별적으로 진행되면서, 부처 간 소통 부족과 서비스 중복 등의 문제가 발생할 가능성이 높다는 우려가 제기되고 있다.

정부는 이러한 문제를 인식하고 2023년 8월 16일 「마약류 관리에 관한 법률」을 개정해, 마약류대책협의회의 범정부적 컨트롤타워 역할을 강화하고 협력 체계를 구축하려는 노력을 기울이고 있다. 하지만 여전히 각 부처 간 이해관계를 조정하는 데 중점을 두고 있어, 마약 정책을 체계적으로 관리하는 데는 한계가 있다는 지적이 나온다.

이러한 한계를 해결하고 정책의 통합성과 실효성을 높이려면, 컨트롤타워 역할을 수행하며 마약 관련 정책을 종합적으로 검토하고 실질적으로 적용할 수 있도록 하는 거버넌스 체계가 필요하다. 이주용 외(2023)의 연구에 따르면, 이미 미국, 일본, 싱가포르 등 여러 국가에서는 마약류 공급과 수요를 동시에 차단하는 전략을 시행하며, 사법 체계와 치료 체계를 유기적으로 연결하는 중앙 기관과 전달 체계를 운영하고 있다. 이와 같이 우리나라에서도 마약 중독 문제를 보다 효과적으로 관리하기 위해 중독 관련 연구, 치료 및 재활, 예방까지 포괄하는 통합적인 컨트롤타워 기관이 반드시 필요하다. 이를 통해 부처 간 의사소통 단절과 서비스 중복 문제를 해결하고, 마약 중독자에 대한 초기 대응 체계를 강화하는 기반을 마련할 수 있을 것이다.

참고문헌

강은영, 신성만. (2012). 『마약류사범 재활센터 치료 재활 교육 프로그램 개발 연구』(한국형사법무정책연구원 연구총서), 2012(7), 1-302.

강준혁, 맹성준, 이동준. (2021). 「마약류 사용자의 마약류 사용 위험요인에 관한 연구」. 『생명연구』, 60, 51-71.

건강보험심사평가원. (2022. 6. 24.). 「최근 5년(2017~2021년) 우울증과 불안장애 진료현황 분석」 [보도자료].

관계부처합동. (2025). 「제1차('25~'29) 마약류 관리 기본계획」 [보도자료].

관세청. (2019. 7. 12.). 「2019년 상반기 마약류 밀수단속 동향 발표」 [보도자료].

_______. (2023. 2. 2.). 「마약밀수 단속 종합대책 및 '22년 마약류 밀수 단속 동향」 [보도자료].

국립법무병원. (2023). 국립법무병원 소개. https://www.moj.go.kr/

국립부곡병원. (2024). 중독 바로알기(약물류)—치료. https://www.bgnmh.go.kr/

_______. (n.d.-a). 가족치료—공동 의존 역할. https://www.bgnmh.go.kr/

_______. (n.d.-b). 약물 종류 및 증상—약물(마약)류 분류 및 증상. https://www.bgnmh.go.kr/

국립정신건강센터. (2020). 「중증정신질환자 및 마약류 사용자 실태조사 설계연구(2020)」. 서울: 저자.

_______. (2022). 「2021년 마약류 사용자 실태조사」. 서울: 저자.

_______. (2023). 『중독정신건강 표준 사례관리 매뉴얼』. 서울: 저자.

국무조정실. (2023. 11. 22.). 「마약류 관리 종합대책 추진성과 및 향후계획」 [보도자료].

권자영, 문영주, 최은정, 하경희, 황정우. (2018). 「정신건강사회복지사의 핵심역량에 관한 수련 교육 요구분석」. 『정신건강과 사회복지』, 46(1), 64-93.

김낭희, 서정민. (2012). 「마약류사범의 약물중독, 알코올의존, 정신질환 특성에 관한 탐색적 연구」. 『정신건강과 사회복지』, 40(4), 175-204.

김미영, 박제민, 윤경일, 유택규, 권도훈, 김성곤, 김명정, 장기용. (2001). 「물질사용장애 환자의 색다른 것을 추구하는 기질」. 『생물치료정신의학』, 7(1), 112-119.

김민주. (2022. 6. 24.). "마약류 식욕억제제 '나비약' SNS에서 직접 사봤다". 『여성신문』.

김민중, 정용환. (2022. 6. 29.). "10대에 마약 퍼주는 의사·약사… '공부약' 사다 먹이는 부모". 『중앙일보』.

김성이. (2002). 『약물중독총론』. 서울: 양서원.

______. (2013). 『중독 치유복지』. 서울: 양서원.

김성진, 정도운, 전동욱, 문정준. (2019). 「중독질환에서 마음챙김에 기반한 개입의 효과」. 『중독정신의학』, 23(1), 9-16.

김송본. (1994). 「한국마약퇴치운동본부 현황」. 『병원약사회지』, 11(3), 153-165.

김승래. (2018). 「사례관리 표준화 시스템 구축을 위한 기초연구—통합사정틀(integration assessment framework) 개발을 중심으로」. 『한국사회복지행정학』, 20(1), 235-275.

김영숙, 정국인. (2008). 「재가장애인 사례관리의 욕구사정 정확도 향상을 위한 사정도구 개발과 욕구추출 알고리즘 과정 연구」. 『한국사회복지학』, 60(2), 155-173.

김영호, 이소영, 윤지영. (2019). 「마약류 중독자의 우울과 중독문제의 구조적 분석—단약효능감과 사회적 친밀도의 매개효과를 중심으로—」. 『한국중독범죄학회보』, 9(4), 157-178.

김용석, 장정연. (2005). 「보호관찰 여성의 약물남용 재발예방을 위한 집단개입 프로그램의 개발 및 효과분석」. 『한국사회복지학』, 57(2), 321-350.

김우준. (2017). 「마약류 대응 정책 변화에 관한 연구」. 『한국중독범죄학회보』, 7(2), 41-57.

김은경, 강은영, 권오성, 김한균, 박효정, 황만성. (2005). 『마약류 수요 억제 및 마약류 사범 처우 합리화를 위한 종합대책』. 서울: 한국형사정책연구원.

김은실. (2017). 「애착이론에 기반 한 중독예방상담의 실제」. 『상담과지도』, 52, 285-293.

김인아, 김명선. (2024). 「ADHD 성향을 가진 대학생의 마인드 원더링과 작업 기억 용량과의 관련성」. 『한국심리학회지: 임상심리 연구와 실제』, 10(1), 25-50.

김종구. (2008). 「미국 삼진아웃법제에 대한 비교법적 고찰」. 『법학연구』, 30, 327-346.

김주리. (2016). 「아편굴의 조선인—일제강점기 소설 속 아편 밀매업자 표상 연구」. 『구보학보』, 15, 151-179.

김지훈, 이재호. (2021. 10. 5.). "[단독] 수면제 '졸피뎀' 처방, 코로나 비대면진료서 2.3배 늘었다".

『한겨레』.
김진묵, 장은영, 김희영, 양재하. (2016). 「코카인에 의해 유도된 쥐의 50kHz 초음파 발생에 대한 문헌적 고찰」. 『동서의학』, 41(3), 35-41.
김진숙. (2001). 「대상관계이론의 상담적 적용에 대한 고찰」. 『상담학연구』, 2(2), 327-344.
김진숙. (2020). 「여성마약중독자의 회복과 재발경험에 대한 연구」. 『한국콘텐츠학회 논문지』, 20(4), 673-685.
김창훈. (2023. 7. 7.). "마약류 중독자 치료보호기관 절반 이상 인력·시설 기준 미달". 『한국일보』.
김한균. (2006). 『의료용 마약류관리 법제도 개선방안』(연구총서 06-47). 서울: 한국형사·법무정책연구원.
김한오. (2016). 「12단계 촉진치료 개괄」. 『중독정신의학』, 20(2), 55-60.
김혜련, 고윤순, 김용석, 손선주, 장수미, 장승옥, 전종설, 정슬기. (2023). 『알코올 문제와 사회복지실천』. 서울: 학지사.
대검찰청. (2019). 『2018년 마약류 범죄백서』. 서울: 대검찰청.
______. (2021). 『2020년 마약류 범죄백서』. 서울: 대검찰청.
______. (2022). 『2021 마약류 범죄백서』. 서울: 대검찰청.
______. (2023). 『2022 마약류 범죄백서』. 서울: 대검찰청.
______. (2024a). 『2023 마약류 범죄백서』. 서울: 대검찰청.
______. (2024b). 「2023년 12월 마약류 월간동향」. 서울: 대검찰청.
______. (2024c). 「2024년 6월 마약류 월간동향」. 서울: 대검찰청.
______. (2025). 「「마약범죄 특별수사본부 제5차 회의」 개최」 [보도자료].
박강. (2015). 「1910년대 조선총독부 아편정책의 실상」. 『한국민족운동사연구』, 84, 55-86.
______. (2019). 「1930년대 조선총독부 모르핀 대책의 실상」. 『한국민족운동사연구』, 100, 213-249.
박동균, 장철영. (2019). 「우리나라 마약실태의 위험과 그 대응방안에 관한 연구」. 『한국치안행정논집』, 16(3), 67-94.
박병헌. (2023. 4. 6.). ""당신 아이 신고한다" 협박…모르고 마신 마약, 처벌은?". 『JTBC NEWS』.
박상규. (2004). 「마약류 의존자의 심리적 특성」. 『상담학연구』, 5(4), 899-910.
박상우. (2024. 2. 20.). "탈북민 수감자 33% 마약사범…실효성 있는 대책 시급". 『데일리굿뉴스』.
박성수. (2018). 「마약류 등 유해약물의 사회적 비용 분석」. 『치안정책연구』, 32(3), 217-254.
______. (2019). 「마약류범죄 분석을 통한 마약중독자 사회복귀 방향성」. 『교정담론』, 13(2), 227-258.

______. (2022). 「국제 마약류정책 변화와 대응방향」. 『한국중독범죄학회보』, 12(1), 57-81.
박성수, 백민석. (2019). 「국내외 마약문제 분석을 통한 마약피해지수(Drug Harm Index) 개발」. 『국가정책연구』, 33(2), 209-227.
박영범, 최재욱. (2019). 「위해감축 중독관리의 국제적 추세와 시사점」. 『의료정책포럼』, 16(4), 91-98.
박진실. (2014). 「마약류 규제정책에 관한 연구」. 『法學論文集』, 38(2), 101-130.
______. (2017). 「마약류사범재범방지에 관한 해외사례 및 도입방안에 관한 연구」. 『중앙법학』, 19(3), 187-220.
박현선, 이상균. (2001). 「알코올중독자 가정 청소년 자녀의 성인아이성향과 심리사회적 문제」. 『한국사회복지학』, 46, 118-144.
배재경, 김연용, 이진석(2016). 「국내 사회의학 연구 현황분석」. 『보건과 사회과학』, 43, 115-138.
백승만. (2023. 2. 10.). "남북전쟁과 모르핀". 『약업신문』.
법무부. (2019. 3. 28.). 「주취 · 마약 · 정신질환 범죄자에 대한 치료 강화」 [보도자료].
______. (2022. 10. 13.). 「마약범죄 및 중요 민생침해범죄에 대한 엄정 대응 지시」 [보도자료].
______. (2023a. 4. 18.). 「'마약범죄 반드시 처벌', 범정부 역량 총결집」 [보도자료].
______. (2023b. 5. 8.). 「'마약, 호기심으로도 안 돼요!' 법무부 마약 예방 법교육이 청소년을 찾아갑니다」 [보도자료].
______. (2023c. 6. 19.). 「정부, 사법-치료-재활 연계모델 시범운영 실시」 [보도자료].
______. (2024. 4. 15.). 「마약류단순투약사범 '사법-치료-재활 연계모델' 전국 확대 실시」 [보도자료].
법무부 교정본부. (2023). 『2023 교정통계연보』. 과천: 저자.
보건복지부. (2023. 11. 28.). 「제24차 건강보험정책심의위원회 개최(11.28)」 [보도자료].
______. (2024). 「마약류 중독자 치료보호기관 현황(2024년 기준)」. 세종: 저자.
블루터치. (2024). 중독관리통합지원센터. https://blutouch.net/facility/addiction
서울특별시. (2024. 7. 1.). 서울시 마약관리센터 조성 및 운영. https://news.seoul.go.kr/welfare/archives/560162
서울특별시 은평병원. (n.d.). 마약관리센터. https://ephosp.seoul.go.kr/medical-info/drug-control
설재용. (2022). 「약물 남용자의 TCI 프로파일 특성」 [석사학위논문, 중앙대학교 심리서비스대학원].
송광섭. (2002). 「우리나라 마약류범죄의 최근 동향과 그 대처방안」. 『비교형사법연구』, 4(1), 13-352.

식품의약품안전처. (2019. 12. 17.). 「2020년 마약류 관리 종합대책 발표」 [보도자료].

______. (2020). 「디지털치료기기 허가 심사 가이드라인」. https://www.mfds.go.kr/brd/m_1060/view.do?seq=14596&srchFr=&srchTo=&srchWord=&srchTp=0&itm_seq_1=0&itm_seq_2=0&multi_itm_seq=0&company_cd=&company_nm=&Data_stts_gubun=C1004&page=1

______. (2022a). 「2022 마약류 오남용 폐해에 대한 국민인식도 조사 결과보고서」. http://antidrug.drugfree.or.kr/common/download.php?idx=8562&key=1e07696d1f07a6282b0ffbe4f005b0ecba7493f71681707528

______. (2022b. 12. 18.). 「'21년 '의료용 마약류 취급현황' 국가승인통계 발표」 [보도자료].

______. (2023a). 마약류통합관리시스템. https://www.mfds.go.kr/wpge/m_738/de010114l002.do.

______. (2023b). KOSIS 국가통계포털, 의료용 마약류 효능별 · 성분별 처방 현황.

______. (2024. 5. 29.). 「하수역학 기반 마약류 실태조사 결과 상세 데이터」 [보도자료].

______. (n.d.). 임시마약류 정보. https://www.mfds.go.kr/wpge/m_740/de010114l003.do

신경민. (2018). 「아동 · 청소년 우울증의 근거기반치료」. 『한국임상심리학회』, 37(4), 595-604.

신선희. (2022). 「마약 중독에 대한 비판적 담론 분석」. 『한국콘텐츠학회논문지』, 22(9), 712-726.

신은진. (2023. 8. 22.). "마약 후 교통사고·절도·폭행… 2차 범죄 확산 심각". 『헬스조선』.

신재우, 이완희. (2023). 「미국 마약 통합 관리 시스템을 통한 한국의 마약정책 고찰」. 『한국범죄심리연구』, 19(4), 79-96.

신재헌. (2022). 「외국인 마약사범 증가에 따른 국내 마약정책 개선방안」. 『한국재난정보학회논문집』, 18(4), 795-805.

______. (2023). 「신종 마약류 증가에 따른 대응방안」. 『한국재난정보학회논문집』, 19(2), 270-279.

안명란, 홍혜영. (2016). 「부정적 초기 대상관계가 관계중독에 미치는 영향」. 『통합치료연구』, 8(1), 75-100.

안상욱. (2009). 「단기자유형과 그 대체방안」. 『명지법학』, 8, 183-212.

안소윤, 박완주. (2023). 「다학제 재발방지 프로그램이 물질사용장애 환자의 중독물질거절 자기효능감, 충동성과 자살생각에 미치는 효과」. 『정신간호학회지』, 32(2), 216-229.

약학정보원. (2023. 1. 30.). 『약물백과』. 서울: 저자.

양성관. (2023). 『마약 하는 마음, 마약 파는 사회』. 서울: 히포크라테스.

양옥경, 윤여상, 이관형, 김성남. (2018). 「북한주민의 마약 사용 및 중독: 실태와 대책」. 『동아연구』, 74, 233-270.

염건웅. (2019).「신종마약류 범죄의 특징에 따른 제도적 대응방안 연구」.『법학연구』, 19(4), 273-295.

오상훈. (2024. 7. 19.). "진료 대기 두 달… "마약서 벗어나고 싶어도 나를 가둘 곳이 없다"".『헬스조선』.

오오현. (2010).「대상관계이론의 목회상담 적용에 관한 소고—대상관계이론의 핵심개념을 중심으로—」.『한국기독교상담학회지』, 20, 187-225.

오후. (2018).『우리는 마약을 모른다: 교양으로 읽는 마약 세계사』. 서울: 동아시아.

외교부. (2021. 11. 29).「정부, 2022년도 마약류 관리 종합대책 발표자료」[보도자료].

유경선, 김송이. (2024. 11. 7.). "이제 우리도, 제대로 회복할 때...'처벌'과 '재활' 사이 빈틈 메워야 [다만 마약에서 구하소서④]".『경향신문』.

유숙경, 김용섭. (2020).「장애인의 마약류 중독과 회복과정에 대한 현상학적 연구」.『교정연구』, 30(3), 127-162.

유요안, 전용일, 배정생. (2022).「주요 국가의 대마합법화 동향과 국내적 시사점」.『동북아법연구』, 15(3), 655-686.

윤정숙, 조제성, 성유리, 최수형, 배상균, 조성현, 안성훈, 최영신, 김낭희, 이천현, 윤해성, 권수진, 박성훈, 서주연, 김민영, 김정연, 김영중, 강태경, 김민규, 탁희성. (2022).『한국의 범죄현상과 형사정책(2021)』. 한국형사법무정책연구원.

이근무, 유숙경. (2021).「북한 이탈주민의 마약 중독 경험연구」.『한국중독범죄학회보』, 11(4), 23-50.

이문수. (2010).「소아청소년 우울증에서의 환경적 위험 인자들과 임상적 의미」.『소아청소년정신의학』, 21(3), 141-146.

이상열. (2008).「최근 마약류 범죄의 실태분석 및 대책에 관한 연구」.『한국경찰연구』, 7(1). 145-174.

이선형.(2017).「연극치료와 중독」.『연극예술치료연구』, 7, 9-36.

이유지. (2023. 4. 10.). ""마약범죄 뿌리 뽑자"… 840명 역대 최대 규모 특별수사본부 출범".『한국일보』.

이은영, 전연규. (2022).「청소년 신종마약사범의 실태에 관한 연구」.『한국중독범죄학회』, 12(3), 85-102.

이재완, 김용석. (2023).「사회복지사 중독개입역량 척도 개발」.『정신건강과 사회복지』, 51(2), 174-206.

이정수. (2023. 10. 10.). "조규홍 장관, '마약류 중독자 65%' 치료 인천 참사랑병원 방문".『메디파나뉴스』.

이정혁, 강동욱. (2018). 「청소년의 마약류 등 유해약물남용에 대한 범죄실태와 대처방안」. 『소년보호연구』, 31(4), 199-236.

______. (2019). 「국내 마약류 확산에 따른 합리적 대처방안」. 『한양법학』, 30(4), 119-143.

이정현, 권도훈, 이병대, 김양태, 조수현, 이영민, 문은수, 조성남. (2010). 「정신병적 증상의 동반 여부에 따른 메스암페타민 남용자들의 인격 특성 비교」. 『중독정신의학』, 14(1), 29-35.

이주용, 백형의, 김선민, 신윤재, 홍혜미. (2023). 「마약류 사용자 치료 재활 체계 개선을 위한 해외 사례 비교연구: 미국, 일본, 싱가포르를 중심으로」. 『한국중독범죄학회보』, 13(3), 169-193.

인천참사랑병원. (2023). 프로그램—개방재활병동, 중독 재활병동, 외래치료 프로그램, 중독가족 프로그램. http://www.clh.co.kr/pc_html/page.html?page_url=sub0301

임지연. (2021). 「디지털치료제 관련 모바일 기술 동향」. 『한국콘텐츠학회지』, 19(2), 19-24.

장옥진. (2023). 「청소년 중독의 이해: 마약중독」. 『대한소아청소년정신의학회 학술대회논문집』, 67-73.

장정연. (2013). 「여성 마약사범의 경험에 관한 연구」. 『한국교정학회』, 59, 207-241.

전종설. (2008). 「청소년의 약물의존과 정신장애 이중진단에 관한 조사 연구—미국 청소년을 중심으로—」. 『청소년학연구』, 15(6), 251-270.

정윤주. (2023. 5. 5.). ""음료에 몰래타는 '퐁당 마약' 처벌해야"…野민형배, 법안 발의". 『연합뉴스』.

정주연. (2024). 「여성 마약 중독자의 회복과정에 대한 근거이론 연구」 [박사학위논문, 인제대학교 일반대학원].

정진욱, 윤시몬, 채수미, 최지희. (2014). 『약물 및 알코올 중독 현황과 대응방안』. 세종: 한국보건사회연구원.

조근호, 권도훈, 김대진, 김선민, 김한오, 노성원 외. (2011). 『중독 재활 총론』. 서울: 학지사.

조석연. (2012). 「해방 이후 마약문제와 사회적 인식—해방과 정부수립 초기를 중심으로—」. 『사학연구』, 108, 301-342.

______. (2013). 「마약법 제정 이후 한국의 마약문제와 국가통제(1957~1976)」. 『한국근현대사연구』, 65, 232-266.

______. (2016). 「1980년대 한국의 마약소비와 확산」. 『역사와 실학』, 61, 349-402.

______. (2021). 『마약의 사회사: 가정상비약에서 사회악까지, 마약으로 본 한국 근현대사』. 서울: 현실문화.

조성남, 강향숙, 김선민, 김주은, 문봉규, 박상규, 신성만. (2023). 『마약류 중독의 이해와 치료』. 서울: 학지사.

조준영, 정경호. (2023. 9. 14.). “‘상습 마약’ 돈스파이크 결국 감옥 간다... 징역 2년 확정”. 『머니투데이』.

조혜정, 김용진, 최은정. (2016). 「중독관리통합지원센터의 사례관리 현황 및 수행 요인」. 『알코올과 건강행동연구』, 17(2), 35-49.

주일경. (2009). 『약물재활복지론: 한국 사회의 약물 문제에 대한 실천적 논의』. 서울: 시그마프레스.

천덕희. (2011). 「A.A.를 통해 회복중인 알코올중독자들의 경험에 관한 연구」 [박사학위논문, 숭실대학교 대학원].

천민아. (2023. 12. 6.). ““의지로만 끊기 어렵다”는데…국내 유일 24시 마약재활센터에 정부 지원은 ‘0’”. 『서울경제』.

최미경. (2022a). 「단약중인 마약중독자의 치유와 회복에 관한 질적 사례연구」. 『교정담론』, 16(3). 1-31.

______. (2022b). 「치료공동체(DARC)에 입소한 마약중독자들의 회복경험에 대한 내러티브 탐구」. 『정신건강과 사회복지』, 50(2), 170-198.

______. (2023). 「마약중독자의 일상복귀 과정 경험연구: 20대 청년을 중심으로」. 『교정담론』, 17(1), 65-99.

최봉실, 박정숙. (2022). 「청년층의 약물남용에 대한 일반적인 인식과 태도 조사」. 『한국융합학회논문지』, 13(3), 275-280.

최희수. (2000). 「지역사회 알코올 중독자 대상의 사례관리 개입」. 『알코올과 건강행동연구』, 1(1), 114-123.

한국마약퇴치운동본부. (2009, Winter). 「공존이환(Comobidity)—중독 및 기타 정신질환」. 『아름다운 젊음』.

______. (2019, Spring). 「GHB, 케타민 데이트 강간 약물 등 성범죄에 사용되는 마약류에 대하여」. 『아름다운 젊음』.

______. (2025). 2025년도 회복지원가 양성과정 참여자 모집. https://www.drugfree.or.kr/kaada/index.html?contentsNum=4&category=KAADA_NOTICE&seq=27560&tpage=1

한국중독정신의학회. (2019). 『중독정신의학 』(2판). 아이엠이즈컴퍼니.

한국 익명의 약물중독자들 모임. (n.d.-a). N.A.에 대해. http://nakorea.org/

______. (n.d.-b). NA 프로그램이란 무엇인가? http://nakorea.org/

______. (n.d.-c). 새로 온 회원에게. http://nakorea.org/

한부식, 황인옥. (2017). 「약물중독자의 회복 및 사회복귀에 관한 사례연구—서울 부산지역 NA모임을 중심으로—』.『사회과학담론과 정책』, 10(1), 91-116.

행정안전부 국립과학수사연구원. (2019).「약물 성폭행에 사용되는 '물뽕(GHB)'은 무엇인가?」. 원주시: 저자.

허은정, 김나미, 김비. (2019).「중독 회복을 위한 SMART Recovery의 적용 가능성에 관한 연구」.『한국콘텐츠학회 종합학술대회 논문집』, 467-468.

홍강의. (2014).『DSM-5에 준하여 새롭게 쓴 소아정신의학』. 서울: 학지사.

홍경아. (2022).「마약류 중독 실태와 대응방안: 중독경험자와 마약전문가의 인식 차이를 중심으로」[박사학위논문, 한성대학교].

痲藥中毒者12萬明. (1950. 2. 8.). "痲藥中毒者12萬名(마약중독자 12만 명)".『연합신문』.

阿片中毒患者. (1947. 6. 18.). "阿片中毒患者(아편중독 환자)".『동아일보』.

Abajobir, A. A., Najman, J. M., Williams, G., Strathearn, L., Clavarino, A., & Kisely, S. (2017). Substantiated childhood maltreatment and young adulthood cannabis use disorders: A pre-birth cohort study. *Psychiatry Research, 256*, 21.

Addiction Center. (2024a). *What is MAT and how can it help me?*. https://www.addictioncenter.com/treatment/medications/medication-assisted-therapy/

______. (2024b). *Heroin and fentanyl*. https://www.addictioncenter.com/drugs/heroin/heroin-fentanyl/

______. (2024c). *Codependency and addiction*. https://www.addictioncenter.com/addiction/codependency/

______. (2024d). *Cognitive behavioral therapy*. https://www.addictioncenter.com/treatment/cognitive-behavioral-therapy/

Addiction Technology Transfer Center Network. (2018). *Performance assessment rubrics for the addiction counseling competencies*. https://attcnetwork.org/wp-content/uploads/2018/11/Final.CS_.Rubrics.Assessment.pdf

Agrawal, A., & Lynskey, M. T. (2006). The genetic epidemiology of cannabis use, abuse and dependence. *Addiction, 101*(6), 801-812.

Alcohol and Drug Foundation. (2025). *Opium*. https://adf.org.au/drug-facts/opium/

Alexander, B. K. (1987). The disease and adaptive models of addiction: A framework evaluation. *Journal of Drug Issues, 17*(1), 47-66.

Ali, M. M., Dean, D., Jr. Lipari, R., Dowd, W. N., Aldridge, A. P., & Novak, S. P. (2015). The mental health consequences of nonmedical prescription drug use among adolescents.

The Journal of Mental Health Policy and Economics, 18(1), 3-15.

Ali, R., Meena, S., Eastwood, B., Richards, I., & Marsden, J. (2013). Ultra-rapid screening for substance-use disorders: The alcohol, smoking and substance involvement screening test (ASSIST-Lite). *Drug and Alcohol Dependence, 132*(1-2), 352-361.

Aletraris, L., Paino, M., Edmond, M. B., Roman, P. M., & Bride, B. E. (2014). The use of art and music therapy in substance abuse treatment programs. *Journal of Addictions Nursing, 25*(4), 190-196.

American Addiction Centers. (2024a). *Addiction relapse: Risk factors, coping & treatment options*. https://americanaddictioncenters.org/treat-drug-relapse

______. (2024b). *Crack vs. cocaine: What's the difference between crack and cocaine?*. https://americanaddictioncenters.org/stimulants/cocaine/differences-with-crack

American Psychiatric Association. (2023). *Diagnostic and statistical manual of mental disorders* (th 5th. text rev.) (DSM-5-TR). Washington DC: American Psychiatric Association.

______. (2024). *What is depression?*. https://www.psychiatry.org/patients-families/depression/what-is-depression

American Society of Addiction Medicine. (2024). *The ASAM criteria, 4th edition*. https://www.asam.org/asam-criteria/asam-criteria-4th-edition

Amodeo, M. (2015). The addictive personality. *Substance Use & Misuse, 50*(8-9), 1031-1036.

Angeles-Agdeppa, I., Santos Arias, F. P., Pascual, Sy, J. A. J., Pabustan Garingo, R. A. (2021). Nutrition care processes can improve the nutritional status and quality of life of persons who use drugs. *International Journal of High Risk Behaviors and Addiction, 10*(4), e114975.

Anthony, W. A., Cohen, M., Farkas, M., & Cohen, B. F. (1988). Clinical care update: The chronically mentally ill case management-More than a response to a dysfunctional system. *Community Mental Health Journal, 24*(3), 219-228.

Aram, J., Johnson, N. J., Lee, M. T., & Slopen, N. (2020). Drug overdose mortality is associated with employment status and occupation in the national longitudinal mortality study. *The American Journal of Drug and Alcohol Abuse, 46*(6), 769-776.

Ashford, R. D., Curtis, B., & Brown, A. M. (2018). Peer-delivered harm reduction and recovery support services: Initial evaluation from a hybrid recovery community drop-in center and syringe exchange program. *Harm Reduction Journal, 15*, 52.

Baker, F., & Intagliata, J. (1992). Case management. In R. P. Liberman (Eds.), *Handbook of psychiatric rehabilitation* (pp. 213-243). NY: Macmillan.

Bami, R. S., Khoshab, H., Fadakar Davarani, M. M., Jahani, Y., Nakhaee, N., Nadrian, H., & Iranpour, A. (2022). Prevalence and determinants of substance use among a sample of Iranian adolescents with ease of access to drugs: An application of social development model. *International Journal of Health Promotion and Education, 60*(3), 178-190.

Barnett, E., Sussman, S., Smith, C., Rohrbach, L. A., & Spruijt-Metz, D. (2012). Motivational interviewing for adolescent substance use: A review of the literature. *Addictive Behaviors, 37*(12), 1325-1334.

Bart, G. (2012). Maintenance medication for opiate addiction: The foundation of recovery. *Journal of Addictive Diseases, 31*(3), 207-225.

Beck, A. K., Larance, B., Baker, A. L., Deane, F. P., Manning, V., Hides, L., & Kelly, P. J. (2023). Supporting people affected by problematic alcohol, substance use and other behaviours under pandemic conditions: A pragmatic evaluation of how SMART recovery Australia responded to COVID-19. *Addictive Behaviors, 139*, 107577.

Beison, A., & Rademacher, D. J. (2016). Relationship between family history of alcohol addiction, parents' education level, and smartphone problem use scale scores. *Journal of Behavioral Addictions, 6*(1), 84-91.

Belenko, S., Dennis, M., Hiller, M., Mackin, J., Cain, C., Weiland, D., Estrada, B., & Kagan, R. (2022). The impact of juvenile drug treatment courts on substance use, mental health, and recidivism: Results from a multisite experimental evaluation. *The Journal of Behavioral Health Services & Research, 49*(4), 436-455.

Bentzley, B. S., Han, S. S., Neuner, S., Humphreys, K., Kampman, K. M., & Halpern, C. H. (2021). Comparison of treatments for cocaine use disorder among adults: A systematic review and meta-analysis. *JAMA Network Open, 4*(5), e218049.

Bezrutczyk, D. (2024). *The difference in addiction between men and women*. Addiction Center. https://www.addictioncenter.com/addiction/differences-men-women/

Bjorklund, D. F., & Kipp, K. (1996). Parental investment theory and gender differences in the evolution of inhibition mechanisms. *Psychological Bulletin, 120*(2), 163-188.

Blom, R. M., Koeter, M., van den Brink, W., de Graaf, R., Ten Have, M., & Denys, D. (2011). Co-occurrence of obsessive-compulsive disorder and substance use disorder in the general population. *Addiction, 106*(12), 2178-2185.

Blume A. W., Rudisill D. M., Hendricks S., Santoya N. (2013). Disease model. In P. M. Miller (Ed.), *Principles of Addiction* (pp. 71-76). Saint Louis, MO: Academic Press.

Bobzean, S. A., DeNobrega, A. K., & Perrotti, L. I. (2014). Sex differences in the neurobiology of drug addiction. *Experimental Neurology, 259*, 64-74.

Bohnert, K. M., Ilgen, M. A., Louzon, S., McCarthy, J. F., & Katz, I. R. (2017). Substance use disorders and the risk of suicide mortality among men and women in the US Veterans Health Administration. *addiction, 112*(7), 1193-1201.

Bolla, K. I., Brown, K., Eldreth, D., Tate, K., & Cadet, J. L. (2002). Dose-related neurocognitive effects of marijuana use. *Neurology, 59*(9), 1337-1343.

Borges, G., Medina-Mora, M., Breslau, J., & Aguilar-Gaxiola, S. (2007). The effect of migration to the united states on substance use disorders among returned Mexican migrants and families of migrants. *American Journal of Public Health, 97*(10), 1847-1851.

Borkman, T. J., Stunz, A., & Kaskutas, L. A. (2016). Developing an experiential definition of recovery: Participatory research with recovering substance abusers from multiple pathways. *Substance Use & Misuse, 51*(9), 1116-1129.

Bortolon, C. B., Signor, L., Moreira, T. D. C., Figueiró, L. R., Benchaya, M. C., Machado, C. A., et al. (2016). Family functioning and health issues associated with codependency in families of drug users. *Ci ncia & Saúde Coletiva, 21*(1), 101-107.

Bouso, J. C., Doblin, R., Farré, M., Alcázar, M. Á., & Gómez-Jarabo, G. (2008). MDMA-assisted psychotherapy using low doses in a small sample of women with chronic posttraumatic stress disorder. *Journal of Psychoactive Drugs, 40*(3), 225-236.

Bouvier, B. A., Kinnard, E. N., Yedinak, J. L., Li, Y., Elston, B., Green, T. C., Hadland, S. E., & Marshall, B. D. (2019). Prevalence and correlates of depressive symptomology among young adults who use prescription opioids non-medically. *Journal of Psychoactive Drugs, 51*(5), 441-452.

Bowen, S., Chawla, N., Collins, S. E., Witkiewitz, K., Hsu, S., Grow, J., et al. (2009). Mindfulness-based relapse prevention for substance use disorders: A pilot efficacy trial. *Substance Abuse, 30*(4), 295-305.

Bowen, S., Chawla, N., Grow, J., & Marlatt, G. A. (2021). *Mindfulness-based relapse prevention for addictive behaviors*. NY: Guilford Publications.

Buffo, J. (2024). What is contingency management therapy?. https://oxfordtreatment.com/addiction-treatment/therapy/contingency-management

Bureau of Justice Assistance. (2003). *Juvenile drug courts: strategies in practice*. https://www.ojp.gov/pdffiles1/bja/197866.pdf

Campbell, G. A., & Rosner, M. H. (2008). The agony of ecstasy: MDMA (3,4-methylenedioxymethamphetamine) and the kidney. *Clinical Journal of the American Society of Nephrology, 3*(6), 1852-1860.

Carley, J. A., & Oesterle, T. (2021). Therapeutic approaches to opioid use disorder: What is the current standard of care?. *International Journal of General Medicine, 14*, 2305-2311.

Casadio, P., Fernandes, C., Murray, R. M., & Di Forti, M. (2011). Cannabis use in young people: the risk for schizophrenia. *Neuroscience & Biobehavioral Reviews, 35*(8), 1779-1787.

Casseus, M., West, B., Graber, J. M., Wackowski, O., Cooney, J. M., & Lee, H. S. (2021). Disparities in illicit drug use and disability status among a nationally representative sample of U.S. college students. *Disability and Health Journal, 14*(1), 100949.

Cavicchioli, M., Movalli, M., & Maffei, C. (2018). The Clinical efficacy of mindfulness-based treatments for alcohol and drugs use disorders: A meta-analytic review of randomized and nonrandomized controlled trials. *European Addiction Research, 24*(3), 137-162.

Canada Drug Rehab. (2024). *The Evolution of addiction models: How drug rehab and alcohol treatment program thinking in Canada has evolved*. https://www.canadadrugrehab.ca/blog/addiction-treatment-withdrawal/evolution-addiction-models/

Chiu, V. M., & Schenk, J. O. (2012). Mechanism of action of methamphetamine within the catecholamine and serotonin areas of the central nervous system. *Current Drug Abuse Reviews, 5*(3), 227-242.

Choate, P. W. (2015). Adolescent alcoholism and drug addiction: The experience of parents. *Behavioral Sciences, 5*(4), 461-476.

Chun, J., Guydish, J. R., Sorensen, J. L., Haug, N. A., Andrews, S., & Nelson, L. (2007). Outcomes in a sample of opioid-dependent clients treated under California's Proposition 36. *Journal of Drug Issues, 37*(3), 699-715.

Coelho, R., Rangel, R., Ramos, E., Martins, A., Prata, J., & Barros, H. (2000). Depression and the severity of substance abuse. *Psychopathology, 33*(3), 103-109.

Collins, S. E., Lonczak, H. S., & Clifasefi, S. L. (2017). Seattle's Law Enforcement Assisted Diversion (LEAD): Program effects on recidivism outcomes. *Evaluation and Program Planning, 64*, 49-56.

Compton, W. M., Thomas, Y. F., Stinson, F. S., & Grant, B. F. (2007). Prevalence, correlates, disability, and comorbidity of DSM-IV drug abuse and dependence in the United States: results from the national epidemiologic survey on alcohol and related conditions. *Archives of General Psychiatry, 64*(5), 566-576.

Connors, G. J., Donovan, D. M., & DiClemente, C. C. (2004). *Substance abuse treatment and the stages of change*. NY: Guilford Press.

Conway, K. P., Compton, W., Stinson, F. S., & Grant, B. F. (2006). Lifetime comorbidity of DSM-IV mood and anxiety disorders and specific drug use disorders: results from the National Epidemiologic Survey on Alcohol and Related Conditions. *The Journal of Clinical Psychiatry, 67*(2), 247-257.

Conway, K. P., Kane, R. J., Ball, S. A., Poling, J. C., & Rounsaville, B. J. (2003). Personality, substance of choice, and polysubstance involvement among substance dependent patients. *Drug and Alcohol Dependence, 71*(1), 65-75.

Cottonwood Tucson. (2018). *What are psychological models of addiction?*. https://cottonwooddetucson.com/what-are-psychological-models-of/

Craft, D. (2019). *Drug addiction and substance abuse recovery: Learn how to overcome the opioid addiction and rewire the brain to live a happy life*. Independently Published.

Clarity Clinic. (2022). *Models of addiction Part 2: Psychodynamic, social learning, and biopsychosocial*. https://www.claritychi.com/blog/models-of-addiction-part-2-psychodynamic-social-learning-and-biopsychosocial

Cloninger, C. R., Przybeck, T. R., Svrakic, D. M., & Wetzel, R. D. (1994). *The temperament and character inventory (TCI): A guide to its development and use*. Washington University Center for Psychobiology of Personality.

Devoe, D. J., Dimitropoulos, G., Anderson, A., Bahji, A., Flanagan, J., Soumbasis, A., et al. (2021). The prevalence of substance use disorders and substance use in anorexia nervosa: A systematic review and meta-analysis. *Journal of Eating Disorders, 9*, 1-15.

Deykin, E. Y., Buka, S. L., & Zeena, T. H. (1992). Depressive illness among chemically dependent adolescents. *American Journal of Psychiatry, 149*, 1341-1347.

DiClemente, C. C., Schlundt, D., & Gemmell, L. (2004). Readiness and stages of change in addiction treatment. *The American Journal on Addictions, 13*(2), 103-119.

Donovan, D. M., Ingalsbe, M. H., Benbow, J., & Daley, D. C. (2013). 12-Step interventions and mutual support programs for substance use disorders: An overview. *Social Work in Public Health, 28*(3-4), 313-332.

Drug Enforcement Administration. (2018). *Drug scheduling*. U.S. Department of Justice. https://www.dea.gov/drug-information/drug-scheduling

______. (2020). *Ketamine*. U.S. Department of Justice. https://www.dea.gov/sites/default/files/2020-06/Ketamine-2020.pdf

______. (2022a). *Morphine*. U.S. Department of Justice. https://www.dea.gov/factsheets/morphine

______. (2022b). *Heroin*. U.S. Department of Justice. https://www.dea.gov/factsheets/heroin

______. (2022c). *Methamphetamine*. U.S. Department of Justice. https://www.dea.gov/factsheets/methamphetamine

______. (2022d). *GHB*. U.S. Department of Justice. https://www.dea.gov/factsheets/ghb-gamma-hydroxybutyric-acid

______. (2022e). *LSD*. U.S. Department of Justice. https://www.dea.gov/factsheets/lsd

______. (2023a). *Cocaine*. U.S. Department of Justice. https://www.dea.gov/factsheets/cocaine

______. (2023b). *Methadone*. U.S. Department of Justice. https://www.dea.gov/factsheets/methadone

______. (2023c). *Ketamine*. U.S. Department of Justice. https://www.dea.gov/factsheets/ketamine

Drug Enforcement Administration Museum. (n.d.). *Opium poppy*. U.S. Department of Justice. https://museum.dea.gov/exhibits/online-exhibits/cannabis-coca-and-poppy-natures-addictive-plants/opium-poppy

Duncan, A. E., Sartor, C. E., Scherrer, J. F., Grant, J. D., Heath, A. C., Nelson, E. C., et al. (2008). The association between cannabis abuse and dependence and childhood physical and sexual abuse: Evidence from an offspring of twins design. *Addiction,*

103(6), 990-997.

Dunn, E. C., Larimer, M. E., & Neighbors, C. (2002). Alcohol and drug-related negative consequences in college students with bulimia nervosa and binge eating disorder. *International Journal of Eating Disorders, 32*(2), 171-178.

Edwards, A. C., Svikis, D. S., Pickens, R. W., & Dick, D. M. (2009). Genetic influences on addiction. *Primary Psychiatry, 16*(8), 40-46.

Emmelkamp, P. M., & Vedel, E. (2012). *Evidence-based treatments for alcohol and drug abuse: A practitioner's guide to theory, methods, and practice*. UK: Routledge.

Erskine, H. E., Norman, R. E., Ferrari, A. J., Chan, G. C., Copeland, W. E., Whiteford, H. A., & Scott, J. G. (2016). Long-term outcomes of attention-deficit/hyperactivity disorder and conduct disorder: a systematic review and meta-analysis. *Journal of the American Academy of Child & Adolescent Psychiatry, 55*(10), 841-850.

Evren, C., Çetin, R., Dalbudak, E., Durkaya, M., Çakmak, D., & Flannery, B. (2009). Relationship of Cloninger's personality dimensions with alcohol craving in male alcohol dependent inpatients. *Psychiatry and Clinical Psychopharmacology, 19*, 373-381.

Fatséas, M., Hurmic, H., Serre, F., Debrabant, R., Daulou de, J. P., Denis, C. & Auriacombe, M. (2016). Addiction severity pattern associated with adult and childhood attention deficit hyperactivity disorder (ADHD) in patients with addictions. *Psychiatry Research, 246*, 656-662.

Fattore, L., & Diana, M. (2016). Drug addiction: An affective-cognitive disorder in need of a cure. *Neuroscience & Biobehavioral Reviews, 65*, 341-61.

Fischetti, F., Cataldi, S., Di Terlizzi, P., & Greco, G. (2020). Multilateral methodology in physical education improves coping skills, resilience and physical fitness in drug addicts. *Journal of Human Sport and Exercise, 15*(2), 367-379.

Fisher, G. L., & Harrison, T. C. (2010). 『물질남용의 예방과 치료—사회복지사, 상담가, 치료사, 상담교사를 위한 지식』(장승옥, 최현숙, 김용석, 정슬기, 공역). 고양시: 한국음주문화연구센터. (Original work published 2001)

Flagler Health and Wellness. (2024). *Psychoanalytic therapy in addiction treatment: Definitions, techniques, usages, benefits, and effectiveness*. https://flaglerhealing.com/blog/psychoanalytic-therapy-in-addiction/#3_Transference_Analysis

Fletcher, K., Nutton, J., & Brend, D. (2015). Attachment, a matter of substance: The potential of attachment theory in the treatment of addiction. *Clinical Social Work Journal, 43*, 109-117.

Friedman, S. R., de Jong, W., Rossi, D., Touzé, G., Rockwell, R., Des Jarlais, D. C., & Elovich, R. (2007). Harm reduction theory: users' culture, micro-social indigenous harm reduction, and the self-organization and outside-organizing of users' groups. *International Journal of Drug Policy, 18*(2), 107-117.

Gabay, M. (2013). Federal controlled substances act: controlled substances prescriptions. *Hospital Pharmacy, 48*(8), 644-645.

Galvão, A. E. O., Saavedra, L., & Cameira, M. (2018). Economic and sociocultural poverty in drug abuse: From individual to sociopolitical responsibility. *Saúde e Sociedade, 27*(3), 820-833.

Garey, L., Olofsson, H., Garza, T., Rogers, A. H., Kauffman, B. Y., & Zvolensky, M. J. (2020). Directional effects of anxiety and depressive disorders with substance use: A review of recent prospective research. *Current Addiction Reports, 7*(3), 344-355.

Gendreau, P., & Gendreau, L. P. (1970). The "addiction-prone" personality: A study of Canadian heroin addicts. *Canadian Journal of Behavioural Science/Revue canadienne des sciences du Comportement, 2*(1), 18-25.

Ginley, M. K., Pfund, R. A., Rash, C. J., & Zajac, K. (2021). Long-term efficacy of contingency management treatment based on objective indicators of abstinence from illicit substance use up to 1 year following treatment: A meta-analysis. *Journal of Consulting and Clinical Psychology, 89*(1), 58-71.

Giordano, A. L. (2021). *What exactly is the biopsychosocial model of addiction?*. Psychology today. https://www.psychologytoday.com/us/blog/understanding-addiction/202107/what-exactly-is-the-biopsychosocial-model-addiction

Gleeson, B. (2023). *Do you have addictive personality traits?*. Mayo Clinic Health System. https://www.mayoclinichealthsystem.org/hometown-health/speaking-of-health/do-you-have-addictive-personality-traits-video

Goldman, D., Oroszi, G., & Ducci, F. (2006). The genetics of addictions: Uncovering the genes. *Focus, 4*(3), 521-415.

Goodman, D. J., Milliken, C. U., Theiler, R. N., Nordstrom, B. R., & Akerman, S. C. (2015). A multidisciplinary approach to the treatment of co-occurring opioid use disorder and posttraumatic stress disorder in pregnancy: A case report. *Journal of Dual Diagnosis,*

11(3-4), 248-257.

Goodwin, R. D., Fergusson, D. M., & Horwood, L. J. (2004). Association between anxiety disorders and substance use disorders among young persons: Results of a 21-year longitudinal study. *Journal of Psychiatric Research, 38*(3), 295-304.

Gorelick, D. A. (2019). Psychiatric comorbidity of cannabis use disorder. *Cannabis Use Disorders*, 113-125.

Gorski, T. T. (2009). *Passages through recovery: An action plan for preventing relapse*. Center City, Minnesota: Simon and Schuster.

Gorwood, P., Le Strat, Y., Ramoz, N., Dubertret, C., Moalic, J. M., & Simonneau, M. (2012). Genetics of dopamine receptors and drug addiction. *Human Genetics, 131*, 803-822.

Gottesman, L. E., Isizaki, B., & MacBride, S. M. (1979). Service management—plan and concepts in Pennsylvania. *The Gerontologist, 19*(4), 378-388.

Gottfredson, D. C., Najaka, S. S., & Kearley, B. (2003). Effectiveness of drug treatment courts: Evidence from a randomized trial. *Criminology & Public Policy, 2*(2), 171-196.

Gouzoulis-Mayfrank, E., Daumann, J., Tuchtenhagen, F., Pelz, S., Becker, S., Kunert, H. J., Fimm, B., & Sass, H. (2000). Impaired cognitive performance in drug free users of recreational ecstasy (MDMA). *Journal of Neurology, Neurosurgery, & Psychiatry, 68*(6), 719-725.

Grant, S., Colaiaco, B., Motala, A., Shanman, R., Booth, M., Sorbero, M., & Hempel, S. (2017). Mindfulness-based relapse prevention for substance use disorders: A systematic review and meta-analysis. *Journal of Addiction Medicine, 11*(5), 386-396.

Great Oaks Recovery Center. (n.d.). *What is psychonalysis?*. https://greatoaksrecovery.com/what-is-psychoanalysis/

Green, A. I., Drake, R. E., Brunette, M. F., & Noordsy, D. L. (2007). Schizophrenia and co-occurring substance use disorder. *American Journal of Psychiatry, 164*(3), 402-408.

Griffiths, M. D. (2017). The myth of 'addictive personality'. *Global Journal of Addiction & Rehabilitation Medicine* 55610, *3*(2).

Gummelt, G., & Sullivan, M. (2016). Evaluating the effectiveness of a juvenile drug court: comparisons to traditional probation. *Juvenile and Family Court Journal, 67*(4), 55-68.

Guvendeger Doksat, N., Zahmacioglu, O., Ciftci Demirci, A., Kocaman, G. M., & Erdogan, A. (2017). Association of suicide attempts and non-suicidal self-injury behaviors with substance use and family characteristics among children and adolescents seeking treatment for substance use disorder. *Substance Use & Misuse, 52*(5), 604-613.

Guydish, J., Wolfe, E., Tajima, B., & Woods, W. J. (2001). Drug court effectiveness: A review of California evaluation reports, 1995-1999. *Journal of Psychoactive Drugs, 33*(4), 369-378.

Hall, W., Carter, A., & Forlini, C. (2015). The brain disease model of addiction: Is it supported by the evidence and has it delivered on its promises?. *The Lancet Psychiatry, 2*(1), 105-110.

Halvorsen, K. H., Ruths, S., Granas, A. G., & Viktil, K. K. (2010). Multidisciplinary intervention to identify and resolve drug-related problems in Norwegian nursing homes. *Scandinavian Journal of Primary Health Care, 28*(2), 82-88.

Hamdi, E., Sabry, N., Sedrak, A., Khowailed, A., Loza, N., Rabie, M., & Ramy, H. (2016). Sociodemographic indicators for substance use and abuse in Egypt. *Journal of Addiction & Prevention, 4*(1), 8.

Harm Reduction International. (2022). *The global state of harm reduction 2022*. https://hri.global/flagship-research/the-global-state-of-harm-reduction/the-global-state-of-harm-reduction-2022/

______. (n.d.). *What is harm reduction?*. https://hri.global/what-is-harm-reduction/

Hartman, C., Hopfer, C., Corley, R., Hewitt, J., & Stallings, M. (2013). Using Cloninger's temperament scales to predict substance-related behaviors in adolescents: A prospective longitudinal study. *The American Journal on Addictions, 22*(3), 246-251.

Hashemi, S. G. S., Khoei, E. M., Hosseinnezhad, S., Mousavi, M., Dadashzadeh, S., Mostafaloo, T., Mahmoudi, S., & Yousefi, H. (2019). Personality traits and substance use disorders: Comparative study with drug user and non-drug user population. *Personality and Individual Differences, 148*, 50-56.

Hayatbakhsh, M. R., Najman, J. M., Jamrozik, K., Mamun, A. A., Alati, R., & Bor, W. (2007). Cannabis and anxiety and depression in young adults: A large prospective study. *Journal of the American Academy of Child & Adolescent Psychiatry, 46*(3), 408-417.

Hayes, J. P. (2021). *The opium wars in China*. Asia Pacific Curriculum. https://asiapacificcurriculum.ca/learning-module/opium-wars-china

Hired Power. (n.d.). *Social learning model of addictive behaviors*. https://hiredpower.com/blog/social-learning-model-of-addictive-behaviors

Hinckley, J. D., Mikulich-Gilbertson, S. K., He, J.-P., Bhatia, D., Ellingson, J. M., Vu, B.

N., Merikangas, K. R., Sakai, J. T. (2023). Cannabis use is associated with depression severity and suicidality in the national comorbidity survey adolescent supplement. *JAACAP Open, 1*(1), 24-35.

Horvath, A. T. (2000). Smart Recovery: Addiction recovery support from a cognitive-behavioral perspective. *Journal of Rational-Emotive and Cognitive-Behavior Therapy, 18*, 181-191.

Horvath, A. T., & Yeterian, J. (2016). SMART recovery: Self-empowering, science-based addiction recovery support. In J. D. Roth, W. L. White, & J. F. Kelly (Eds.), *Broadening the base of addiction mutual support groups* (1st ed., pp. 27-42). UK: Routledge.

Howard, K. N., Heston, J., Key, C. M., McCrory, E., Serna-McDonald, C., Smith, K. R., & Hendrick, S. S. (2010). Addiction, the sibling, and the self. *Journal of Loss and Trauma, 15*(5), 465-479.

Hser, Y.-I., Grella, C. E., Hubbard, R. L., Hsieh, S. C., Fletcher, B. W., Brown, B.S., & Anglin, M. D. (2001). An evaluation of drug treatments for adolescents in 4 US cities. *Archives of General Psychiatry, 58*(7), 689-695.

Humphreys, K., Wing, S., McCarty, D., Chappel, J., Gallant, L., Haberle, B., et al. (2004). Self-help organizations for alcohol and drug problems: Toward evidence-based practice and policy. *Journal of Substance Abuse Treatment, 26*(3), 151-158.

Huxley, A., Dalton, M., Tsui, Y. Y., & Hayhurst, K. P. (2018). Prevalence of alcohol, smoking, and illicit drug use amongst people with intellectual disabilities: Review. *Drugs: Education, Prevention and Policy, 26*(5), 365-384.

Inanlou, M., Bahmani, B., Farhoudian, A., & Rafiee, F. (2020). Addiction recovery: A systematized review. *Iranian Journal of Psychiatry, 15*(2), 172.

Inciardi, J. A., Tims, F. M., & Fletcher, B. W. (Eds.). (1993). *Innovative approaches in the treatment of drug abuse: Program models and strategies*. CN: Greenwood Press.

Jacobsen, L. K., Mencl, W. E., Pugh, K. R., Skudlarski, P., & Krystal, J. H. (2004). Preliminary evidence of hippocampal dysfunction in adolescent MDMA ("ecstasy") users: Possible relationship to neurotoxic effects. *Psychopharmacology, 173*, 383-390.

Jacobson, N., & Greenley, D. (2001). What is recovery?. A conceptual model and explication. *Psychiatric Services, 52*(4), 482-485.

Jalali, M. S., Botticelli, M., Hwang, R. C., Koh, H. K., & McHugh, R. K. (2020). The opioid crisis: A contextual, social-ecological framework. *Health Research Policy and*

Systems, 18(87), 1-9.

Jarvis, T. J., Tebbutt, T., Mattick, R. P., & Shand F. (2010). 『중독상담과 재활』 (신성만, 전영민, 권정옥, 이은경, 조현섭, 공역). 서울: 학지사. (Original work published 2005)

Jhanjee, S. (2014). Evidence based psychosocial interventions in substance use. *Indian Journal of Psychological Medicine, 36*(2), 112-118.

Jones, C. M. (2013). Heroin use and heroin use risk behaviors among nonmedical users of prescription opioid pain relievers—United States, 2002-2004 and 2008-2010. *Drug and Alcohol Dependence, 132*(1-2), 95-100.

Jones, C. M., & McCance-Katz, E. F. (2019). Co-occurring substance use and mental disorders among adults with opioid use disorder. *Drug and Alcohol Dependence, 197*, 78-82.

Joseph, H., Stancliff, S., & Langrod, J. (2000). Methadone maintenance treatment (MMT): A review of historical and clinical issues. *The Mount Sinai Journal of Medicine, 67*(5-6), 347-364.

Kelly, J. F., Humphreys, K., & Ferri, M. (2020). Alcoholics Anonymous and other 12-step programs for alcohol use disorder. *The Cochrane Database of Systematic Reviews, 3*(3), CD012880.

Kelly, J. F., Levy, S., Matlack, M., & Hoeppner, B. B. (2023). Who affiliates with SMART recovery?. A comparison of individuals attending SMART recovery, alcoholics anonymous, both, or neither. *Alcohol: Clinical and Experimental Research, 47*(10), 1926-1942.

Kendler, K. S., & Prescott, C. A. (1998). Cannabis use, abuse, and dependence in a population-based sample of female twins. *American Journal of Psychiatry, 155*(8), 1016-1022.

Kerr, J. S. (1996). Two myths of addiction: The addictive personality and the issue of free choice. *Human Psychopharmacology: Clinical and Experimental, 11*(S1), S9-S13.

Kersten, P., Mullee, M. A., Smith, J. A., McLellan, L., & George, S. (1999). Generic health status measures are unsuitable for measuring health status in severely disabled people. *Clinical Rehabilitation, 13*(3), 219-228.

Kessler, R. C., Adler, L, Barkley, R., Biederman, J., Conners, C. K., Demler, O., et al. (2006). The prevalence and correlates of adult ADHD in the United States: Results from the national comorbidity survey replication. *American Journal of Psychiatry, 163*(4), 716-

723.

Kevorkian, S., Bonn-Miller, M. O., Belendiuk, K., Carney, D. M., Roberson-Nay, R., & Berenz, E. C. (2015). Associations among trauma, posttraumatic stress disorder, cannabis use, and cannabis use disorder in a nationally representative epidemiologic sample. *Psychology of Addictive Behaviors, 29*(3), 633-638.

Khademi, M. J., Monirpoor, N., Ebrahimi, Z., & Rashedi, V. (2020). Object relations and vulnerability to substance abuse relapse among substance abusers visiting narcotics anonymous centers in Qom city, 2018. *Journal of Iranian Medical Council, 3*(3), 163-167.

Khan, M. (2022). *Substance use disorders*. MSD MANUAL Consumver Version. https://www.msdmanuals.com/home/mental-health-disorders/substance-related-disorders/substance-use-disorders

Khantzian, E. J. (1997). The self-medication hypothesis of substance use disorders: A reconsideration and recent applications. *Harvard Review of Psychiatry, 4*(5), 231-244.

Khokhar, J. Y., Dwiel, L. L., Henricks, A. M., Doucette, W. T., & Green, A. I. (2018). The link between schizophrenia and substance use disorder: A unifying hypothesis. *Schizophrenia Research, 194*, 78-85.

Kier, F. J., & Buras, A. R. (1999). Perceived affiliation with family member roles: Validity and reliability of scores on the children's role inventory. *Educational and Psychological Measurement, 59*(4), 640-650.

Kissinger, P., Althoff, M., Burton, N., Schmidt, N., Hembling, J., Salinas, O., & Shedlin, M. (2013). Prevalence, patterns and predictors of substance use among Latino migrant men in a new receiving community. *Drug and Alcohol Dependence, 133*(3), 814-824.

Kiyatkin, E. A., Kim, A. H., Wakabayashi, K. T., Baumann, M. H., & Shaham, Y. (2014). Critical role of peripheral vasoconstriction in fatal brain hyperthermia induced by MDMA (ecstasy) under conditions that mimic human drug use. *Journal of Neuroscience, 34*(23), 7754-7762.

Komasi, S., Rezaei, F., Hemmati, A., Rahmani, K., Amianto, F., & Miettunen, J. (2022). Comprehensive meta-analysis of associations between temperament and character traits in Cloninger's psychobiological theory and mental disorders. *Journal of International Medical Research, 50*(1), 3000605211070766.

Koob, G. F., & Volkow, N. D. (2010). Neurocircuitry of addiction.

Neuropsychopharmacology, 35, 217-238.

Kryger, R., & Wilce, P. A. (2010). The effects of alcoholism on the human basolateral amygdala. *Neuroscience, 167*(2), 361-371.

Kusumawaty, I., Yunike, Jawiah, & Rehana (2021). Family resilience in caring for drug addiction. *Gaceta Sanitaria, 35 (Suppl) 2*, S491-S494.

Lamers, C. T., Ramaekers, J. G., Muntjewerff, N. D., Sikkema, K. L., Riedel, W. J., Samyn, N., Read, N. L., & Brookhuis, K. A. (2003). Dissociable effects of a single dose of ecstasy (MDMA) on psychomotor skills and attentional performance. *Journal of Psychopharmacology, 17*(4), 379-387.

Landmark Recovery. (2020). *The social causes of addiction*. https://landmarkrecovery.com/the-social-causes-of-addiction/

Laudet, A. B., Savage, R., & Mahmood, D. (2002). Pathways to long-term recovery: A preliminary investigation. *Journal of Psychoactive Drugs, 34*(3), 305-311.

LEAD National Support Bureau. (2020). *An implementation toolkit*. https://www.nj.gov/oag/njcares/pdfs/lead/LEAD-toolkit-2020.pdf

Leary, M. R., Schreindorfer, L. S., & Haupt, A. L. (1995). The role of low self-esteem in emotional and behavioral problems: Why is low self-esteem dysfunctional?. *Journal of Social and Clinical Psychology, 14*(3), 297-314.

Leon, G. D. (1995). Therapeutic communities for addictions: A theoretical framework. *International Journal of the Addictions, 30*(12), 1603-1645.

Levran, O., Yuferov, V., & Kreek, M. J. (2012). The genetics of the opioid system and specific drug addictions. *Human Genetics, 131*, 823-842.

Levy, S., Katusic, S. K., Colligan, R. C., Weaver, A. L., Killian, J. M., Voigt, R. G., et al. (2014). Childhood ADHD and risk for substance dependence in adulthood: A longitudinal, population-based study. *PLoS ONE, 9*(8), e105640.

Li, M. D., & Burmeister, M. (2009). New insights into the genetics of addiction. *Nature Reviews Genetics, 10*(4), 225-231.

Liechti, M. E. (2017). Modern clinical research on LSD. *Neuropsychopharmacology, 42*(11), 2114-2127.

Liechti, M. E., Baumann, C., Gamma, A., & Vollenweider, F. X. (2000). Acute psychological effects of 3,4-methylenedioxymethamphetamine (MDMA, "Ecstasy") are attenuated by the serotonin uptake inhibitor citalopram. *Neuropsychopharmacology, 22*(5), 513-521.

Longabaugh, R., & Morgenstern, J. (1999). Cognitive-behavioral coping-skills therapy for alcohol dependence: Current status and future directions. *The Journal of the National Institute on Alcohol Abuse and Alcoholism, 23*(2), 78-85.

Longshore, D., Urada, D., Evans, E., Hser, Y. L., Prendergast, M., & Hawken, A. (2005). *Evaluation of the Substance Abuse and Crime Prevention Act 2004 report*. Prepared for California Department of Alcohol and Drug Programs. Los Angeles, CA: Integrated Substance Abuse Programs, University of California, Los Angeles.

Lum, A., Damianidou, D., Bailey, K., Cassel, S., Unwin, K., Beck, A., et al. (2023). SMART recovery for youth: A small, exploratory qualitative study examining the potential of a mutual-aid, peer support addictive behaviour change program for young people. *Addiction Science & Clinical Practice, 18*(1), 30.

Maarefvand, M., Ghiasvand, H. R., & Ekhtiari, H. (2013). Drug craving terminology among opiate dependents; A mixed method study. *Iranian Journal of Psychiatry, 8*(2), 97-103.

Magill, M., & Ray, L. A. (2009). Cognitive-behavioral treatment with adult alcohol and illicit drug users: A meta-analysis of randomized controlled trials. *Journal of Studies on Alcohol and Drugs, 70*(4), 516-527.

Marlatt, G. A., & Donovan, D. M. (Eds.). (2005). *Relapse prevention: Maintenance strategies in the treatment of addictive behaviors*. NY: Guilford Press.

Masiak, J. (2013). Biopsychosocial model of addictions and other approaches. *Polish Journal of Public Health, 123*(4), 321-324.

McHugh, R. K., Votaw, V. R., Sugarman, D. E., & Greenfield, S. F. (2018). Sex and gender differences in substance use disorders. *Clinical Psychology Review, 66*, 12-23.

MedlinePlus. (2024). *Morphine*. U.S. Department of Health and Human Services, National Institutes of Health. https://medlineplus.gov/druginfo/meds/a682133.html

Mereish, E. H. (2019). Substance use and misuse among sexual and gender minority youth. *Current Opinion in Psychology, 30*, 123-127.

Merikangas, K. R., Zhang, H., Avenevoli, S., Acharyya, S., Neuenschwander, M., & Angst, J. (2003). Longitudinal trajectories of depression and anxiety in a prospective community study: The Zurich Cohort Study. *Archives of General Psychiatry, 60*(10), 993-1000.

Meshberg-Cohen, S., Svikis, D., & McMahon, T. J. (2014). Expressive writing as a therapeutic process for drug dependent women. *Substance Abuse, 35*(1), 80-88.

Meyer, D., Athota, P., Gowen, A., Nguyen, N. M., Schaal, V. L., Yelamanchili, S. V., et al. (2022). Effect of combined methamphetamine and oxycodone use on the synaptic proteome in an In vitro model of polysubstance use. *Genes, 13*(10), 1816.

Miller, N. S., Dackis, C. A., & Gold, M. S. (1987). The relationship of addiction, tolerance, and dependence to alcohol and drugs: A neurochemical approach. *Journal of Substance Abuse Treatment, 4*(3-4), 197-207.

Miller, W. R., & Rollnick, S. (2002). *Motivational interviewing: Preparing people for change*(2nd ed.). NY: Guilford Press.

Miltenberger, R. G. (2016). *Behavior modification: Principles and procedures*(6th ed.). MA: Cengage Learning.

Mitchell, O., Wilson, D. B., Eggers, A., & MacKenzie, D. L (2012). Assessing the effectiveness of drug courts on recidivism: A meta-analytic review of traditional and non-traditional drug courts. *Journal of Criminal Justice, 40*(1), 60-71.

Moos, R. H., & Moos, B. S. (2005). Paths of entry into alcoholics anonymous: Consequences for participation and remission. *Alcoholism: Clinical and Experimental Research, 29*(10), 1858-1868.

Moos, R. H., & Moos, B. S. (2006). Participation in treatment and alcoholics anonymous: A 16-year follow-up of initially untreated individuals. *Journal of Clinical Psychology, 62*(6), 735-750.

Moos, R. H., Finney, J. W., Ouimette, P. C., & Suchinsky, R. T. (1999). A comparative evaluation of substance abuse treatment: I. Treatment orientation, amount of care, and 1-year outcomes. *Alcoholism: Clinical and Experimental Research, 23*(3), 529-536.

Morera, J. A. C., Noh, S., Hamilton, H., Brands, B., Gastaldo, D., & Wright, M. D. G. M. (2015). Sociocultural factors e drug consumption among costarrican university students. *Texto & Contexto-Enfermagem, 24*, 145-153.

Morse, S. J. (2004). Medicine and morals, craving and compulsion. *Substance Use & Misuse, 39*(3), 437-460.

Moszczynsha, A. (2016). Neurobiology and clinical manifestations of methamphetamine neurotoxicity. *The Psychiatric Times, 33*(9), 16-18.

Mousali, A. A., Bashirian, S., Barati, M., Mohammadi, Y., Moeini, B., Moradveisi, L., & Sharma, M. (2021). Factors affecting substance use relapse among Iranian addicts.

Journal of Education and Health Promotion, 10(1), 129.

Moxley, D. P. (1989). *The practice of case management*. CA: Sage Publications.

Muhuri, P. K., Gfroerer, J. C., & Davies, M. C. (2014). *Associations of nonmedical pain reliever use and initiation of heroin use in the United States* [CBHSQ Data review]. SAMHSA. https://www.samhsa.gov/data/report/associations-nonmedical-pain-reliever-use-and-initiation-heroin-use-united-states

Murnan, A. W., Keim, S. A., Yeates, K. O., Boone, K. M., Sheppard, K. W., & Klebanoff, M. A. (2021). Behavioral and cognitive differences in early childhood related to prenatal marijuana exposure. *Journal of Applied Developmental Psychology, 77*, 101348.

Mustafaoglu, R., Dilektasli, A. G., Demir, R., Zirek, E., Birinci, T., Mutlu, E. K., Evren, C., & Ozdincler, A. R. (2022). Exercise capacity, lung and respiratory muscle function in substance use disorders. *Pulmonology, 30*(3), 254-264.

Najafi, M. L., & Nasiri, M. (2019). Review of drug abuse patterns and their association with some individual and social variables among addicts. *Journal of Advanced Pharmacy Education and Research, 9*(2), 99-101.

National Association of Counties. (2022). Medication-Assisted Treatment ("MAT") for opioid use disorder: A NACo opioid solutions strategy brief.NACo. https://www.naco.org/resource/osc-mat

National Coalition for the Homeless. (2017). *Substance abuse and homelessness*. https://nationalhomeless.org/wp-content/uploads/2017/06/Substance-Abuse-and-Homelessness.pdf

National Drug Court Institute & Center for Children and Family Futures. (2018). *Family treatment court planning guide*. http://nycourts.gov/LegacyPDFS/courts/problem_solving/FamilyTreatmentCourPlanningGuide.pdf

National Health Service. (2024). *Addiction: What it is?* https://www.nhs.uk/live-well/addiction-support/addiction-what-is-it/

National Institute of Justice. (2020). *Overview of drug courts*. https://nij.ojp.gov/topics/articles/overview-drug-courts#citation--0

National Institute on Drug Abuse. (2002). *Therapeutic community* [NIH Publication no. 02-4877]. https://www.drugsandalcohol.ie/13602/1/NIDA_therapeutic_community.pdf

______. (2011a). *Drug misuse and addiction*. U.S. Department of Health and Human Services, National Institutes of Health. http://nida.nih.gov/publications/drugs-brains-behavior-science-addiction/drug-misuse-addiction

______. (2011b). *What are the other health consequences of drug addiction?*. U.S. Department of Health and Human Services, National Institutes of Health. https://nida.nih.gov/publications/drugs-brains-behavior-science-addiction/addiction-health

______. (2019). *Methamphetamine research report*. U.S. Department of Health and Human Services, National Institutes of Health. https://nida.nih.gov/publications/research-reports/methamphetamine/overview

______. (2020a). *What are marijuana's effects?*. U.S. Department of Health and Human Services, National Institutes of Health. https://nida.nih.gov/publications/research-reports/marijuana/what-are-marijuana-effects

______. (2020b). *How does marijuana produce its effects?*. U.S. Department of Health and Human Services, National Institutes of Health. https://nida.nih.gov/publications/research-reports/marijuana/how-does-marijuana-produce-its-effects

______. (2020c). *Common comorbidities with substance use disorders*. U.S. Department of Health and Human Services, National Institutes of Health. https://www.ncbi.nlm.nih.gov/books/NBK571451/

______. (2021a). *How is cocaine used?*. U.S. Department of Health and Human Services, National Institutes of Health. https://nida.nih.gov/publications/research-reports/cocaine/how-cocaine-used

______. (2021b). *Prescription opioids drugfacts*. U.S. Department of Health and Human Services, National Institutes of Health. https://nida.nih.gov/publications/drugfacts/prescription-opioids

______. (2021c). *Fentanyl drugfacts*. U.S. Department of Health and Human Services, National Institutes of Health. https://nida.nih.gov/publications/drugfacts/fentanyl

______. (2022). *Naloxone DrugFacts*. U.S. Department of Health and Human Services, National Institutes of Health. https://nida.nih.gov/publications/drugfacts/naloxone

______. (2023). *Commonly used drugs chart*. U.S. Department of Health and Human Services, National Institutes of Health. https://nida.nih.gov/research-topics/commonly-used-drugs-charts

______. (2024). *Cocaine*. U.S. Department of Health and Human Services, National Institutes of Health. https://nida.nih.gov/publications/drugfacts/cocaine

National Institutes of Health. (2024). *Benzodiazepines*. https://www.ncbi.nlm.nih.gov/

books/NBK470159/

National Treatment Course Resource Center. (n.d.). *What are drug courts?*. https://ntcrc.org/what-are-drug-courts/

NC State University. (2020). *The difference between multidisciplinary, interdisciplinary, and convergence research*. https://research.ncsu.edu/rdo/the-difference-between-multidisciplinary-interdisciplinary-and-convergence-research/

Negi, N. J. (2011). Identifying psychosocial stressors of well-being and factors related to substance use among Latino day laborers. *Journal of Immigrant and Minority Health, 13*, 748-755.

Nelon, J. L., De Pedro, K. T., Gilreath, T. D., Patterson, M. S., Holden, C. B., & Esquivel, C. H. (2019). A latent class analysis of the co-occurrence of sexual violence, substance use, and mental health in youth. *Substance Use & Misuse, 54*(12), 1938-1944.

Nestler, E. J. (2005). The neurobiology of cocaine addiction. *Science & Practice Perspectives, 3*(1), 4-10.

New Note Projects. (2016). *Who we are*. https://www.newnote.co.uk/who-we-are/

NHS inform. (2024). *Synthetic cannabinoids (Spice)*. https://www.nhsinform.scot/healthy-living/drugs-and-drug-use/common-drugs/synthetic-cannabinoids-spice/

Nichols, D. E., & Grob, C. S. (2018). Is LSD toxic?. *Forensic Science International, 284*, 141-145.

Noble, A., Best, D., Man, L. H., Gossop, M., & Strang, J. (2002). Self-detoxification attempts among methadone maintenance patients: What methods and what success?. *Addictive Behaviors, 27*(4), 575-584.

Nordahl, T. E., Salo, R., & Leamon, M. (2003). Neuropsychological effects of chronic methamphetamine use on neurotransmitters and cognition: A review. *The Journal of Neuropsychiatry and Clinical Neurosciences, 15*(3), 317-325.

Nurlita, S. I., Desiningrum, D. R., & Edaiati. A. (2023). The application of cognitive behavioral therapy (CBT) in drug abuse victims. *Proceedings of International Conference on Psychological Studies (ICPsyche), 4*(1), 270-279.

Office of Justice Programs. (2020). *Drug courts*. https://www.ojp.gov/feature/drug-courts/overview

Olmstead, T. A., Abraham, A. J., Martino, S., & Roman, P. M. (2012). Counselor training in several evidence-based psychosocial addiction treatments in private US substance abuse treatment centers. *Drug and Alcohol Dependence, 120*(1-3), 149-154.

O'Leary, D. (2023). *5 Socio-cultural factors that cultivate addiction*. https://rehabs.com/blog/5-socio-cultural-factors-that-cultivate-addiction/

O'Malley, G. F., & O'Malley, R. (2022). *Cocaine*. MSD Manual Consumer Version. https://www.msdmanuals.com/ko/home/%ED%8A%B9%EB%B3%84-%EC%A3%BC%EC%A0%9C/%EB%B6%88%EB%B2%95-%EC%95%BD%EB%AC%BC-%EB%BC%8F-%EC%A4%91%EB%8F%85%EC%84%B1-%EB%AC%BC%EC%A7%88/%EC%BD%94%EC%B9%B4%EC%9D%B8

Passie, T., Halpern, J. H., Stichtenoth, D. O., Emrich, H. M., & Hintzen, A. (2008). The pharmacology of lysergic acid diethylamide: A review. *CNS Neuroscience & Therapeutics, 14*(4), 295-314.

Pengpid, S., & Peltzer, K. (2019). Early substance use initiation and psychological distress among adolescents in five ASEAN countries: A cross-sectional study. *Psychology Research and Behavior Management, 12*, 1003-1008.

Perrone, D., Malm, A., & Jovanna, M. E. (2021). Harm reduction policing: An evaluation of Law Enforcement Assisted Diversion (LEAD) in San Francisco. *Police Quarterly, 25*(1), 7-32.

Piché, F., Girard, S., Plourde, C., & Romain, A. J. (2024). Physical activity during a treatment for substance use disorder: A qualitative study. *Mental Health and Physical Activity, 26*, 1-9.

Polak, K., Meyer, B. L., Neale, Z. E., & Reisweber, J. (2020). Program evaluation of group transcending self therapy: An integrative modular cognitive-behavioral therapy for substance use disorders. *Substance Abuse: Research and Treatment, 14*.

Prendergast, M., Podus, D., Finney, J., Greenwell, L., & Roll, J. (2006). Contingency management for treatment of substance use disorders: A meta-analysis. *Addiction, 101*(11), 1546-1560.

Prochaska, J. O., & DiClemente, C. C. (1982). Transtheoretical therapy: Toward a more integrative model of change. *Psychotherapy: Theory, Research & Practice, 19*(3), 276.

Rao, U. (2006). Links between depression and substance abuse in adolescents: Neurobiological mechanisms. *American Journal of Preventive Medicine, 31*(6, Supplement 1), 161-174.

Red Oak Recovery. (2024). *The correlation between codependency and addiction*. https://

www.redoakrecovery.com/addiction-blog/how-codependency-and-addiction-connect/

Reid, S., Smith, M., & Segal, J. (2024). *NA and other peer support groups for drug addiction*. https://www.helpguide.org/mental-health/addiction/na-and-peer-support-groups-for-drug-addiction

Reif, A., Bitter, I., Buyze, J., Cebulla, K., Frey, R., Fu, D. J., et al. (2023). Esketamine nasal spray versus quetiapine for treatment-resistant depression. *New England Journal of Medicine, 389*(14), 1298-1309.

Reif, S., Braude, L., Lyman, D. R., Dougherty, R. H., Daniels, A. S., Ghose, S. S., et al. (2014). Peer recovery support for individuals with substance use disorders: Assessing the evidence. *Psychiatric Services, 65*(7), 853-861.

Richardson, E., DePue, M. K., Therriault, D. J., Alli, S., & Liu, R. (2020). The influence of substance use on engagement in non-suicidal self-injury (NSI) in adults. *Substance Use & Misuse, 55*(1), 89-94.

Rief, S., Lauer, E. A., Adams, R. S., Brucker, D.L., Ritter, G. A., & Mitra, M. (2021). Examining differences in prescription opioid use behaviors among U.S. adults with and without disabilities. *Preventive Medicine, 153*, 106754.

Rogers, C. J., Forster, M., Grigsby, T. J., Albers, L., Morales, C., & Unger, J. B. (2021). The impact of childhood trauma on substance use trajectories from adolescence to adulthood: Findings from a longitudinal hispanic cohort study. *Child Abuse & Neglect, 120*, 105200.

Root, T. L., Pinheiro, A. P., Thornton, L., Strober, M., Fernandez-Aranda, F., Brandt, H., et al. (2010). Substance use disorders in women with anorexia nervosa. *International Journal of Eating Disorders, 43*(1), 14-21.

Royal Life Centers. (2019). *What is a drug personality?*. https://royallifecenters.com/what-is-a-drug-personality/

Saleh, S. S., Vaughn, T., Levey, S., Fuortes, L., Uden-Holmen, T., & Hall, J. A. (2006). Cost-effectiveness of case management in substance abuse treatment. *Research on Social Work Practice, 16*(1), 38-47.

Salleh, M. A., & Aidalina, M. (2015). Therapeutic community approach in drug abuse treatment: A systematic review. *International Journal of Public Health and Clinical Sciences, 2*(1), 81-91.

Salzer, M. S., & Shear, S. L. (2002). Identifying consumer-provider benefits in evaluations of consumer-delivered services. *Psychiatric Rehabilitation Journal, 25*(3), 281-283.

Sayette, M. A. (2016). The role of craving in substance use disorders: Theoretical and methodological issues. *Annual Review of Clinical Psychology, 12*, 407-433.

Schaler, J. A. (1991). Drugs and free will. *Society, 28*(6), 42-49.

Schellekens, A. F., van den Brink, W., Kiefer, F., & Goudriaan, A. E. (2020). Often overlooked and ignored, but do not underestimate its relevance: ADHD in addiction-addiction in ADHD. *European Addiction Research, 26*(4-5), 169-172.

Schindler, A. (2019). Attachment and substance use disorders-Theoretical models, empirical evidence, and implications for treatment. *Frontiers in Psychiatry, 10*, 727.

Schwenker, R., Dietrich, C. E., Hirpa, S., Nothacker, M., Smedslund, G., Frese, T., & Unverzagt, S. (2023). Motivational interviewing for substance use reduction. *The Cochrane Database of Systematic Reviews, 12*(12), CD008063.

See, R. E., Fuchs, R. A., Ledford, C. C., & McLaughlin, J. (2003). Drug addition, relapse, and the amygdala. *Annals of the New York Academy of Sciences, 985*(1), 294-307.

Shaffer, D. K. (2011). Looking inside the black box of drug courts: A meta-analytic review. *Justice Quarterly, 28*(3), 493-521.

Shaffer, H. J., LaPlante, D. A., & Nelson, S. E. (2012). *APA addiction syndrome handbook volume 1: Foundations, influences, and expressions of addiction*. Washington, DC: American Psychological Association.

Shaffer, H. J., LaPlante, D. A., LaBrie, R. A., Kidman, R. C., Donato, A. N., & Stanton, M. V. (2004). Toward a syndrome model of addiction: Multiple expressions, common etiology. *Harvard Review of Psychiatry, 12*(6), 367-374.

Shanmugam, P. (2020). Psychoeducation impact for family members of substance users: An evaluation the workbook "Addiction: A Family Disease". *Journal of Substance Use, 26*(2), 202-211.

Sierra, C. (2022a). *What is contingency management intervention?*. Heal Behavioral Health. https://healtreatmentcenters.com/treatment/what-is-contingency-management-intervention/#Types_of_Contingency_Management_Intervention

______. (2022b). *What is the aim of therapeutic community?*. Heal Behavioral Health. https://healtreatmentcenters.com/treatment/what-is-the-aim-of-therapeutic-community/#TC_Approach_Community_As_Method

Skewes, M. C., & Gonzalez, V. M. (2013). The biopsychosocial model of addiction. In P.

M. Miller, A. W. Blume, D. J. Kavanagh, K. M. Kampman, M. E. Bates, M. E. Larimer, N. M. Petry, P. De Witte, & S. A. Ball (Eds.), *Principles of addiction: Comprehensive addictive behaviors and disorders* (pp.61-62, pp.69). Academic Press.

Skinner, H. A. (1982). The drug abuse screening test. *Addict Behaviors, 7*(4), 363-371.

SMART Recovery Organization. (n.d.). SMART recovery programs—The 4 point program. https://smartrecovery.org/smart-recovery-programs

Substance Abuse and Mental Health Services Administration. (2000). *Substance Abuse Treatment for Persons With HIV/AIDS*. https://www.ncbi.nlm.nih.gov/books/NBK64923/

______. (2012). *TIP 43: Medication-assisted treatment for opioid addiction in opioid treatment programs*. https://www.ncbi.nlm.nih.gov/books/NBK64164/pdf/Bookshelf_NBK64164.pdf

______. (2013). *Systems-level implementation of Screening, Brief Intervention, and Referral to Treatment*. Technical Assistance Publication [TAP] Series No. 33; HHS Publication No. SMA 13-4741.

______. (2015a). *TIP 45: Detoxification and substance abuse treatment*. https://store.samhsa.gov/product/tip-45-detoxification-and-substance-abuse-treatment/sma15-4131

______. (2015b). *TAP 21: Addiction counseling competencies*. https://store.samhsa.gov/sites/default/files/sma12-4171.pdf

______. (2019). *TIP 35: Enhancing motivation for change in substance use disorder treatment*. https://www.ncbi.nlm.nih.gov/books/NBK571071/pdf/Bookshelf_NBK571071.pdf

______. (2020). *TIP 39: Substance abuse treatment and family therapy*. https://store.samhsa.gov/product/tip-39-substance-abuse-treatment-and-family-therapy/pep20-02-02-012

______. (2021). *Advisory: The substance use disorder counseling competency framework: An overview (based on TAP 21)*. https://library.samhsa.gov/product/advisory-substance-use-disorder-counseling-competency-framework-overview-based-tap-21/pep20

______. (2023). *Harm reduction framework*. https://www.samhsa.gov/sites/default/files/harm-reduction-framework.pdf

Sud, A., Armas, A., Cunningham, H., Tracy, S., Foat, K., Persaud, N., et al. (2020). Multidisciplinary care for opioid dose reduction in patients with chronic non-cancer pain: A systematic realist review. *Plos One, 15*(7), e0236419.

Swendsen, J. D., & Merikangas, K. R. (2000). The comorbidity of depression and substance use disorders. *Clinical Psychology Review, 20*(2), 173-189.

Swendsen, J., Conway, K. P., Degenhardt, L., Dierker, L., Glantz, M., Jin, R., et al. (2009). Socio-demographic risk factors for alcohol and drug dependence: The 10-year follow-up of the national comorbidity survey. *Addiction, 104*(8), 1346-1355.

The Grove Estate. (2024). *12-Step program in addition treatment.* https://grovetreatment.com/addiction/treatment/twelve-step-facilitation/

The National Association of Drug Court Professionals & Drug Court Standards Committee. (1997). *Defining drug courts: The key components.* US Department of Justice, Office of Justice Programs, Drug Courts Program Office. https://allrise.org/wp-content/uploads/2022/07/Defining-Drug-Courts-The-Key-Components.pdf

The Recovery Village. (2021a). *Support groups for families.* https://www.therecoveryvillage.com/family-friend-portal/support-groups-for-families/

______. (2021b). *What to expect in inpatient detox.* https://www.therecoveryvillage.com/treatment-program/drug-detox/what-to-expect-in-inpatient-detox/

Thombs, D. L., & Osborn, C. J. (2019). *Introduction to addictive behaviors* (5th ed.). NY: Guilford Press.

Tsai, J. H. C., & Thompson, E. A. (2013). Impact of social discrimination, job concerns, and social support on Filipino immigrant worker mental health and substance use. *American Journal of Industrial Medicine, 56*(9), 1082-1094.

U.S. Centers for Disease Control and Prevention. (2024). *What you can do to test for fentanyl.* https://www.cdc.gov/stop-overdose/safety/index.html

U.S. Congress. (1994). H.R.3355—Violent Crime Control and Law Enforcement Act of 1994. 103rd Congress.

U.S. Department of Health and Human Services. (2018). Facing addiction in America: The surgeon general's spotlight on opioids. https://www.hhs.gov/sites/default/files/OC_SpotlightOnOpioids.pdf

U.S. Department of Justice. (2023). *Department of Justice report on efforts to fully implement the provisions and intent of the First Step Act.* https://www.justice.

gov/d9/2023-05/Sec.%2017(a)%20-%20DOJ%20Efforts%20to%20Efforts%20to%20Fully%20Implement%20the%20Provisions%20and%20Intent%20of%20the%20First%20S.pdf

______. (2024). *Crime solution: Law Enforcement Assisted Diversion (LEAD) program (Seattle, Washington)*. https://crimesolutions.ojp.gov/ratedprograms/477#1-0

United Nations. (1998). *General assembly*. https://www.unodc.org/documents/commissions/CND/Political_Declaration/Political_Declaration_1998/1998-Political-Declaration_A-RES-S-20-2.pdf

______. (2000). *General assembly*. https://documents-dds-ny.un.org/doc/UNDOC/GEN/N00/246/86/PDF/N0024686.pdf?OpenElement

______. (2016). *Global drug policies must put people first, says UNODC chief at General Assembly special session on world drug problem*. https://www.unodc.org/unodc/en/press/releases/2016/April/global-drug-policies-must-put-people-first-says-unodc-chief-at-general-assembly-special-session-on-world-drug-problem.html

United States. (2018). *First Step Act of 2018*. Pub. L. No. 115-391, 132 Stat. 5194.

Urschel, H. C. (2012). 『중독된 뇌 살릴 수 있다』 (조성희 외, 공역). 서울: 학지사 (Original work published 2009).

Valdez, A., Cepeda, A., Negi, N. J., & Kaplan, C. (2010). Fumando la piedra: Emerging patterns of crack use among Latino immigrant day laborers in New Orleans. *Journal of Immigrant and Minority Health, 12*, 737-742.

Valley Spring Recovery Center. (2024). *Contingency management: Definition, effectiveness and application in addiction treatment*. https://valleyspringrecovery.com/addiction-therapies/contingency-management/

Vanderplasschen, W., Vandevelde, S., & Broekaert, E. (2014). *Therapeutic communities for treating addictions in Europe: Evidence, current practices and future challenges*. Publications Office of European Union. http://drogeiovisnosti.gov.hr/UserDocsImages/uredarhiva/2014/05/TC-Insights-Puvlication-EMCDDA.pdf

Vanderplasschen, W., Wolf, J., Rapp, R. C., & Broekaert, E. (2007). Effectiveness of different models of case management for substance-abusing populations. *Journal of Psychoactive Drugs, 39*(1), 81-95.

Vaziri-Harami, R., Zolfaghari, A., & Vaziri-Harami, S. (2024). Patterns of substance use and initiation timing in adults with substance abuse: A comparison between those with and without attention deficit hyperactivity disorder. *Annals of Medicine and Surgery, 86*(8), 4397-4401.

Vederhus, J., & Kristensen, Ø. (2006). High effectiveness of self-help programs after drug addiction therapy. *BMC Psychiatry, 6*(1), 35.

Velez, F. F., Colman, S., Kauffman, L., Ruetsch, C., & and Anastassopoulos, K. (2021). Real-world reduction in healthcare resource utilization following treatment of opioid use disorder with reSET-O, a novel prescription digital therapeutic. *Expert Review of Pharmacoeconomics & Outcomes Research, 21*(1), 69-76.

Veronie, L., & Fruehstorfer, D. B. (2001). Gender, birth order and family role identification among adult children of alcoholics. *Current Psychology, 20*(1), 53-67.

Volkow, N. D. (2001). Drug abuse and mental illness: Progress in understanding comorbidity. *American Journal of Psychiatry, 158*(8), 1181-1183.

Volkow, N. D., & Muenke, M. (2012). The genetics of addiction. *Human Genetics, 131*(6), 773-777.

Volkow, N. D., Koob, G. F., & Thomas McLellan, A. (2016). Neurobiologic advances from the brain disease model of addiction. *New England Journal of Medicine, 374*(4), 363-371.

Volkow, N. D., Michaelides, M., & Baler, R. (2019). The neuroscience of drug reward and addiction. *Physiological Reviews, 99*(4), 2115-2140.

Vorspan, F., Mehtelli, W., Dupuy, G., Bloch, V., & L pine, J. (2015). Anxiety and substance use disorders: co-occurrence and clinical issues. *Current Psychiatry Reports, 17*(2), 4.

Waaktaar, T., Kan, K., & Torgersen, S. (2018). The genetic and environmental architecture of substance use development from early adolescence into young adulthood: A longitudinal twin study of comorbidity of alcohol, tobacco and illicit drug use. *Addiction, 113*(4), 740-748.

Wagner, F. A., & Anthony, J. C. (2007). Male-female differences in the risk of progression from first use to dependence upon cannabis, cocaine, and alcohol. *Drug and Alcohol Dependence, 86*(2), 191-198.

Weil, M. (1991). *Case management in human service practice*. John Wiley & Sons Inc.

Westhoff, B. (2023). *Fentanyl, Inc.: How rogue chemists are creating the deadliest wave of the opioid epidemic*. 『펜타닐—기적의 진통제는 어쩌다 죽음의 다약이 되었나』 (장경문, 번역). 소우주. (Original work published 2019)

White, W. (2009). Peer-based addiction recovery support: History, theory, practice, and scientific evaluation executive summary. *Counselor, 10*(5). 54-59.

Whitfield, C. L. (1991). *Co-dependence: Healing the human condition*. Deerfield Beach, FL: Health Communication.

William, K. (2014). *Treatment of co-occurring psychiatric and substance use disorders*. [Master's thesis], University of North Dakota.

Winkelman, M. (2003). Complementary therapy for addiction: "Drumming out drugs". *American Journal of Public Health, 93*(4), 647-651.

Withe, M. (2024). *Contingency management theory and examples*. Medical News Today. https://www.medicalnewstoday.com/articles/contingency-management#theory

Wolfe, W. L., & Maisto, S. A. (2000). The relationship between eating disorders and substance use: Moving beyond co-prevalence research. *Clinical Psychology Review, 20*(5), 617-631.

Woodside, M., & McClam, T. (2006). *An introduction to human services* (5th ed). CA: Thomson Brooks Cole.

World Health Organization. (1993). *The ICD-10th classification of mental and behavioural disorders: Diagnostic criteria for research*. https://www.who.int/publications/i/item/9241544554.

______. (2009). *Clinical guidelines for withdrawal management and treatment of drug dependence in closed settings*. WHO Press. https://www.ncbi.nlm.nih.gov/books/NBK310654/pdf/Bookshelf_NBK310654.pdf

______. (2010). The Alcohol, Smoking and Substance Involvement Screening Test (ASSIST). https://www.who.int/publications/i/item/978924159938-2

Wright, F. D., Beck, A. T., Newman, C. F., & Liese, B. S. (1993). Cognitive therapy of substance abuse: Theoretical rationale. *NIDA Research Monograph, 137*, 123-146.

Wu, L., & Blazer, D. G. (2014). Substance use disorders and psychiatric comorbidity in mid and later life: A review. *International Journal of Epidemiology, 43*(2), 304-317.

Yuan, S., Jiang, S.-C., Zhang, Z.-W., Li, Z.-L., & Hu, J. (2024). Substance addiction rehabilitation Drugs. *Pharmaceuticals, 17*(5), 615.

Zaij, S., Pereira Maia, K., Leguelinel-Blache, G., Roux-Marson, C., Kinowski, J. M., & Richard, H. (2023). Intervention of pharmacist included in multidisciplinary team to reduce adverse drug event: A qualitative systematic review. *BMC Health Services Research,*

23(1), 927.

Zammit, S., Allebeck, P., Andreasson, S., Lundberg, I., & Lewis, G. (2002). Self reported cannabis use as a risk factor for schizophrenia in swedish conscripts of 1969: Historical cohort study. *British Medical Journal, 325*(7374), 1199.

Zeanah, C. H., Keyes, A., & Settles, L. (2003). Attachment relationship experiences and childhood psychopathology. *Annals of the New York Academy of Sciences, 1008*(1), 22-30.

찾아보기

[ㅍ]

[ㅎ]

마약, 중독에서 회복으로

마약의 실체에 대한 올바른 이해와
중독 예방·치료·재활의 모든 것

펴낸날 1판 1쇄 2025년 7월 18일
지은이 전종설
펴낸이 주소현
펴낸곳 이화여자대학교출판문화원
주소 서울특별시 서대문구 이화여대길 52 (우 03760)
등록 1954년 7월 6일 제9-61호
전화 02) 3277-2965 (편집), 02) 362-6076 (마케팅)
팩스 02) 312-4312
전자우편 press@ewha.ac.kr
홈페이지 www.ewhapress.com
책임편집 김가영
디자인 정혜진

ISBN 979-11-5890-549-1 93330
값 25,000원